The population absorption capacity of China's cities and towns

中国城市人口吸纳能力研究

郭叶波◎著

中国市场出版社
China Market Press

图书在版编目（CIP）数据

中国城市人口吸纳能力研究/郭叶波著. —北京：中国市场出版社，2016. 10
ISBN 978－7－5092－1527－2

Ⅰ. ①中… Ⅱ. ①郭… Ⅲ. ①城市人口－发展－研究－中国 Ⅳ. ①C924. 24

中国版本图书馆 CIP 数据核字（2016）第 248799 号

中国城市人口吸纳能力研究

ZHONGGUO CHENGSHI RENKOU XINA NENGLI YANJIU

作　　者：郭叶波
责任编辑：许　慧（xu_hui 1985@126. com）
出版发行：中国市场出版社 China Market Press
地　　址：北京市西城区月坛北小街 2 号院 3 号楼（100837）
电　　话：编 辑 部（010）68012468　读者服务部（010）68022950
总 编 室（010）68020336　盗 版 举 报（010）68020336
发 行 部（010）68021338　68020340　68053489
68024335　68033577　68033539
经　　销：新华书店
印　　刷：河北鑫宏源印刷包装有限责任公司
规　　格：145 毫米×210 毫米　32 开本
印　　张：7. 75　　字　　数：200 千字
版　　次：2016 年 10 月第 1 版　　印　　次：2016 年 10 月第 1 次印刷
书　　号：ISBN 978－7－5092－1527－2
定　　价：30. 00 元

序言

preface

当前，中国城镇化进程正处于城镇化中期的后半阶段，必须积极稳妥解决好“中国人口何处去”的问题。中国城镇化率 2011 年首次突破 50% 的拐点，2012 年超过了世界平均水平，到 2015 年已达到 56. 1%，全国城镇人口达到 7. 71 亿。预计在 2030 年之前，中国仍将处于城镇化快速推进时期，但城镇化速度将会逐步减缓，由“十二五”时期的 1. 23 个百分点下降到 0. 8 ~1. 0 个百分点左右。与发达国家相比，中国城市和建制镇要在较短时间内吸纳数以亿计的庞大人口，这是前所未有的，也是世所罕见的。

总体上看，中国的小城市和建制镇数量众多，具有一定的资源环境承载力，但缺乏持续的产业支撑能力，而大中型城市的就业创造能力较强，但面临的资源环境约束渐趋刚性。如何充分发挥大中小城市和建制镇各自的优势，进一步增强就业吸纳和人口集聚功能，持续高效推进城镇化健康发展，这是走中国特色的新型城镇化道路必须面临的重大理论与实践问题。

郭叶波博士围绕“人的城镇化”这个新型城镇化的核心进行选题，撰写了《中国城市人口吸纳能力研究》一书，尝试以新的研究视角去审视社会关切的“中国人口何处去”这个热点问题，具有重要的理论意义和学术价值。

在梳理有关人口承载力理论、中国城镇化道路之争、就业吸纳能力等文献的基础上，郭叶波博士深入探讨了城市人口吸纳能力的本质内涵、度量方法及其形成机理，构建了分析城市人口吸纳能力的分析框架，这在理论上具有一定的创新性。特别是，书中提出的通过内生化集聚机制创造更多的就业机会和提供更好的公共服务等主要途径来形成城市人口吸纳能力的观点，体现了他独立思考、敢于创新的研究精神。

围绕城市人口吸纳能力的一些重点问题，郭叶波博士进行了详细分析。首先，对中国城镇化发展阶段、区域格局进行了分析，运用多种方法对中国未来城镇化发展趋势进行了预测；然后，分规模、分四大区域、分省域全面考察了中国城市和建制镇的人口吸纳能力变动趋势；接着，采用数据包络分析等方法对中国地级及以上城市的人口吸纳效率、城镇化质量进行了分析，探讨了城市人口吸纳能力的合理边界问题；最后，提出了相关建议。基于翔实的资料数据和科学的研究方法，郭叶波博士提出了一些富有创新性、前瞻性、启示性的观点，研究结论对有关政府部门决策具有一定的参考价值。

需要指出的是，在开展中国城市人口吸纳能力研究的过程中，需要整理大量数据。中国目前有城市 650 多座，建制镇近 2 万个，要分规模、分区域、分省域、分城市群整理相关数据，这个工作量和计算量很大。郭叶波博士从全国第六次人口普查分县数据中整理出各地级及以上城市的市辖区和县级市的城镇人口，从中国建制镇统计资料中整理出近 2 万个建制镇的镇区人口及从业人员数据，投入了不少时间和精力，为本书的深入研究奠定了坚实的资料数据基础。

当然，关于中国城市人口吸纳能力的研究是一项长期性工作，希望本书的出版有助于进一步推动相关问题的讨论和研究，同时也希望郭叶波博士在中国城市人口吸纳能力的影响因素定量分析等方面进一步深化研究，探索形成更多本质性、规律性的研究结论，为走中国特色的新型城镇化道路提供更强有力的理论支撑和决策支持。

中国社会科学院农村发展研究所所长、研究员、博士生导师

魏后凯

2016 年 10 月 21 日于北京

目录

Content

第1章 研究背景与内容框架

与国外城镇化进程相比，中国城镇化进程呈现出一些鲜明的特征：城镇化人口多，数以亿计；加速阶段的推进速度明显快于发达国家；地区间城镇化水平差异大。在城镇化快速推进背景下，中国人口何处去？各类城市和建制镇如何能够在较短时期内吸纳如此庞大的人口？这是非常重要而富有争议的理论命题，也是走中国特色新型城镇化道路不容回避的实践问题。深化对中国城市人口吸纳能力的研究，具有重要的理论价值和现实意义。本章就相关研究背景、研究方法和研究框架做一个简要介绍。

一、研究背景

长期以来，学术界对中国城镇化[1]发展道路展开了激烈的理论争论。在中国城镇化进程中，中国人口何处去，是去大城市、中等

---

[1] 有的文献也使用“城市化”一词，实际上“城市化”和“城镇化”的基本含义相同，对应的英文单词均为“urbanization”，为叙述方便，本书统称为“城镇化”。

城市、小城市还是小城镇？大城市、中等城市、小城市和小城镇分别能吸纳多少人？谁该优先发展，或者大中小城市和小城镇协调发展？对这些问题，很难从城市规模理论、城市体系演化理论、城镇化阶段理论等经典理论中找到现存的完美的答案，难以达成共识。

从现实比较来看，中国的城镇化过程充满了中国特色。一是中国城镇化的人口数量大。由于人口基数庞大，在快速城镇化进程中，中国所涉及的城镇化人口增量和存量都非常大。中国人口城镇化率每提高一个百分点，就需要新增 1 300 多万城镇人口[1]，相当于几内亚、乍得等国家的全国总人口数量[2]；2012 年中华城镇化率比 2011 年提高了 1.3 个百分点[3]，新增城镇人口 1 700 多万，相当于智利、马里等国家的全国总人口数量。2015 年中国城镇人口达 7.71 亿人[4]，相当于美国（2.62 亿人）、日本（1.19 亿人）、欧盟（3.93 亿人）城镇人口之和。二是中国城镇化的推进速度快。近代以来，中国城镇化进程落后于世界平均水平，但改革开放后中国城镇化进程开始加速推进。2012 年中国人口城镇化率达 52.6%，首次超越世界平均水平（52.5%）。世界人口城镇化率从 30% 到 50% 平均用了 50 多年，美国用了近 40 年，日本用了 20 多年，而中国仅用了 15 年。三是中国城镇化的地区差异大。2015 年中国东部地区、东北地区的人口城镇化率普遍高于全国平均水平，其中上海（89.1%）、北京（86.5%）、天津（82.6%）超过了 80%；而中西部地区的城镇

---

[1] 由于统计数据可获得性原因，如无特殊说明，本书研究的地域范围仅包括中国大陆地区，未包括中国香港、澳门和台湾地区。

[2] 数据来源：世界银行统计数据库（http://data.worldbank.org/indicator/SP.POP.TOTL）。如无特别说明，有关世界各国城镇化的数据均引自世界银行统计数据库。

[3] 数据来源：中华人民共和国统计局．中华人民共和国 2012 年国民经济和社会发展统计公报，2013－02－22.

[4] 数据来源：中国人民共和国统计局．中华人民共和国 2015 年国民经济和社会发展统计公报，2015－02－29.

化率普遍较低，其中甘肃（43.2%）、云南（42.9%）、贵州（40.2%）不足45%，而西藏仅为25.8%。

当前，中国城镇化正处于快速推进阶段，尚有大量乡村人口需要转移到城市和小城镇。2011年中国城镇化率首次超过50%，跨越了城镇化诺瑟姆曲线的一个重要拐点。这意味着中国今后较长一段时期城镇化仍将快速推进，尽管速度将有所减缓（魏后凯，2011）。根据国际经验，一个国家或地区的城镇化率要达到70%或者更高水平时，城镇化进程才算基本完成。简单地估算，如果未来中国人口峰值为14.5亿人口左右，城镇化率为70%，那么尚需新增约2.44亿的城镇人口。届时，中国将有10亿左右的人口居住在城市和小城镇之中。

在城镇化快速推进过程中，中国要面对如此庞大的城镇人口增量和存量，这无疑是一个史无前例、世所罕见的问题。相比发达国家，中国要在更短的时期内，吸纳更多的人口进城，所面临的压力自然更大，中国进入城市型社会后将面临十大挑战（郭叶波、魏后凯等，2013）。目前，中国城镇化的一个基本事实是：大城市的就业吸纳能力比较强，集聚了大量的产业和流动人口，但资源环境承载能力有限，有些城市出现了房价高企、交通拥堵、环境污染等“大城市病”；而中小城市具备一定的资源环境承载能力，但就业机会少、公共设施规模过小、城市服务功能不全，缺乏对人口和劳动力的吸引力。

现实迫切需要在理论上回答：在中国城镇化快速推进过程中，大中小城市以及小城镇分别能吸纳多少人口？决定城市人口吸纳能力的主要因素是什么，或者说大中小城市以及小城镇人口吸纳能力的形成机理是什么？如何提升城市人口吸纳能力，合理优化城镇人口空间布局？这些既是重大的理论命题，也是亟须解决的现实问题。

然而，目前有关城市人口吸纳能力的研究还很薄弱，迫切需要对城市人口吸纳能力的内涵特征、度量方法、影响因素、现状趋势等重大问题进行深入研究，以便进一步丰富城市经济学、城市地理学、人口学等相关学科的理论内容，并为走中国特色的新型城镇化道路提供决策依据和政策支持。

二、研究方法

城市人口吸纳能力研究是一项前沿性研究，没有现成的方法可以直接套用，需要借鉴城市经济学、区域经济学、人口学、计量经济学等相关学科理论，根据研究内容确定合适的方法。具体地，本书主要采用了以下五种方法：

一是理论演绎与事实归纳相结合。基于城镇化阶段理论、城市规模理论等经典理论，对未来中国城镇化进程、城镇化空间格局、城镇化人口总量等问题做出合理推断，为深入分析城市人口吸纳能力提供理论支撑。基于中国城镇化发展的一些典型案例和特征化事实，从复杂的现实中抽象出城市人口吸纳能力的本质特征，发现一些趋势性特征和内在规律，为科学分析城市人口吸纳能力的内涵特征、影响因素等问题提供现实基础。

二是横向比较与纵向比较相结合。通过对四大区域、31 个省份以及不同规模城市之间的横向比较，分析城市人口吸纳能力的区域性特征和规模性特征，并在与世界其他国家比较中发现中国城市吸纳人口的特色和问题。通过纵向比较，发现中国市镇吸纳人口进程中的一些特征趋势，并在历史发展脉络中获得一些经验或启示。

三是回归分析方法。构建回归分析模型对中国城镇化发展进程及其趋势进行模拟，并对未来吸纳新增城镇人口数量进行合理预测。基于回归分析，定量化研究城市和建制镇在吸纳新增城镇人口中的影响因素，从中找出关键性因素，发现内在的规律。

四是非参数核密度估计方法。为定量化考察城市吸纳城镇人口的整体情况、建制镇吸纳镇区人口的整体情况、城市人口吸纳效率的整体情况，本书采用了非参数核密度估计方法，绘制了有关核密度曲线。

五是数据包络分析（DEA）方法。在测度城市人口吸纳效率时，不仅要考虑吸纳了多少数量的人口，而且要考虑为此付出了多少成本代价，包括在基础设施投资、土地资源、水资源、能源资源、环境资本等方面的投入。本书采用数据包络分析方法，计算出城市人口吸纳能力的综合技术效率、纯技术效率和规模效率等，对城市人口吸纳能力的评判标准进行了深入剖析。

三、研究框架

在研究思路上，本书遵循“提出问题—理论基础—分析问题—解决问题”的基本路线，全书包括十章内容，分为四个部分。

第一部分为引论部分（包括第 1 章），提出问题。第 1 章简要介绍了本书的研究背景以及选题来源，明确主要研究方法，确定主要研究内容的框架结构。

第二部分为基础理论部分（包括第 2 章和第 3 章），旨在为后续研究做好知识准备和理论铺垫。第 2 章通过梳理城市人口承载力的理论进展与研究困境、中国城镇化道路之争、中国城市吸纳劳动力就业等方面的文献，理清相关研究的理论脉络和逻辑思路，为确定本书研究的重点方向提供启示和参考。第 3 章界定了城市人口吸纳能力的本质内涵，探讨了城市人口吸纳能力的度量方法，并构建了城市人口吸纳能力的机理模型，为本书后续研究构建最基本的概念体系、方法论基础和理论分析框架。

第三部分为实证分析部分（包括第 4、5、6、7、8、9 章），着重分析中国城市人口吸纳能力的现状趋势、特征规律、评判标准。第 4 章分析了中国城镇化的发展阶段、区域格局与未来趋势，对未来城市吸纳新增城镇人口数量进行预测。第 5 章回顾了城市和建制镇的发展进程，在此基础上对城市和建制镇吸纳人口能力进行比较分析。第 6 章主要考察城市和城市群的吸纳能力，从分等级规模、分四大区域、分省域、分城市群等角度对中国县级及以上城市的人口吸纳能力进行了详细分析。第 7 章主要考察建制镇的人口吸纳能力，分等级规模、分四大区域、分省域对中国建制镇的人口吸纳能力进行了深入分析。第 8 章主要考察城市人口的吸纳效率，采用数据包络分析中的 BCC 模型，对中国 286 个地级及以上城市吸纳人口的综合技术效率、纯技术效率和规模效率进行比较分析。第 9 章构建综合评价指标体系，对中国地级及以上城市的城镇化质量进行了评价分析。

第四部分为结论部分（包括第 10 章），总结深化本书研究得出的主要结论、主要观点，提出促进中国城市人口吸纳能力提升的政策建议，展望未来拓展和深化研究的方向与重点。

本书的研究思路与内容框架见图 1 – 1。

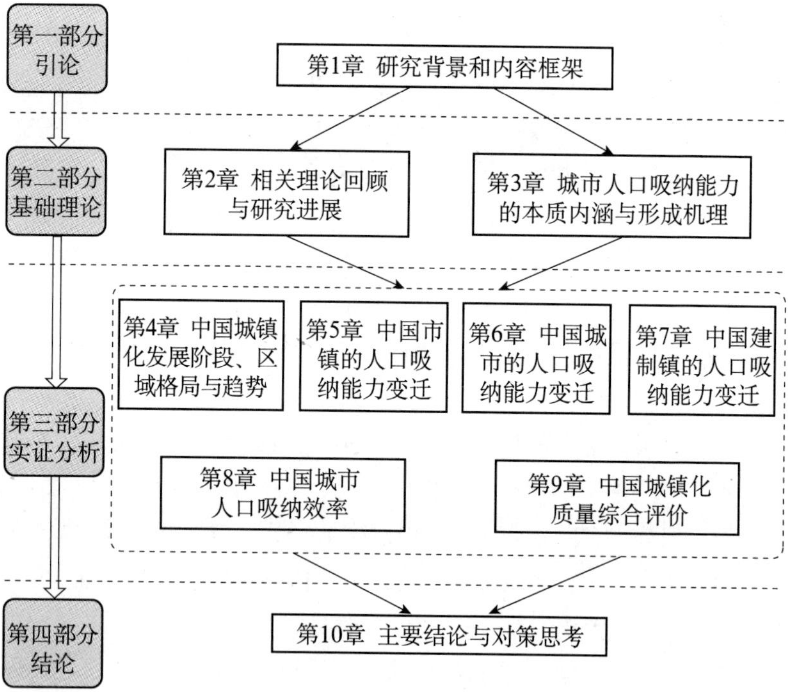

图 1 – 1　本书的研究思路与内容框架

第2章 相关理论回顾与研究进展

目前，国内外有关城市人口吸纳能力研究的直接文献甚少，因此本书的研究富有挑战性和开拓性。为探寻城市人口吸纳能力研究脉络，从现有相关研究中汲取理论精华和方法学基础，有必要对相关文献进行梳理、归纳和评述。特别是有关城市人口承载力、城镇化发展道路、城市吸纳劳动力就业等方面的研究成果，可以起到“它山之石可以攻玉”之效，有助于进一步确定城市人口吸纳能力研究的逻辑思路与重点方向。

一、城市人口承载力的理论进展与研究困境

在马尔萨斯的人口过剩理论框架基础上，国内外不少学者开展了城市人口承载力相关研究，形成了丰富的研究成果，在理论内涵和研究方法上取得了一些进展，但也存在一些争议，需进一步深化研究。

（一）人口承载力研究的理论渊源

从思想起源看，人口承载力研究可溯源到马尔萨斯的人口过剩

理论。“承载力”这个概念，其实就是人们在讨论人口过剩时常用的一个概念（Price，1999）。

1798年，马尔萨斯在其名著《人口原理》一书中，较系统地阐述了“人口绝对过剩”的基本思想。马尔萨斯首先提出了“两个公理”：食物为人类生存所必需；两性情欲是必然的，几乎会保持现状。接着他又提出了“两个级数”的假设：在无障碍时，人口呈几何级数增长；而生活资料仅仅是呈算术级数增长（Malthus，1798）。在此基础上，马尔萨斯导出了“三个命题”：人口增长，必须受生活资料的限制；生活资料增加，则人口必然增长；人口增长趋势为贫穷及罪恶所抑压，使得现实人口与生活资料保持平衡。在马尔萨斯看来，由于人口自然增长法则与土地边际生产力递减规律存在矛盾，人口与生活资料的正常比例被打破，失业、贫困和罪恶等现象的产生在所难免，由此形成人口的“绝对过剩”。

马尔萨斯的人口过剩理论在学术界产生了深远影响，特别是关于“人口增长必须受生活资料限制”的基本思想，为后来的人口承载力研究所继承、发扬和完善。现在大多数的人口承载力研究，仍然坚持马尔萨斯的“土地—粮食—人口”的研究思路，或者拓展为“资源环境（包括土地资源、水资源、能源等等）—人口”的研究路径。可以说，马尔萨斯的人口增长理论是承载力研究的基础框架（Seidl & Tisdell，1999）。

（二）人口承载力研究的内涵延伸和方法进展

人口承载力（carrying capacity）起初是一个从生态学领域中借用过来的一个概念。承载力这个术语被认为是由牧业管理者创造的，用来研究草食性牲畜的草场土地利用问题（Price，1999）。通常，承载力被定义为“在永不削弱栖息地生产力的前提下，在某个限定范围内栖息地内可以无限期供养某特定生物种群的最大数量”（Rees & Wackernagel，1996）。后来，承载力这个概念从生态学领域引入到人类生态学领域，其含义从最初的草场对牲畜的承载力，延伸为资源、环境对人口的承载力。也就是说，承载力的客体从草食性牲畜数量延伸到了人口数量，承载力的主体从草场土地扩展为耕地资源、水资源、能源资源乃至更为宽泛的环境资源。

国内外关于人口承载力内涵的认识在不断扩展。国外早期的研究基本遵循马尔萨斯“土地—粮食—人口”的框架来探讨土地资源的承载力问题。Park & Burgess（1921）认为，一个地区的人口承载力可由其食物资源来确定。Vogt（1949）也以粮食为标准，研究土地资源承载力，将其定义为生物潜力与环境阻力之比。后来，人口承载力的主体不再局限于土地资源，进一步拓展到更多类型的资源和环境等。例如，Allan（1949）认为，所谓人口承载力是指“一个地区在一定的技术条件和消费习惯下，在不引起环境退化的前提下，永久支持的最大人口数量”。联合国教科文组织和粮农组织（UNESCO & FAO，1985）则将一个国家或地区的资源承载力定义为“在可预见时期内，利用本地能源、自然资源、智力、技术等条件，在保证符合其社会文化准则的物质生活水平条件下，该国家或地区能持续供养的人口数量”。从上述定义可看出，按承载主体划分，人口承载力的类型既包括单个要素的人口承载力（例如土地承载力、水资源承载力等），也包括综合了多个要素的人口承载力（例如综合承载力）。国内学者基本沿用了国际学术界关于人口承载力的定义，并对其做了进一步的诠释与扩充。其中，较典型的定义包括“可持续区域人口承载力”等概念（贾绍凤，2000）。国内外有关人口承载力的定义有很多，但不管其定义形式如何变化，承载力概念都表达了一种思想，即“环境限制规定了种群能安全达到的最大数量”（Price，1999）。

有关人口承载力的研究方法也在不断丰富，归纳起来主要有以下四类研究方法。第一类是时间趋势模拟法。Verhulst（1838）将马尔萨斯的人口增长理论进行数学模型化，提出了著名的逻辑曲线

（Logistic）的微分方程：$\frac{dN}{dt}=rN(\frac{K-N}{K})$。Pearl & Read（1920）基于性别结构、年龄结构呈正态分布以及生殖本能不变等假设，也推导出了一个关于人口承载力的 Logistic 曲线方程：$y=a+bx+cx^2+dlogx$。第二类方法是基于单因素承载力的测算方法。Vogt（1949）遵循“土地—粮食—人口”的研究路径，提出了一个土地要素的承载力计算公式：土地承载力 = 生物潜力/环境阻力。更一般地，对某种资源要素的承载力，可以采用一个通用公式来表示：资源承载力 = 资源拥有总量/一定标准的人均资源占有量（郭秀锐等，2000）。第三类方法是基于对多个要素相互作用形成的综合承载力的测算方法，包括系统动力学方法、多目标“可能—满意度”方法、层次分析法、短板法等。这类测算方法，按各要素承载力的合成方式，又可分为两种方式：一是假设各要素的承载力之间具有一定的相互替代性，因而通过构建一个指标体系，采取加权平均（算术平均或几何平均）的方式将各个要素的承载力合成一个综合承载力指数。二是假设各要素的承载力之间完全不具有可替代性，不能简单地通过加权方法来合成。与木桶容量取决于最短的那块木板这个基本原理相类似，一个国家或地区的综合承载力大小也取决于各要素承载力中量值最小的那个要素。第四类方法是对人口承载力的间接测度，即不直接测算一个国家或地区的资源环境能承载多少人，而是间接地测算该地区的人口密度、人口压力指数等。在上述四类方法中，第一类方法考虑了人口增长的时间过程，但没有考虑决定人口承载力的外生变量，因而难以揭示人口承载力的形成机制。第二、三类方法，含义相对明确，研究成果最为丰富。而第四类方法则可以认为是第二、三类方法的一种变形。

国内外学者综合各种方法开展人口承载力研究，取得了丰富的成果。国外有关人口承载力的研究起步较早，研究地域范围主要集中在全球尺度和国家尺度。国内关于人口承载力的研究则起步较晚，直到 20 世纪 80 年代才涌现出相关文献。近年来，国内研究的空间尺度不断缩小、细化，从国家尺度、省域尺度深入到城市尺度。例如，不少学者采用系统工程中的“可能—满意度”方法，从经济发展水平、城市基础设施、城市生态环境、交通基础设施等方面设置临界值，测算城市人口承载力（袁九毅、张茂林、张志良，1997；夏海勇，2002；张子珩、濮励杰、康国定等，2009；李振福，2004）。有学者根据木桶理论测算了北京市海淀区的水资源和土地资源的人口承载力（张利华、陈钢、徐晓新等，2008）。也有学者构建了一个包括土地承载力、水资源承载力、交通承载力和环境承载力在内的指标体系，采用线性加权的方式测算了中原城市群的综合承载力（孙莉、吕斌等，2008）。还有学者采用系统动力学方法，对北京市的水资源人口承载力进行了动态模拟和分析（童玉芬，2010）。这些研究对于解决中国城市人口的空间布局问题具有一定的参考价值和指导意义。

（三）城市人口承载力研究的困境及其出路

当前，中国已进入到城市型社会，面临着高资源消耗模式难以持续、环境生态约束日渐强化等挑战（郭叶波、魏后凯等，2013）。在中国城镇化快速推进过程中，必须要考虑资源环境对人口的约束作用，必须要考虑城镇化的可持续性。而承载力是可持续性的核心问题（Rees & Wackernagel，1996）。因此，加强对城市人口承载力的研究，对于解决中国城镇化进程中的人口、资源、环境、经济问题，无疑是有帮助的。然而，从资源环境的角度分析城市的人口承载力，还存在一些理论层面和方法论层面的困境，需在理论和方法上进一步完善、拓展和突破。

从理论渊源来看，人口承载力研究的基础框架源自马尔萨斯的人口“绝对过剩”的理论。马尔萨斯“本地有多少资源，就承载多少人口”的思想，本质上是一种带有地理环境决定论性质的观点。

对此，马克思批判道：人口过剩“同并不存在的生存资料绝对量根本没有关系，同这些生存资料的生产条件有关”。恩格斯也指出：“人口过剩或劳动力过剩是始终同财富过剩、资本过剩和地产过剩联系的。只有在生产力过大的地方，人口才会过多”，“资本主义以前的社会是人口压迫生产力，而在资本主义社会则是生产力压迫人口”。由此可见，马克思、恩格斯在分析人口过剩问题时，认为人口过剩的本质不是人口绝对过剩，而是人口相对过剩；他们分析的视角，不是简单地从自然资源和环境角度进行分析，而是从社会经济制度层面展开。在现实中，所谓自然资源和环境决定人口增长及其最大容量的观点也并不总是能得到经验事实的支持。例如，日本、以色列等国家和中国香港、美国拉斯维加斯等城市，尽管自然资源严重匮乏，特别是美国拉斯维加斯原本为沙漠之城，但依然承载了较多的人口数量，城市人口密度也较高。

从概念内涵和逻辑来看，人口承载研究可能存在一些困境。Price（1999）指出，承载力的内涵是很有问题的。承载力这个概念从生态学领域引入到人类生态学领域时，就遭到了正统经济学家和规划者的反对（Rees & Wackernagel，1996）。有学者批评道，人口承载力这个概念内涵“不清晰、不准确”（Edwards & Fowle，1955；Dasann，1964），是“研究者在实验图纸中强加的一种限制”（Colinvaux，1986），甚至是“一个应被抛弃的概念”（Dhondt，1989；Bartels 等，1993；Hayden，1975）。Price（1999）指出，Pear & Reed（1920）关于“在实验室中由于种群数量增长受限制可以使种群数量保持恒量，所以就认为在自然界中种群数量保持恒量就是种群数量增长受限制”的观点，存在逻辑错误，因为“事实上这些限制作用并没有显示出，或者说起关键作用的反馈机制仅仅是一种推测而已”。也就是说，一些种群数量以近似逻辑曲线的形式增长的事实，不足以支撑逻辑曲线是种群增长的普遍法则或者近似的第一法则的论点。

从方法论层面来看，人口承载力研究也面临“测不准”的困境。Hayden（1975）明确提出了所谓的“承载力困境”：承载力不能够被有效地测算，建立在给定生活水平基础上的“人口效率”所反映的“承载力”也是没有实际意义的，“人口承载力”作为一个概念和测算手段从一开始的构建就存在弊端。Cohen（1998）也指出，人口承载力测不准，或者说没有唯一的正确答案。在常用的一种方法中，假定单一因素（例如食物）限制了人口规模，其计算公式为：最大人口承载量 = 最大可能的食物生产量/最小可能的人均食物需求量。其中最大可能的食物生产量，不仅取决于土壤、降水量、地形、生长期等环境限制，而且取决于由个体或集体做出的人类选择；最小可能的人均食物需求量，不仅取决于生理需求，而且取决于可接受的或令人满意的文化标准和经济标准（Cohen，1998）。此外，一些正统经济学家以及规划者认为，人类可以通过消除与之有竞争的物种、进口本地稀缺资源、推动科技进步来提高人口承载力（Rees & Wackernagel，1996）。从方法论上讲，现有大多数人口承载力研究，人为地事先设定一些人均标准或关键参数，而不是基于个体理性选择做出的最优结果，对价值标准、外部市场、科技进步等影响人口承载力的关键因素也缺乏应有的考虑。因而，现有大多数人口承载力研究体现的是理工科思维，而不是经济学思维。

国外关于人口承载力研究的理论缺陷和方法论不足，对于中国城市人口承载力研究来说也是普遍存在的问题。借用国外研究全球、国家尺度的人口承载力的一些方法来研究中国城市人口承载力时，可能还会遇到更多的困难：第一，城市是一个高度开放的系统，不少本地稀缺资源可通过国内市场或国际市场来得到满足。不妨把资源分成可移动性资源和不可移动性资源。在一个开放体系中，可移动性资源（例如能源）对城市人口承载力几乎没多大影响。对于不可移动资源，主要考虑的就是土地资源和水资源。其实，水资源也不是完全不可移动的，例如通过实施“南水北调”工程就大大缓解了北京市的缺水问题。第二，城市是在区域经济体系中处于核心地位，有其产业分工的特殊性。在产业功能分工中，城市的主要任务是发展第二产业和第三产业，粮食以及其他一些农产品可通过从周边农村地区或从外地输入来解决。在进入工业化、信息化、市场化、国际化时代，如果仍然根据“土地—粮食—人口”的思路来确定城市人口数量，把国家层面的粮食安全问题蜕变为城市层面的人口发展战略问题，显然是不合时宜的。第三，在市场经济体系中，作为微观主体的城市居民和企业，会根据市场价格信号对资源利用方式和使用数量做出理性的调整。简单使用一个统一的人均资源拥有量标准来评测个体效用并加总为城市总体效用，也不是很恰当的。例如，当土地资源稀缺、房价高企时，作为理性的经济人会主动降低人均住房面积标准。又如，不同的收入群体由于各自通勤时间的机会成本不同，对城市交通拥挤的容忍程度也不同。第四，中国城乡区域发展的阶段性差异很大，不同的城市、不同的收入群体在不同的发展阶段可能对人均资源需求量的差异较大。按照温饱阶段、全面建成小康社会阶段、进入中等发达国家阶段的不同标准，所测算出来的城市人口承载力结果就不一样。因此，简单照搬发达国家或发达城市的标准，或者“拍脑袋”设定相关参数，并不能保证研究结论的科学性和可靠性。在中国城市人口承载力测算过程中，不少研究者“有意无意地低估了技术、制度创新和管理手段进步对城市人口容纳力、国家人口承载力的动态影响，更忽视了市场机制本身对人口流动、人口增长的重大调节作用”（陶然，2010），因而相关研究结论的可靠性大打折扣。例如，2005 年批复的《北京市城市总体规划》设定了“2020 年人口规模为 1 800 万”的目标，但 2009 年北京市常住人口就达到了 1 860. 0 万，2015 年更是达到了 2 170. 5 万。

由于在理论上和方法论上存在困境，单从自然资源环境的角度来测算城市人口承载力，所得结论未必能得到经验事实支持。为此，有必要另辟蹊径，突破马尔萨斯人口增长理论的基础框架，并在方法论上寻求新的突破。在今后的研究中，不妨从以下几个方面进行尝试：一是从马尔萨斯的人口增长理论转向马克思的两种生产理论。根据马克思的“两种生产理论”构建新的理论框架，可以将人口承载量理解为当人口生产与物质生产达到相互平衡和协调时的人口数量（郭秀云，2010），从而突破马尔萨斯关于“有多少资源，就承载多少人”的思想框架。二是从资源环境承载力研究转向人口（就业）吸纳能力研究。研究城市人口的增长及其空间布局时，分析视角不要局限于从地理学角度研究自然资源、环境对人口的影响，而要更多地从经济学角度研究经济因素（特别是就业机会）等对城市人口增长及其布局的影响。三是从测算绝对人口容量转向探寻现有人口数量与经济、资源环境等因素的关系。绝对人口容量，是指在给定一定资源环境条件和一定的价值标准，所能承载容纳的最大人口容量。通常，现实的人口数量不等于理论上的最大人口容量，要准确测算最大人口容量是比较困难的。不妨先对过去和现在的城市人口增长及吸纳情况进行总结归纳，从中找出一些趋势性特征、决定性因素和本质性规律。

二、中国城镇化道路的理论之争

改革开放以来，中国城镇化进程开始加快推进，数以亿计的乡村人口转移到城市和小城镇。如此庞大的人口该何去何从？吸纳这些人口的主要载体是小城镇、中小城市，还是大城市？围绕城市规模这个焦点，学界开展了一场长达几十年的中国城镇化道路之争。

（一）聚焦城市发展规模的城镇化道路之争

走中国特色的新型城镇化道路究竟该以何种城市规模为发展重

点？对此，不同学者基于不同的视角和不同时期的事实，阐述了不同的观点。归纳起来，主要有小城镇优先发展论、大城市优先发展论、中小城市优先发展论、两极优先发展论、多元协调发展论等观点。其中，以小城镇优先发展论、大城市优先发展论、多元协调发展论的观点最为突出，影响力最大。

1. 小城镇优先发展论

改革开放之初，中央领导同志对小城镇的发展十分重视，不少学者极力主张小城镇应优先发展。特别是费孝通先生于1984年在《瞭望周刊》连续发表了《小城镇，大问题》、《小城镇，再探索》、《小城镇，新开拓》等系列文章，对学界影响甚大。

持小城镇优先发展论的学者，主要从改革开放初期的世情、国情、乡情等角度来论证“小城镇，大问题”、“小城镇、大战略”。从世情来看，1950—1980年世界人口城镇化在快速推进，不少国家已出现城市交通拥挤、住房紧张、供水不足、环境污染、犯罪率攀升等问题，英国、法国、罗马尼亚等国采取的对策就是建设小城镇，中国也应事先防范大城市和特大城市的弊端（金大勤，1981；胡国华，1982）。从国情来看，中国农业人口多、底子薄、科学技术水平不高，小城镇建设在实现“四个现代化”中地位重要（吴国斌，1981；费孝通，1984）。社会分工和商品交换的发展，也要求小城镇扩大职能，承担本来由大城市和农村承担的任务（郑宗寒，1983）。长期关闭在传统农村的大量人口将被释放进城，但中国因财力有限无法建成十多个人口在千万人上下的现代化大城市来容纳这股人口巨流，而小城镇建设成本低，可以充当截留和蓄积农村劳动力的蓄水库（费孝通，1984；费孝通，1996）。从乡情来看，改革开放之初，中国的乡镇企业异军突起，为小城镇建设奠定了产业基础。中国采取“就地转移为主”、“离土不离乡”的政策，鼓励兴办乡镇企业，发展农村集镇，避免了大量农业人口涌入城市，冲击城市环境（曲格平，1991）。可以说，小城镇是实现农村工业化的基地，是联系城乡两头的纽带，是推进农业现代化的前哨（吴大声，1999）。由于小城镇优先发展论既符合当时发展乡镇企业的要求，又符合政府的城市发展方针，影响很大，因此一度成为中国城镇化道路的主流观点（赵新平、周一星，2002）。

改革开放初期，积极发展小城镇有其历史意义，但随着世情、国情和乡情的变化，小城镇优先发展论不断受到质疑。第一，发达国家80年代的小城镇建设，实质上是在高度城镇化的基础上的城市郊区化或"逆城市化"过程。发达国家的"逆城市化"是以一定的社会经济发展水平为前提，有其产生机理（钟水映，1995），而中国的小城镇建设与之有本质的不同。第二，随着城市改革不断深化，基础设施日趋完善，已不用过分担心"农村人口冲击城市环境"（郑静、陈革，2000）。第三，小城镇建设的平面扩张以及乡镇工业的分散化布局也存在耕地持续减少，农村环境污染日趋严重，基础设施投入回报率低，缺乏规模经济效益，不利于专业化分工，不能刺激有效需求等问题（魏后凯，1993；钟水映，1995；郑静、陈革，2000；周铁训，2001）。

小城镇优先发展论者也注意到了小城镇发展中存在的土地浪费、环境污染等问题，提出要加强新型小城镇硬件和软件的建设（费孝通，1984；费孝通，1996），要突出中心镇建设（吴大声，1999）。小城镇优先发展论的代表性人物费孝通先生晚年的观点也发生了一些转变："小城镇的发展只是城市化的一部分，只有各级城市的发展才能巩固小城镇的发展"（费孝通，2004），要"以上海、香港、北京、天津和重庆等为重点发展500万至1 000万人口的大都会，以200万至500万人口的大中城市为主体，以星罗棋布的几万个几千人到几万人的小城镇和几十万人的小城市为依托"，"走大、中、小城市和村镇同时并举遍地开花的道路"（费孝通，

1998）。

2. 大城市优先发展论

大城市优先发展论颇有与小城镇优先发展论针锋相对的意味。针对“乡村城镇化”、“农村非农化”、“分散型城镇化”等问题，不少学者提出了批评性意见。周铁训（2001）认为，“大城市不一定产生城市病，小城镇也未必不产生小城镇病，小城镇病的危害会更大”。钟水映（1995）也认为，“农村病”危害甚于“城市病”，前者是发展中存在的问题，而后者则关系到国家和社会的存亡和安危。周天勇、张弥（1990）认为，集中型城镇化和分散型城镇化都存在负效应，但总体上分散型城镇化的负效应更大，并且分散型城镇化负效应导致的连续发生的损害无法根治。

持大城市优先发展论的学者，主要从城市规模效益角度论证应重点发展大城市。胡兆量（1986）以国内外大量统计数据为依据，总结出大城市的超前发展是一条统计规律。饶会林（1989）从经济、社会、环境、建设等方面进行分析，发现大城市的效益普遍高于中小城市，因而城市规模效益是一个普遍而重要的规律。王小鲁、夏小林（1999）采用中国1989—1996年600多个城市的数据，从规模收益和外部成本两方面进行计量分析，结果发现城市人口规模在100万~400万人的区间，净规模收益最高，超过这个区间则净规模收益递减，小于10万人则不存在净规模收益。Au & Henderson（2004）采用中国地级及以上城市1990—1997年数据进行实证分析，发现城市规模效益表现为倒“U”型曲线，但中国大多数城市规模过小，造成较大的收入损失。刘永亮（2009）则认为，中国城市经济效益随城市规模等级的提高而上升。肖文、王平（2011）通过对2001—2008年长三角16个城市的数据分析和研究，发现长三角城市规模的理论最优值为759万人左右，除上海外，各城市应扩大规模。王小鲁（2010）建议，中国应发展百万人口以上大城市，未来至少增加上百座百万人口以上的大城市。

持大城市优先发展论的学者使用经济学分析框架开展定量化研究，具有较强的解释力。但大城市优先发展论也存在一些不尽合理的地方：一是对城市规模效益的分析，往往没有考虑到城市规模隐蔽的社会成本（吴家浩等，2011）。二是对城市规模以外的因素考虑不足。受其他因素影响时，模型的曲线状态将随着城市的自我更新能力而不断移动，曲线交点随即变更（吴家浩等，2011）。影响城市效益的因素是多样的，城市规模在城市效益的提高中不一定起决定作用，因而城市规模与其效益之间的关系只是一种相关性不很高的统计规律（周一星，1988）。三是客观上不一定存在一个唯一的最优规模。刘永亮、王丽民（2010）采用中国1990—2006年地级以上城市数据进行计量检验，发现对于多数指标和年份来说，不存在统一的最优城市规模；对于部分存在最优城市规模的年份和指标，最优规模也是一个变量。

3. 中小城市论与两极优先发展论

有学者指出，随着大量人口向大城市涌进，一些大城市开始出现了“城市病”：肥胖症，即城市蔓延；梗塞症，即交通拥堵；中毒症，即环境污染；饥渴症，即资源短缺（赵千钧等，2009）。鉴于大城市和小城镇一样都存在各种问题，一些学者开始主张以中小城市为重点（张红宇，2010），强调中小城市的主体地位（赵千钧等，2009）。夏海勇（2002）认为，总人口规模太大或太小都不利于城市的发展。因为，总人口规模太大会对城市的社会经济发展、生态环境、居民生活质量造成巨大压力，而总人口规模过小则会因缺乏规模效应而带来社会财富的巨大浪费。

然而，这种具有调和色彩的中小城市论遭到了持“两极优先发展论”学者的反对。杨学成、汪冬梅（2002）采用1990—1996年县级和地级以上城市的数据进行分析研究后发现，从静态看超大城市的经济效率最高，从动态看小城市的经济成长力最强，而中等城市的经济效率和成长力均居末位。因而，他们主张中国城市发展的重点应放在“两极”。

4. 多元协调发展论

持多元协调发展论的学者认为，中国人口众多，国土面积辽阔，各级各类城市都有存在和发展的价值（孙久文、叶裕民，2003）。无论大城市、中等城市还是小城市，无论是郊区、卫星城还是城市综合体，都不可能成为全国城镇化的主要道路或唯一道路（高佩义，1991）。为最大限度地吸纳农村人口，需合理引导人口流向，既要避免个别城市过度集聚，也要避免城镇发展遍地开花，应形成小城镇和各类城市协调发展的城镇体系，推进都市圈、城市群整体发展（韩俊，2010）。高鸿鹰、武康平（2007）基于实证分析结果，建议快速增加100万人口以上城市分布比重，合理引导资本密集型产业向50万~100万人口城市转移，适度地保护规模较小城市的发展。魏后凯（2010）主张走中国特色的新型城镇化道路，应从中国国情和各地实际情况出发，坚持以人为本的全面协调可持续发展理念，走渐进式、生态型、集约型、融合型、和谐型、多样型城镇化之路。

在学界大多数学者围绕城市规模对中国城镇化道路展开激烈争论之时，也有部分学者认为不应把城市规模政策作为指导城市发展的总方针。周一星（1992）认为，企图以规模来调控城市的发展与建设没有抓住问题的关键，因为城市规模只是城市功能的载体，中国地区差异大，不存在一个统一的能够被普遍接受的最佳城市规模，大中小各级城镇各有不可替代的作用。孙久文、叶裕民（2003）在对中日城市数量及其结构进行横向比较后指出，当前的中国城市问题不是规模结构问题，而是城市的数量太少。

（二）围绕新增城镇人口吸纳载体的进一步争辩

新增城镇人口与城市规模是同一个硬币的两个方面，实际上就是城镇化人口增量与存量的关系。因此，学术界围绕城市规模的城镇化道路之争，很自然地会进一步延伸为对吸纳新增城镇人口主要载体的争论。归纳起来，关于新增城镇人口主要载体的观点主要有以下四种。

1. 关于小城镇是吸纳人口主渠道的观点

有学者认为，小城镇是吸纳新增城镇人口的主要载体。由于大中城市从外延扩张向内涵式发展，城市劳动力市场日益完善，大城市对农村流动人口的吸纳能力趋于下降；而小城镇已有相当基础，并具有地缘优势，因此是吸纳流动人口的主渠道（钟水映，1995），是新增城镇人口的最大吸纳者（罗宏翔，2011）。费孝通（1996）认为，中小城镇具有大量吸收人口的潜力，如果中西部地区在今后 10 年中能跟得上发达地区，那么 14 亿人口可以分散在各地小城镇中。辜胜阻、刘传江（2000）认为，未来容纳大部分农村流动人口的主要渠道是小城镇，小城镇具有吸纳农村流动人口的优势：有助于农民兼业乃至脱离农业生产，通过地缘和血缘关系促进农民流动迁移，受户籍制约少，小城镇及其周围乡镇企业发展较为迅速。李铁（2013）认为，在行政等级化管理体制下，尽管大中城市对新兴的有活力的小城镇形成了剥夺，但沿海一些小城镇在传统体制下发展到几十万人口，吸纳农村劳动力最具优势，尤其是特大城市周边的中小城市和建制镇还有较大的吸纳能力。魏后凯（2011）也认为，小城镇数量多、分布广、吸纳容量大，是今后吸纳农民进城的重要载体。但王小鲁（2010）认为，多数小城镇缺乏凝聚力和自身发展的动力，镇的数量增加主要是行政建制改变导致统计变化的结果，而不是人口自然向小城镇集中的结果。

2. 关于大城市是吸纳人口主要载体的观点

有学者认为，大城市是吸纳人口的主要载体。曾令华等（2007）认为，城市规模与城市就业吸纳能力正相关，城市规模越大，对就业的吸纳能力就越强。Song（2001）认为，城市规模的增大往往带来吸纳能力的提升。刘云刚、陈月英（2000）、刘美平（2002）发现，大城市对农村流动人口的吸纳能力强于中小城市。王枚（2002）认为，超大城市和特大城市吸收了最多的新增城市非农业人口。王小鲁（2010）提出，与小城市和镇相比，大城市由于聚集效应具有更好的经济效益和更多的就业机会，不断吸引人口和产业向大城市集中。

3. 关于中小城市是吸纳人口主要力量的观点

有学者认为，中小城市是吸纳人口的主要载体。如果将人口规模在100万以下的城市定义为中小城市，再加上县城，这部分城市的城镇人口增长量占全部城镇人口增量比例将达到60%，因此中小城市是城市化的主要力量（赵千钧等，2009）。

4. 关于城市群体系化吸纳人口的观点

近年来，越来越多的学者强调城市体系或城市群对人口的有机吸纳。魏杰（2003）认为，体系化的城市发展战略非常有利于吸纳更多的非城市人口。魏后凯（2011）提出，大都市区是吸纳新增城镇人口的主渠道。张耀军（2013）认为，若能实现大中小城镇体系的合理化，大中小城市有机吸纳人口，则大城市病将得到有效解决，中小城镇的规模效益也将得到提升。魏后凯（2014）提出要积极培育壮大世界级、国家级城市群，使之成为吸纳新增城镇人口的主要载体。甚至连小城镇优先发展论的代表性人物费孝通先生在晚年也认同依托城市群来吸纳人口的观点：中国需要搞几个特大都市、更多的大城市和中等城市以及大量的小城市和小城镇来容纳更多的人口（费孝通，1998）。但也有学者认为不是所有的城市群都能吸纳更多的人口，京津冀、辽东半岛和山东半岛城市群已没有能力进一步吸收巨量的流动人口，真正有希望吸纳中国人口的是长三角和珠三角城市群，以及它们之间和周围的地带（李强、张海辉，2004）。

三、有关城市吸纳劳动力就业的研究进展

国内外学者围绕城市吸纳劳动力就业问题，采用就业弹性、平均就业弹性、投入产出法、数据包络分析等方法开展了定量化研究，并对影响城市吸纳劳动力就业的因素进行了分析。

（一）城市吸纳就业能力的测算方法

不少学者对城市吸纳就业现象进行了定性描述，而且采用一些数学方法进行定量化研究。关于测算城市吸纳就业人口的方法，归纳起来主要有以下四种方法。

第一种方法，直接计算各年度的就业弹性。王立鹤（2004）用各年度的就业增长率除以GDP增长率，以此作为衡量就业吸纳能力的指标。这种方法便于计算操作，在一定程度上能够反映城市创造就业岗位的能力。但该方法过于简单，对同一城市所计算出来的各年度就业弹性的波动可能比较大，未必能够真实反映城市创造就业机会的相对稳定性。

第二种方法，采用回归法测算平均就业弹性。谭岚（2008）构建就业与经济增长的双对数模型，然后通过回归模型计算出就业与经济增长的相应系数，将这个系数定义为就业弹性。这种方法在一定程度上克服了第一种方法的不足。但也有学者指出，中国劳动力

资源配置的市场化程度还不高，就业率的变化还不足以对劳动力需求的变化做出灵敏的反应；因此在分析中国经济增长对劳动力的吸纳能力时，简单地以就业弹性作为衡量指标是不恰当的（刘军、孙学工，1995）。

第三种方法，采用投入产出法计算就业吸纳能力。不少学者使用投入产出法来分析某个具体产业直接和间接的就业吸纳能力（Park，1989；成静，2010；曾艳阳、唐文玉，2003；孔令锋，2011）。实际上，在使用就业弹性时，测算的是城市单个产业增长吸纳劳动力的直接效应，而忽视了由于产业间关联而产生的间接效应。采用投入产出法，正好可以弥补这个缺陷。

第四种方法，数据包络分析（DEA）。Chen、Zeng & Yang（2011）采用数据包络分析中的 BCC 模型，以四城市指数、大城市人口比重、人口城镇化率、产业结构偏离度作为投入指标，以在城镇企事业单位就业但户口仍在农村的农民工数量作为产出指标，对 2009 年中国 31 个省份和八大经济区的城市就业吸纳能力的技术效率和规模效率进行了测算。需指出的是，采用 DEA 方法测算人口吸纳效率的思路可供借鉴，但应注意投入指标与产出指标之间应在理论上存在因果联系，或者在数学上存在稳定的关系。

（二）城市吸纳劳动力就业的影响因素

城镇化进程具有内生化的就业创造机制（安虎森，2004；Zhang，2007；谭岚，2008）。曾令华、江群、黄泽先（2007）采用 1985—2000 年 30 个国家（地区）的非农雇员和城市人口数据构建模型，发现各国就业增长与城市化进程之间存在显著的正相关性。当然，影响城市吸纳就业能力的因素是多方面的，具体包括以下四大影响因素：

一是城市规模的影响。Abdel-Rahman（1990）指出，在城市趋向最优规模过程中，城市聚集效应和扩散效应以及由其产生的就业吸纳能力会随着城市规模优化和城市功能完善而得到进一步提升。李强、张海辉（2004）认为，大城市可以形成一种生态上的聚集效率，通过规模集聚产生许多新的行业和职业，从而可以创造出“超比例就业机会”。而张红宇（2010）发现，从横向看，我国小城市到中等城市，就业弹性由0.15逐步提高到0.37，而300万人以上非农人口大城市的就业弹性下降为0.25；从纵向看，在城镇化初期，随着城市规模的扩展，城市对带动非农就业的能力逐步增强，但城市规模扩张到较高程度后就业弹性转而下降。

二是产业结构的影响。综合性城市可能比工业城市具有更强的就业吸纳能力。这是因为，第三产业的就业弹性要高于第二产业的就业弹性，第三产业比第二产业能够吸纳更多的从农业转移出来的劳动力（刘美平，2002）。此外，不同的产业类型，其资本有机构成也不同。根据马克思关于资本有机构成的基本原理，资本有机构成越高，资本对劳动力吸收能力就越低（辜胜阻、刘传江，2000）。

三是区位条件的影响。黄赋（1993）认为，地理位置是影响各城市对农业劳动力的吸纳能力的重要因素之一。李国平、陈秀欣（2009）对京津冀都市圈133个区县1990年和2000年人口增长情况进行计量分析后发现，除经济因素外，区位条件也是影响人口增长的重要因素，即平均海拔较低、接近中心城市的地区，人口增长较快。王小鲁（2010）认为，不同规模的城市之间存在协同效应，远离大城市的小城市和小城镇在一定条件下可以发展成较小区域的商业和服务中心，但由于缺乏聚集效应，对投资和人口的吸引力不足，创造的就业机会有限，难以独立发展，很难成为城市化的新生长点。

四是企业所有制的影响。周靖祥、何燕（2009）认为，城镇国有和集体所有制部门对劳动力吸纳的作用较小，而其他所有制经济部门是农村劳动力吸纳的主要渠道。刘云刚、陈月英（2000）指出，乡镇企业对农村剩余劳动力的吸纳能力存在很大的地区差异，并且乡镇企业吸收就业的能力逐渐降低。黄祖辉（1991）发现，1980—1989 年我国乡村两级乡镇企业劳动力的快速增长主要靠资本积累的吸纳，而非创新或内涵的吸纳，由创新吸纳的劳动力人数甚至为负值。

四、简要评述

现有文献很少对城市人口吸纳能力进行专门研究，但它山之石可以攻玉。从有关城市人口承载力理论与实践、中国城镇化道路之争、城市吸纳劳动力就业研究等方面的文献中，可获得不少经验和启示。

（一）现有研究的价值与启示

基于马尔萨斯的人口过剩理论基本框架，不少学者对人口承载力的概念内涵进行了重新诠释和适当延伸，在研究方法上也不断改进，试图从自然资源和环境角度对城市人口的空间布局问题做出合理解释，形成了独有的研究范式，取得了丰富的研究成果。虽然在理论基础和方法论方面存在一些困境，城市人口承载力研究的结论也受到一些质疑，但从相关研究文献及其批判性意见中，笔者仍然可以获得以下启示：在进行城市人口吸纳能力研究时，理论视角不能局限于城市本身的自然资源和环境，更应该关注一些经济和社会方面的因素，对城市人口增长的内在机制进行深层次的研究。

聚焦中国城市规模发展方针政策，学界展开了一场几十年的城镇化道路之争，不同学者对小城镇、大城市、中小城市、城市群发展的合理性与局限性提出了各自的理论观点，并围绕吸纳新增城镇人口的主要载体也展开了激烈争辩。无论是小城镇优先发展论、大城市优先发展论、中小城市优先发展论、两极优先发展论，还是多元协调发展论，在特定的历史背景下，都有其合理性的一面。这些理论思考与实证研究，为本书开展研究提供了很好的理论视角与研究思路：城市规模与新增城市人口是同一个硬币的两个不同侧面，因此在研究城市吸纳新增城镇人口能力时，可以从城市规模角度进行切入，对分规模的城市人口吸纳能力进行深入研究。

采用回归分析法、投入产出法、数据包络分析等方法，不少学者对城市的就业吸纳能力进行了测算，并对相关影响因素进行了研究。这些文献对于笔者开展研究具有重要参考价值。实际上，城市人口与劳动力就业存在紧密联系，劳动力就业的变化会直接影响新增城镇人口以及城市人口规模的变化。特别是城镇化进程的内生化就业创造机制，为进一步研究城市人口吸纳能力的形成机理打开了方便之门。

（二）需要进一步研究的重点方向

目前，直接研究城市人口吸纳能力的文献很少，需在基本概念、测度方法、理论框架等方面开展一些基础性的研究工作。

一是严格界定城市人口吸纳能力的概念内涵。要在充分吸收现有文献研究精华的基础上，进一步提炼出城市人口吸纳能力的本质内涵、基本特征，并厘清其与城市人口承载力、资源环境承载力、就业吸纳能力等相关概念的区别与联系。

二是准确描述中国城市人口吸纳能力的现状趋势。要在准确把握中国城镇化发展阶段、空间格局以及发展趋势的基础上，科学预测未来还需吸纳多少新增城镇人口，分城市与建制镇、分不同区域、分不同等级规模对吸纳新增城镇人口的现状和趋势进一步研究论证。

三是深入研究城市吸纳人口的动力机制与影响因素。城市人口吸纳能力研究是一个跨学科的课题，需要借鉴人口学、城市学、产业经济学等学科理论对城市吸纳人口的动力机制、影响因素进行深入分析，对城市吸纳人口现象进行合理解释。

四是积极探索城市人口吸纳能力的度量方法与评判标准。需要采用定量化研究方法，对城市吸纳人口的效率和城镇化质量进行测算，同时提出城市吸纳人口多少就是合理的评判标准。

第3章

城市人口吸纳能力的本质内涵及形成机理

所谓城市人口吸纳能力，是指在城镇化进程中，某城市通过内生化集聚机制创造较多的就业机会和提供较好的公共服务等主要途径，对周边乡村、其他城市和小城镇的人口形成持续稳定的吸引力并容纳该城市原有人口和新增人口长期安居乐业的能力。城市人口吸纳能力的形成主要源于城市内生化的集聚机制，通过就业岗位创造效应和公共服务提升效应等作用对外来人口形成吸引力和容纳能力。城乡居民基于空间净收益最大化的理性选择会流进城市或从城市流出。经济、自然、技术、政策、文化等因素通过对城市内生化集聚机制或城乡居民空间净收益产生影响，进而会影响到城市人口吸纳能力。本章是城市人口吸纳能力研究的基础理论部分，主要在诠释城市人口吸纳能力的本质内涵基础上，探讨城市人口吸纳能力的度量问题，构建城市人口吸纳能力的形成机理模型，为后续研究提供理论基础和方法论支撑。

一、城市人口吸纳能力的内涵

当前，学术界对城市人口吸纳能力的概念内涵尚未做出严格界定，亟需在厘清城市、城市人口等基础概念的基础上，深化对城市人口吸纳能力的本质内涵及其属性的认识。

（一）对城市、城市人口的基本认识

1. 城市的本质及其空间范围

从古代起源来看，城市包括城和市两个方面。所谓“城”，是指大规模、永久性防御设施；所谓“市”，是指商品交易的场所（周一星，1995）。随着时代的发展，城市的防御功能逐步弱化，交易和居住等功能不断强化。现代城市经济学家一般从人口密度角度对城市进行界定。所谓城市地区，是指“在相对较小的面积里居住了大量人口的地理区域”（O'Sullivan，2008）。城市与乡村的一个重要区别在于，城市以较小的土地面积吸引并容纳了大量的人口。人和场所是构成城市的两个基本要素，其中人是城市的主体、是第一位的，场所是城市的物质环境、是第二位的（牛凤瑞，2008）。有场所无人口，城市就会因过于稀疏成为“空城”；有人口无场所，城市就会因过度拥挤而成为“死城”。因此，城市的本质是人类活动大规模高度聚集的复合有机体（牛凤瑞，2008）。

城市有一定的地理空间范围。理论上，城市是与乡村相互对立的人类居住空间聚落，但现实中城市与乡村的边界并不是那么泾渭分明。在中国，通常所指的城市其实是一个行政区域的概念，既包括城市化的核心地区（如城市建成区），也包括尚未城市化的乡村地区。例如，1989 年 12 月通过的《中华人民共和国城市规划法》第三条明确规定，“本法所称城市，是指国家按行政建制设立的直辖市、市、镇”。

在研究城市人口吸纳能力时，最理想的情况是按照城市的本质内涵，将研究范围严格限定在城市建成区（即城市化的核心地区）这个空间尺度。在现有统计制度中，在城市建成区尺度尚无系统性数据，而在市辖区尺度的人口和经济社会方面的数据较容易获得，市辖区人口密度明显高于乡村地区。因此，退而求其次，本书将市辖区作为研究主要空间范围。

2. 中国城市和建制镇的设置标准

城市和建制镇的设置必须满足一定的标准。中国主要采用居民点人口数量、职业构成等指标来界定建制镇和城市的设置标准。1955 年，国务院第一次公布了关于市镇的设置标准。《国务院关于设置市、镇建制的决定》（〔55〕国秘习字第 180 号）明确规定，设镇的居民区常住人口要达 2 000 人以上；聚居人口 10 万以上的城镇可以设置市的建制。为应对“大跃进”期间城镇人口增长过快带来的困难，1963 年发布的《中共中央、国务院关于调整市镇建制、缩小城市郊区的指示》提高了市镇设置的标准，撤销了大部分 10 万人以下的市和大批不符合条件的镇。改革开放后，随着城市和建制镇发展的物质基础日益扎实，1984 年发布的《国务院批转〈民政部关于调整建镇标准的报告〉的通知》（国发〔1984〕65 号）适当降低了设镇标准。1986 年发布的《国务院批转民政部关于调整设市标准和市领导县条件报告的通知》（国发〔1986〕46 号）又进一步放宽设市标准。但 1993 年发布的《国务院批转民政部关于调整设市标准报告的通知》（国发〔1993〕38 号）提出了更严格的设市标准。新中国史上五次市镇设置标准的调整情况见表 3－1。

表 3－1　新中国五次市镇设置标准

年份	设镇标准或设市标准	备注
1955 年	**市**：聚居人口 10 万人以上的城镇，可以设置市的建制； **建制镇**：县级或者县级以上地方国家机关所在地，可以设置镇的建制；不是县级或者县级以上地方国家机关所在地，必须是聚居人口在 2 000 人以上，有相当数量的工商业居民，并确有必要时方可设置镇的建制	对重要工矿基地、地方国家机关所在地、规模较大的物资集散地、边远山区和民族地区等可适当放宽设置标准
1963 年	**市**：居住人口 10 万人以上，农业人口比重不超过 20%； **镇**：居住人口 3 000 人以上，非农业人口 70% 以上；或聚居人口 2 500～3 000 人，非农业人口 85% 以上	市区和郊区的农业人口不再列为城镇人口
1984 年	**镇**：凡县级地方国家机关所在地，均应设置镇的建制；总人口在 2 万人以下的乡，乡政府驻地非农业人口超过 2 000 人的，可以建镇；总人口在 2 万人以上的乡，乡政府驻地非农业人口占全乡人口 10% 以上的，也可以建镇；少数民族地区、人口稀少的边远地区、山区和小型工矿区、小港口、风景旅游、边境口岸等地，非农业人口虽不足 2 000 人，如确有必要，也可设置镇的建制	实际上，很多镇的非农业人口规模低于法定标准
1986 年	**市**：非农业人口 6 万人以上，国民生产总值 2 亿元以上，并成为该地经济中心的镇可设市；总人口 50 万人以下的县，县政府所在镇的非农业人口 10 万人以上，农业人口超过 40%，国民生产总值 3 亿元以上，可撤县设市；总人口 50 万人以上的县，县府所在镇的非农业人口 12 万人以上，国民生产总值 4 亿元以上，也可撤县设市	个别地区设市标准可适当放宽。市区非农业人口 25 万人以上，国民生产总值 10 亿元以上的中等城市（设区的市），可实现市领导县

续表

年份	设镇标准或设市标准	备注
1993 年	**市：**对人口密度每平方公里 400 人以上、100 至 400 人之间以及 100 人以下的县分别制定了不同的撤县设市标准；在从事非农产业的人口、从事非农产业的人口中具有非农业户口的人口、产值结构、人均收入、城区基础公共设施等方面提出了更严格的要求；还规定了设立地级市的标准	

资料来源：周一星．城市地理学［M］．北京：商务印书馆，1995；王放．市镇设置标准及城镇人口统计口径对中国城市化发展的影响［J］．人口与发展，2011（2）．

中国市镇设置标准的变化，符合当时国家调整国民经济结构的政策需要，在客观上对推动区域经济社会发展也起到了促进作用。但市镇设置标准的反复变化，在一定程度上影响了不同时期市镇数据的纵向可比性。1997 年国务院明确做出了“暂停审批县改市”的决定，此后设市工作基本停滞。与世界各国的设市标准相比（例如日本设市人口为 5 万人），我国的设市标准仍然太高。随着县域经济和镇域经济的快速发展，相当一批县和小城镇已经符合设市标准，但无法升格为市并享有与其经济社会发展地位相适应的管理权限。

特别说明，本书主要研究城市的人口吸纳能力，但基于以下三点考虑还研究了建制镇的人口吸纳能力。一是从国内标准来看，部分建制镇已经达到城市的规模和标准。由于中国的城市设置标准比较高，并且自 20 世纪 90 年代中期基本停止了设市工作，这导致相当一批建制镇已经达到了小城市、中等城市乃至大城市的规模。二是从国际比较来看，中国的设市标准较高，而国外关于城市的设市标准相对宽松。中国一大批建制镇实际上已达到了国外城市的设市标准。三是从建制镇与城市的动态关系来看，建制镇是城市体系中处于最基层、最基础的重要组成部分，建制镇与城市紧密相连，今天的建制镇有可能发展成为明天的城市。因此，为更准确地揭示中国城市人口吸纳能力的全貌，本书除了考察城市的人口吸纳能力外，还特别考察了建制镇的人口吸纳能力。

3. 中国城市规模等级的划分标准

按一定的人口标准，城市可划分为不同的规模等级。新中国成立以来，官方公布了五次城市规模等级划分标准，具体内容见表3－2。第一次在1955年，国家建委《关于当前城市建设工作的情况和几个问题的报告》首次提出了大、中、小城市的划分标准，规定“50万人口以上为大城市，50万人口以下、20万人口以上为中等城市，20万人口以下的为小城市”。第二次在1980年，国家建委修订的《城市规划定额指标暂行规定》按城市人口将城市规模分为特大城市、大城市、中等城市、小城市四个等级，增设了100万人口以上的特大城市等级。第三次在1984年，国务院发布了《城市规划条例》，按照市区和郊区的非农业人口总数将城市规模重新调整为大城市、中等城市、小城市三个等级，其中大城市是指人口50万以上的城市，中等城市是指人口20万以上不足50万的城市，小城市是指人口不足20万的城市。第四次在1990年，当年开始实施的《中华人民共和国城市规划法》坚持了1984年的标准。但2008年城市规划法被废止，《中华人民共和国城乡规划法》未对城市规模进行规定。第五次在2014年，《国务院关于调整城市规模划分标准的通知》（国发〔2014〕51号）以城区常住人口为统计口径将城市划分为五类七档：50万以下人口的城市为小城市，其中20万以上50万以下的城市为Ⅰ型小城市，20万以下的城市为Ⅱ型小城市；50万以上100万以下的城市为中等城市；100万以上500万以下的城市为大城市，其中300万以上500万以下的城市为Ⅰ型大城市，100万以上300万以下的城市为Ⅱ型大城市；500万以上1 000万以下的城市为特大城市；1 000万以上的城市为超大城市。

表3-2　中国城市规模等级的划分标准

标准	小城市	中等城市	大城市	特大城市	超大城市
1955年标准	<20万	20万~50万	≥50万		
1980年标准	≤20万	20万~50万	50万~100万	≥100万	
1984年标准（市区和郊区的非农业人口）	<20万	20万~50万	≥50万		
1990年标准（市区和近郊区非农业人口）	<20万	20万~50万	≥50万		
2014年标准（城区常住人口）	Ⅱ型小城市：<20万 Ⅰ型小城市：20万~50万	50万~100万	Ⅱ型大城市：100万~300万 Ⅰ型大城市：300万~500万	500万~1 000万	≥1 000万

资料来源：根据相关政策文件整理。

在1955年和1980年的城市规模等级划分标准中，并未指明城市人口的统计口径，不利于各地统一城市规模等级划分标准。1984年和1990年的划分标准中，明确提出了以市区和郊区的非农业人口为统计口径。但非农业人口统计口径是从户籍管理角度来定义的，已经不能反映中国城镇化过程中大量农村流动人口进入城市居住和工作的现实。为此，2014年的标准将统计口径修改为城区常住人口。本书在开展分城市规模等级的人口吸纳能力研究时，采用2014年《国务院关于调整城市规模划分标准的通知》的标准。

4. 城镇人口及相关概念的统计口径

城市人口是一个内涵不很明晰、外延很宽松的概念。在研究时，需对以下几组概念进行区分，并注意不同时期的统计口径变化。

（1）城镇人口与乡村人口。按居住地标准划分，城镇人口是指居住在城镇范围内的全部常住人口，乡村人口是除上述人口以外的全部人口。在中国历次人口普查中，城镇人口的统计口径发生了多次变化。中国六次人口普查中有关城镇人口的统计口径见表 3 – 3。在改革开放以前，中国市镇的郊区范围较小，市镇行政范围与实体范围相差不大，城镇人口统计相对客观，因而学术界对 1953 年的第一次人口普查和 1964 年的第二次人口普查关于城市化的统计几乎没有异议（田明，2008）。但随着“整县设市”和“整乡设镇”代替了过去的“切块设市”和“切块设镇”，市镇辖区包括了过多的乡村地域，市镇人口包含了过多的农业人口（周一星，1995）。实际上，1982 年第三次人口普查的统计口径偏大，1990 年第四次人口普查中设区市的统计口径偏大而未设区市的统计口径偏小，2000 年第五次人口普查统计口径则比较合理但操作较复杂，2010 年第六次人口普查的统计口径合理且便于操作。

表 3 – 3　中国六次人口普查中有关城镇人口的统计口径

人口普查	城镇人口统计口径	简要评价
1953 年第一次人口普查	城镇人口：市镇辖区内的总人口（含农业人口和非农业人口），城镇型居民区人口（即两三千以上工商业比较发达的集镇，以及工矿区和森林作业区）也计入城镇人口，市郊农业人口不计入城镇人口	由于市镇郊区很小，统计口径基本适中
1964 年第二次人口普查	城镇人口：市镇辖区内的非农业人口（不含农业人口）。市总人口包括市区人口和郊区人口；市区和郊区的非农业人口列入市的城市人口，市区和郊区的农业人口列入乡村人口	市镇郊区仍较小，统计口径基本适中
1982 年第三次人口普查	恢复第一次人口普查口径：市人口是指市管辖区域内的全部人口（含市辖镇，但不含市辖县），镇人口是指县辖镇的全部人口（不含市辖镇）。县人口是指县辖乡的人口	撤县设区过程中将过多的乡村划入市辖区，口径偏大
1990 年第四次人口普查	第一种口径：城镇人口的口径同第三次人口普查；第二种口径：市人口是指设区市所辖的区人口和不设区的市所辖的街道人口；镇人口是指不设区的市所辖的居民委员会和县辖镇的居民委员会人口；县人口是指除上述两种人口以外的全部人口。第二种口径更贴近城镇化的本来含义	设区的市统计市区总人口，口径偏大；不设区的市仅统计非农业人口，口径偏小

续表

人口普查	城镇人口统计口径	简要评价
2000年第五次人口普查	设区市的市区：（1）人口密度≥1 500人/km²的市辖区，则计其全部行政地域；（2）人口密度<1 500人/km²的市辖区，则计其区政府驻地和区辖其他街道办事处地域，若区政府驻地的城区建设已延伸到周边建制镇（乡）部分地域，该建制镇（乡）的全部地域都应计入。 不设区市的市区：（1）市政府驻地和市辖其他街道办事处地域；（2）市政府驻地的城区建设已延伸到周边建制镇（乡）的部分地域，则该建制镇（乡）的全部地域都应计入。 镇区：县及县以上（不含市）政府、行政公署所在的建制镇的镇区和其他建制镇的镇区，包括：（1）镇政府驻地和镇辖其他居委会地域；（2）镇政府驻地的城区建设已延伸到周边村民委员会的驻地，其镇区还应包括该村民委员会的全部区域。（3）常住人口≥3 000人的独立工矿区、开发区、旅游区、科研单位、大专院校等特殊地区	引入人口密度指标，并对市辖区、不设区的市、建制镇所辖地域进行细化，以尽可能剔除其中的农村部分。统计较客观，但操作较复杂
2010年第六次人口普查	城区是指在市辖区和不设区的市，区、市政府驻地的实际建设连接到的居民委员会和其他区域。镇区是指在城区以外的县人民政府驻地和其他镇，政府驻地的实际建设连接到的居民委员会和其他区域。与政府驻地的实际建设不连接，且常住人口≥3 000人的独立工矿区、开发区、科研单位、大专院校等特殊区域及农场、林场的场部驻地视为镇区	城区和镇区的统计尺度细分到村（居）委会一级，统计口径更合理，操作性更强

资料来源：根据1963年12月中共中央、国务院《关于调整市镇建制、缩小城市郊区的指示》、1999年12月国家统计局《关于统计上划分城乡的规定（试行）》、国家统计局2006年10月《关于统计上划分城乡的暂行规定》等文件整理。

（2）非农业人口与农业人口。按劳动者从事的职业性质及其供养关系划分，凡从事农业生产（包括农林牧渔业）的人员及其抚养的人口，不论他们是居住在乡村或城镇，均属农业人口；反之，凡不从事农业生产的人员及其供养的人口，不论其居住在乡村或城镇，均属非农业人口（尹德光，1991）。

（3）常住人口与流动人口、暂住人口。常住人口指实际经常居住在某地区一定时间（半年以上）的人口。流动人口指离开了户籍所在地到其他地方居住的人口。暂住人口指离开常住户口地的市区或乡镇到本地居住1年以上的人口。

（4）户籍人口与外来人口。户籍人口指已在经常居住地的公安户籍管理机关登记了常住户口的人口。无论是否外出以及外出时间长短，只要在某地注册有常住户口，则为该地区的户籍人口。外来人口是指现住地与户口登记地不一致的人口，现居住在本市半年以上但其户口登记在外省市的人口，或现居住在本市不足半年但其离开户口登记地半年以上的外省市的人口。

（5）经济活动人口与非经济活动人口。按参与社会经济活动的愿望划分：经济活动人口（劳动力人口）是指所有年龄在16岁及以上，有劳动能力，已参加或要求参加社会经济活动的人口，包括就业人口和失业人口。非经济活动人口是指除失业人口以外的各种不在业人口，即总人口减去经济活动人口。

（二）城市人口吸纳能力的本质内涵

1. 城市人口吸纳能力的定义

目前很少文献提及城市人口吸纳能力的概念，但在一些文献中出现了一些相似的概念。冯乐（2009）提出了经济人口容量的概念，指一个国家或地区在一定的经济发展水平和技术条件下，由其经济活动产生的就业岗位需求而决定的人口总量。王立鹤（2004）认为，“城市的吸纳能力”即城市所能吸纳外来人口的数量，城市吸纳外来人口的能力实际上是城市经济发展所创造就业机会的能力。

实际上，城市对人口的吸纳能力之所以强于乡村，背后必定有其形成机理。其中，最关键的在于：城镇化进程具有内生化的就业创造机制（安虎森，2004；Zhang，2007；谭岚，2008）。城市是区域的增长极，大量生产要素集聚在城市就会形成规模效应，推动企业和产业发展，创造更多的就业机会，从而对周边乡村地区和其他城市、小城镇的人口产生吸引力和集聚力。在和平年代，城市人口吸纳能力主要由其经济方面的原因决定。乡村人口进城长期居住，最主要的原因就是为了就业。除非极少数缘于国防、宗教等特殊原因的城市，一般情况下如果没有就业机会，城市不会长期持续地吸纳一定数量的人口长期居住。因此，从就业角度对城市人口吸纳能力进行界定，就抓住了主要矛盾，有其合理性。此外，还有可能由于就医、就学、养老、旅游等原因，外来人口被吸引到城市居住一段时间。

基于上述讨论，本书认为：**所谓城市人口吸纳能力，是指在城镇化进程中，某城市通过内生化集聚机制创造较多的就业机会和提供较好的公共服务等主要途径，对周边乡村、其他城市和小城镇的人口形成持续稳定的吸引力并容纳该城市原有人口和新增人口长期安居乐业的能力。**

2. 城市人口吸纳能力的属性

城市人口吸纳能力的属性集中反映了城市在城镇化进程中通过内生化集聚机制吸纳外来人口的内在特征，主要包括动态性、潜在性、相对性、阶段性等四大属性。

（1）动态性。城市人口吸纳能力不是固定不变的。Dolton（1928）认为，理想人口的决定是一个动态可变而不是静态的过程。随着城市的空间范围扩张、外部贸易条件改善、交通基础设施不断完善、技术进步、经济总量增长、产业结构优化，城市人口吸纳能力会随着改变。

（2）潜在性。城市人口吸纳能力是一种潜在的能力。就业吸纳能力大，并不必然意味着吸收的就业量大（Chen、Zeng & Yang，2011）。在短期内，个别城市有足够的人口吸纳能力，但由于一些外部条件的限制，未必在现实中就吸纳了那么多的人口数量。但从长期看，城市人口吸纳能力大，则总体上吸纳的人口以及劳动力就业量就大。

（3）相对性。城市人口吸纳能力的大小，要通过与周边乡村、其他城市和小城镇的横向比较或与自身历史的纵向比较中显现出来。当农村的第二、第三产业发展无法吸收农村剩余劳动力时，城乡发展的“势差”越大，则人口越有动力向城市迁移，城市人口吸纳能力也就加大。

（4）阶段性。城市作为区域的增长极，同时存在集聚效应和扩散效应两种作用力。一般来说，在城市发展的早期，城市作为增长极的集聚效应和扩散效应都不太明显。在加速发展时期，城市内生化集聚效应显著加强，城市对人口、生产要素以及产业的吸纳能力显著增强。当城市超过一定规模出现了集聚不经济，扩散效应显著增强，此时城市人口吸纳能力会减弱，甚至有部分人口扩散到周边郊区、其他城市和小城镇。

3. 城市人口吸纳能力的类型

对城市人口吸纳能力类型的划分，可以从不同视角进行。从城市吸纳人口在时间上的变动关系来看，城市人口吸纳能力可分为静态的城市人口吸纳能力和动态的城市人口吸纳能力。从城市吸纳人口在空间上的比较关系来看，城市人口吸纳能力可分为绝对的城市人口吸纳能力和相对的城市人口吸纳能力。

（1）静态与动态城市人口吸纳能力。人口数量有人口增量和人口存量之分。人口增量是指某城市在一定时期内人口规模的变化量。人口存量是某城市在各个历史时期的人口增量累积形成的城市人口规模。可见，人口存量是从静态角度考量的，而人口增量是从动态角度考量的。相应地，城市人口吸纳能力就有静态和动态之分。所谓静态的城市人口吸纳能力，是指某城市在某个时点所吸纳的人口存量或者吸纳人口存量的份额。所谓动态的城市人口吸纳能力，是指某城市在某个时段内所吸纳人口增量或者吸纳的人口增量的份额。

(2) 绝对与相对城市人口吸纳能力。人口数量有绝对量和相对量之分。相应地，城市人口吸纳能力也就有绝对的城市人口吸纳能力和相对的城市人口吸纳能力之分。所谓绝对的城市人口吸纳能力，是指某城市所吸纳的人口存量或增量的绝对数量。所谓相对的城市人口吸纳能力，是指在与其他城市进行比较时，某城市所吸纳的人口存量或增量的相对份额。绝对的城市人口吸纳能力主要用于自比，即在纵向比较城市自身的历史趋势时，通常要用到绝对的城市人口吸纳能力这一概念。相对的城市人口吸纳能力主要用于他比，在横向比较不同城市之间的差异时，通常要用到相对的城市人口吸纳能力这一概念。

上述两种分类是从不同的角度来考察城市人口吸纳能力，通常情况下要综合上述两种角度进行组合定义。

（三）相关概念辨析

为加深对城市人口吸纳能力内涵和属性的理解，有必要对资源环境承载力、环境容量、环境人口容量等相关概念进行辨析，找出其中的区别与联系。

1. 与资源环境承载力的关系

首先，资源环境承载力与人口吸纳能力是有区别的。所谓资源环境承载力，就是在一定时空范围内，在一定的各种资源总量或者一定的环境容量情况下，按照一定的价值标准，所能承载的最大人口数量。资源环境承载力与人口吸纳能力主要有以下几点区别：一是从与人口的施受关系看，资源环境承载力是被动地承载人口，而人口吸纳能力是主动吸引并容纳人口。二是从动力机制看，资源环境承载力源于资源可持续更新能力和环境系统对污染物的自然分解能力，涉及基于生态系统中各种物理作用和生化反应的自然过程；而城市人口吸纳能力源于城市作为增长极的内生化集聚效应，通过创造更多的就业机会和提供更好的公共服务，不断地吸引人口向城市集中，涉及基于个体理性选择的经济过程。三是从支配规律看，资源环境承载力主要遵循自然规律、生态规律，而人口吸纳能力主要遵循社会经济规律。四是从研究目的看，研究资源环境承载力的一个重要目的是试图确定资源环境系统承载人口的最大能力；而研究城市人口吸纳能力着眼于对现实中城市吸纳人口增量的考察，旨在优化人口空间布局，提升城市空间效率和城镇化质量。五是从研究路径看，资源环境承载力研究主要遵循理工科思维，通过人为设定一些人均标准和技术参数，从资源环境层面考察资源环境对人口的接纳能力，但不含吸引力这层意思；而城市人口吸纳能力研究主要遵循经济学思维，基于城乡居民理性选择假设进行分析，从经济层面考察城市对人口的吸引力和接纳能力。城市人口吸纳能力与资源环境承载力的区别见表3－4。

表3－4　城市人口吸纳能力与资源环境承载力的区别

区别	城市人口吸纳能力	资源环境承载力
与人口的施受关系	主动吸纳人口	被动承载人口
动力机制	集聚经济与集聚不经济	自然的物理、化学、生物过程
主要支配规律	经济社会规律	自然规律
研究目的	优化人口空间布局，提升城市空间效率和城镇化质量	确定资源环境系统所能承载人口的极大值
研究路径	经济学思维	理工科思维

资料来源：笔者整理。

其次，资源环境承载力与人口吸纳能力是有一定联系的。对人口吸纳能力和资源环境承载力进行区分，并不是要否定资源环境承载力研究。研究城市人口吸纳能力时，也要适当考虑空间上不可移动的资源、环境条件对人口迁移和人口增长的限制性作用。面对这种限制，城乡居民会基于经济理性主动调整自己的行为，直至人口吸纳能力与资源环境条件相匹配时，城乡人口空间布局才会进一步优化，城市功能和城镇化质量才会不断提升。

2. 与环境容量、环境人口容量的关系

环境容量与人口吸纳能力存在明显区别。所谓环境容量，是指在人类生存和自然不致受害的前提下，某一环境所能容纳的污染物的最大负荷量（郭秀锐等，2000）。可见，环境容量描述的是环境系统消纳污染物的一个功能，仅仅涉及物理的、化学的、生物的污染物分解过程，不涉及环境与人口的关系。

环境人口容量，也称环境承载力，从属于资源环境承载力的概念，反映的是环境系统对人类活动的支持功能。因此，环境人口容量与人口吸纳能力的区别，可以参照资源环境承载力与人口吸纳能力的五点区别。

3. 与经济人口容量的关系

经济人口容量是与人口吸纳能力内涵最相近的概念。所谓经济人口容量（也称经济人口承载力），是指一个国家或地区在一定的经济发展水平和技术条件下，由其经济活动产生的就业岗位需求而决定的人口总量（冯乐，2009）。郭秀云（2010）则直接将经济人口承载力定义为吸纳劳动力就业的能力。城市人口吸纳能力主要取决于经济人口容量，但影响城市人口吸纳能力的因素不局限于经济方面的因素，自然、技术、政治、文化等方面因素也会影响城市对人口的吸纳能力。

二、城市人口吸纳能力的度量问题

截至目前，很少有文献对城市人口吸纳能力进行过定量化的度量。有学者认为，对是否可以评估一个特定国家何时能达到理想的人口吸纳能力这一问题都存有较大分歧（Reichman、Katz & Paz，1997）。关于城市人口吸纳能力的度量，必须讨论能否度量、度量什么、如何度量等基本问题。

（一）关于能否度量的问题

人们在度量城市人口吸纳能力时可能会产生能否度量的疑惑，这主要是由于城市人口吸纳能力具有动态性、潜在性等属性。

从动态性来看，随着城市的空间范围扩张、外部贸易条件改善、交通基础设施不断完善、技术进步、经济总量增长、产业结构优化，城市人口吸纳能力确实会发生变化。但在各种影响因素确定不变的情况下，城市吸纳人口的能力就是一定的。研究城市人口吸纳能力的一个重要方向，就是要确定吸纳能力与各种影响因素之间的关系。因此，不能因为城市人口吸纳能力具有动态性就简单认为城市人口吸纳能力是不可度量的。

从潜在性来看，从某个时点来看，由于一些外部因素的影响，特别是当城镇化进程处于非正常轨道下，城市吸纳能力大有时并不意味着现实中吸纳的人口数量多，单从静态角度未必能够准确把握城市人口吸纳能力的边界。但从某个时期来看，通过考察一段时期内城市人口的数量变化，更容易看出城市对人口的吸纳能力大小。如果在一段时期内，吸纳城市人口持续增加，并且具有较高的吸纳效率和城镇化质量，那么就可以判断该城市具有较强的人口吸纳能力。如果在一段时期内，城市吸纳的新增人口数量较少或者新增人口数量大起大落，并且吸纳效率和城镇化质量水平较低，那么就可以判定该城市对人口的吸纳能力较弱。

城市人口吸纳能力是客观存在的。在城镇化进程处于正常轨道下，如果人口可以在城乡之间、城市之间、区域之间自由流动，城市人口吸纳能力的大小必然会反映在城市人口数量及其变化中。在城镇化进程处于非正常轨道下，某个时点、单个城市容易受到外部冲击导致城市实际吸纳的人口数量与吸纳能力不匹配，但在某个时段、大样本城市中这种偏差也会明显减小。因此，城市人口吸纳能力是可以通过选择合适的指标和方法度量出来的。为避免单个时点、个别样本城市受一些非正常因素冲击对判断城市人口吸纳能力形成干扰，本书尽量选择分时段、分类型的大样本城市来研究城市人口吸纳能力，以便从大样本中发现城市人口吸纳能力的特征、趋势和规律。

（二）关于度量什么的问题

城市人口吸纳能力是一个内涵很丰富的概念，在度量城市人口吸纳能力时，需要解决度量什么的问题。实际上，这个问题可从吸纳客体、吸纳主体两个维度进行分析：需要度量的人口是什么样的人口？需要度量的城市是什么样的城市？

首先，从吸纳客体看，可以从不同角度对需要度量的人口进行类型划分。研究城市人口吸纳能力时，可供选择的人口指标包括城镇人口与乡村人口、非农业人口与农业人口、常住人口与流动人口、户籍人口与外来人口、经济活动人口与非经济活动人口等不同统计指标。根据不同的研究目的，可以从不同的角度选择城市吸纳人口客体。从人口城乡结构角度来看，城镇化最直观的表现就是人口向城市集聚、城市规模扩大以及由此引起的一系列社会结构、经济结构和空间结构的变迁过程，乡村人口转变为城镇人口，因此将城镇人口作为研究城市人口吸纳能力的基础统计指标最具有现实意义。从人口就业结构角度来看，一个地区在工业化进程启动后，农业产值比重会不断下降，而工业和服务业比重不断提升，同时大量农村剩余劳动力进城务工，职业从农业转换到非农产业，因此研究城市对非农业人口的吸纳能力也具有重要意义。从人口社会管理角度来看，中国各类城市和建制镇吸纳了大量流动人口，2015 年全国流动人口达 2.47 亿，但这些以农民工占主体的流动人口较难融入城市型社会（郭叶波等，2013），因此，如何使各类城市和建制镇高效地完全吸纳流动人口也是走中国特色的新型城镇化道路必须解决的一个重要课题。从人口年龄结构角度来看，有些城市自然条件和社会环境好，适合养生养老，对老年人口的吸引力较强；有些城市经济发展条件好，就业机会和晋升机会多，对年轻人的吸引力强，因此，研究城市对不同年龄层次人口的吸纳能力也具有一定现实意义。从人口文化结构角度来看，有些城市科教资源丰富，高端制造业和服务业发达，对高端人才具有较强的吸引力，而有些城市主要发展劳动力密集型产业，对普通劳动力具有较强的吸纳能力，因此，可以研究城市对不同文化层次人口的吸纳能力差异。考虑到城镇人口是城镇化研究的最核心指标，人口从乡村向城市和建制镇流动迁移是中国城镇化进程的最直观表现，同时考虑到城镇人口数据的可获得性、完整性和连续性，本书主要研究城市对城镇人口的吸纳能力。

其次，从吸纳人口的主体来看，可以从不同角度对需要度量的城市进行类型划分。从城市人口规模等级看，城市可分为超大城市、特大城市、大城市、中等城市、小城市。从城市行政等级来看，可将城市划分为中央直辖市、计划单列市、副省级城市、地级城市、县级市等类型。从产业功能看，城市可分为资源型城市、工业城市、旅游城市等类型。从城市所在的区域看，可将其划分为东部地区、东部地区、中部地区和西部地区的城市，此外还可以从省域等空间尺度进一步划分。从城市本身的空间范围看，城市又包括城市所辖行政区域、市辖区、主城区等不同概念。为精准把握不同吸纳主体对人口吸纳能力的差异，本书从分规模、分区域、分省域、分城市群等不同角度对城市人口吸纳能力进行研究。综合考虑城镇化的内涵和数据可获得性，本书将城市空间范围限定为设区市的市辖区和不设区市的行政区域。此外，由于建制镇是中国城镇体系中的底层基础，有一批建制镇已发展到相当于国内外中小城市的规模，具有发展成为城市的潜力和条件，因此本书还特别地研究了建制镇对城镇人口的吸纳能力。

(三) 关于如何度量的问题

如何准确度量城市人口吸纳能力是一个复杂问题，需要采用多种方法、从多个角度来反映和揭示城市人口吸纳能力。在研究方法和指标选择上，有关城市人口承载力、城市就业吸纳能力的研究可资借鉴。具体来说，可以通过测算分析某个时点吸纳城市人口数量及比重、某个时段吸纳新增人口数量及比重、某个时段内吸纳人口弹性指数等指标，直观地反映城市人口吸纳能力的大小，通过测算分析人口吸纳效率大小、城镇化质量高低综合反映城市人口吸纳能力大小，并对是否超越城市人口吸纳能力的边界进行判断。

1. 吸纳人口的数量与份额

城市人口吸纳能力有静态与动态之分，也有绝对量与相对量之分。记在某时点 t，某城市 U_i 的人口存量为 P_{it}，全体 n 个城市的人口存量为 $\sum_{j=1}^{n} P_{jt}(j=1,2,\cdots n)$；在某时点 $t-1$，该城市 U_i 的人口存量为 P_{it-1}，全体 m 个城市的人口存量为 $\sum_{j=1}^{m} P_{it-1}(j=1,2,\cdots m)$。对上述两个类型进行组合，可得出四种定义式，如表3－5所示。

表3－5　城市人口吸纳能力的常用定义式

	静态吸纳能力	动态吸纳能力
绝对吸纳能力	定义式1：城市 U_i 的绝对静态吸纳能力为某一时点所吸纳的人口存量 P_{asi}； 公式：$P_{asi}=P_{it}$	定义式2：城市 U_i 的绝对动态吸纳能力为在某一时段所吸纳的人口增量 ΔP_{adi}； 公式：$\Delta P_{adi}=P_{it}-P_{it-1}$

续表

	静态吸纳能力	动态吸纳能力
相对吸纳能力	定义式3：城市 U_i 的相对静态吸纳能力为某一时点所吸纳的人口存量的份额 S_{rsi} ； 公式: $S_{rsi} = P_{it} / \sum_{j=1}^{n} P_{jt} \times 100\%$	定义式4：城市 U_i 的相对动态吸纳能力在某一时段所吸纳的人口增量的份额 S_{rdi} ； 公式: $S_{rdi} = \frac{P_{it} - P_{it-1}}{\sum_{j=1}^{n} P_{jt} - \sum_{j=1}^{m} P_{jt-1}} \times 100\%$

资料来源：本书作者整理。

值得指出的是，当城镇化进程处于正常模式，人口可以正常自由流动时，城市人口吸纳能力的大小会很自然地表现在现实中吸纳的实际人口数量上，因此使用上述4个定义式能从不同角度准确反映城市人口吸纳能力的大小。当城镇化进程处于非正常模式，人口不可以正常自由流动时，城市人口吸纳能力的大小未必会真实地表现在现实中城市所吸纳的实际人口数量上，因此使用上述4个定义式就不一定能够准确反映城市人口吸纳能力的大小。当然，当城市样本量比较大或时间跨度较大时，这种偏差会缩小，因此定义式2和定义式4也许比定义式1和定义式3更能全面、真实地反映城市人口吸纳能力。

2. 城市人口吸纳弹性指数

为考察某城市在全体城市吸纳人口过程中的敏感程度，有必要考察城市人口吸纳弹性指数。所谓城市人口吸纳弹性指数，是指在某一时段，某城市所吸纳的新增人口占全体城市吸纳的新增人口的份额，与该城市基期的人口存量占全体城市所吸纳的人口存量的份额的比值。

设在某时点 t，某城市 U_i 的人口存量为 P_{it} ，全体 n 个城市的人口存量为 $\sum_{j=1}^{n} P_{jt}(j = 1,2,\cdots n)$ ；在某时点 $t-1$，该城市 U_i 的人口

存量为 P_{it-1}，全体 m 个城市的人口存量为 $\sum_{j=1}^{m} P_{jt-1}(j = 1,2,\cdots m)$，从时点 $t-1$ 至时点 t 的时段内该城市 U_i 的人口吸纳弹性指数为 η_i，则该城市人口吸纳弹性指数可用公式表示为：

$$\eta_i = \left(\frac{P_{it} - P_{it-1}}{\sum_{j=1}^{n} P_{jt} - \sum_{j=1}^{m} P_{jt-1}}\right) \Big/ \left(\frac{P_{it-1}}{\sum_{j=1}^{m} P_{jt-1}}\right)$$

或者将上式变形为：

$$\eta_i = \left(\frac{P_{it} - P_{it-1}}{P_{it-1}}\right) \Big/ \left(\frac{\sum_{j=1}^{n} P_{jt} - \sum_{j=1}^{m} P_{jt-1}}{\sum_{j=1}^{m} P_{jt-1}}\right)$$

城市人口吸纳弹性指数 η_i 的直观含义是：在某时间段内，全体城市吸纳新增人口提高 1 个百分点，该城市 U_i 吸纳新增人口就提高 η_i 个百分点。

3. 城市人口吸纳效率

城市在吸纳人口的过程中，为了吸纳新增人口必然要在原有的基础上付出一定的资源、环境以及社会经济等方面的代价。这个问题，涉及城市人口吸纳效率的问题。城市人口吸纳效率也是城市人口吸纳能力的一个表征。通过测算和比较不同城市的人口吸纳效率，更容易判断出城市人口吸纳能力的大小。

考察城市人口吸纳效率，可从单要素吸纳效率和综合吸纳效率两个视角进行。所谓单要素吸纳效率，指仅考察单个投入要素对人口的吸纳效率。例如，测算土地投入要素对城市人口的吸纳效率时，可考察单位土地面积吸纳的城镇人口数量，或者考察吸纳既定数量的新增城镇人口所必须增加的土地投入量。所谓综合吸纳效率，要同时考察土地、资本、资源、环境多种要素投入对吸纳城市人口的综合效率。通过使用数据包络分析（DEA）等方法，可以测算出城市人口吸纳效率，具体计算方法参见本书第8章相关内容。

一般来说，给定一定数量要素投入时吸纳尽可能多的人口，或者给定一定数量的新增吸纳人口时尽可能减少不必要的资源、环境投入，说明城市人口吸纳效率高，反之，则说明城市人口吸纳效率低。城市人口吸纳效率较高的城市，说明具有较大的城市人口吸纳能力，在未来也具有较大的人口吸纳潜力。

4. 城镇化质量指数

城镇化质量是与城镇化数量相对的反映城镇化优劣程度的一个综合概念，特指城镇化各组成要素的发展质量、协调程度和推进效率（郭叶波，2013）。有关城镇化质量指数的测算方法，参见本书第9章相关内容。

城镇化质量不直接用于测度城市人口吸纳能力，但可以间接用于判断现实中吸纳的城市人口数量是否超越了城市人口吸纳能力的边界。如果城市吸纳了过多的城市人口，那么必然会影响城市发展质量、城镇化推进效率和城乡协调程度，城镇化质量就比较低。例如，在拉美国家一些城市集聚了大量的人口，但缺乏就业机会，出现了所谓的城市“贫民窟”现象，城镇化质量水平很低，其实就是现实吸纳的人口数量超越了城市对人口的吸纳能力。反过来，如果城镇化质量比较高，那么可以判定城市吸纳的人口数量在其吸纳能力范围内，在未来也就还具有吸纳更多人口的潜力。

三、城市人口吸纳能力的形成机理与影响因素

城市之所以会对人口产生持续稳定的吸引力和容纳人口安居乐

业的能力，是因为城市人口吸纳能力有其内在的形成机理。城市人口吸纳能力主要取决于经济方面的因素，但自然、技术、政治、文化和其他因素也会对城市人口吸纳能力产生重要影响。

(一) 城市人口吸纳能力的形成机理

在城镇化进程中，城市对人口具有内生化的集聚机制，主要通过创造更多的就业机会和提供更好的公共服务等主要途径，持续稳定地吸引对周边乡村、其他城市和小城镇的人口流入，并容纳原有人口和新增人口安居乐业，于是就形成了城市人口吸纳能力。

城市之所以具有比乡村地区更强的人口吸纳能力，关键在于其内在的集聚机制，形成了人力资本积累效应（Henderson，1974；Lucas，1988；时慧娜，2011）、经济增长促进效应（杨开忠，2000；王小鲁，2002；程开明，2008）、就业岗位创造效应（安虎森，2004；Zhang，2007；谭岚，2008）、公共服务提升效应、基础设施共享效应以及其他效应。城市人口吸纳能力的形成机理模型见图3-1。其中，对城市人口吸纳能力的形成最为关键的是城市的就业岗位创造效应。曾令华、江群和黄泽先（2007）采用1985—2000年30个国家（地区）的非农雇员人数和城市人口数的面板数据构建固定效应模型，发现各国就业增长与城市化进程之间存在显著的正相关性。在城市趋向最优规模过程中，城市聚集效应和扩散效应以及由其产生的就业吸纳能力会随着城市规模优化和城市功能完善而得到进一步提升（Abdel-Rahman，1990）。大城市可以形成一种生态上的聚集效率，通过规模集聚产生许多新的行业和职业，从而可以创造出“超比例就业机会”（李强、张海辉，2004）。由于能创造更多的就业机会，城市在吸纳劳动力进城就业的同时也就吸引了更多的新增城市人口。此外，城市内生化的公共服务提升效应也是影响城市对人口的吸引力和容纳能力的重要机制，通过提供更好的医疗卫生、文化教育、社会保障等公共服务会吸引并容纳更多的人口集聚在城市。

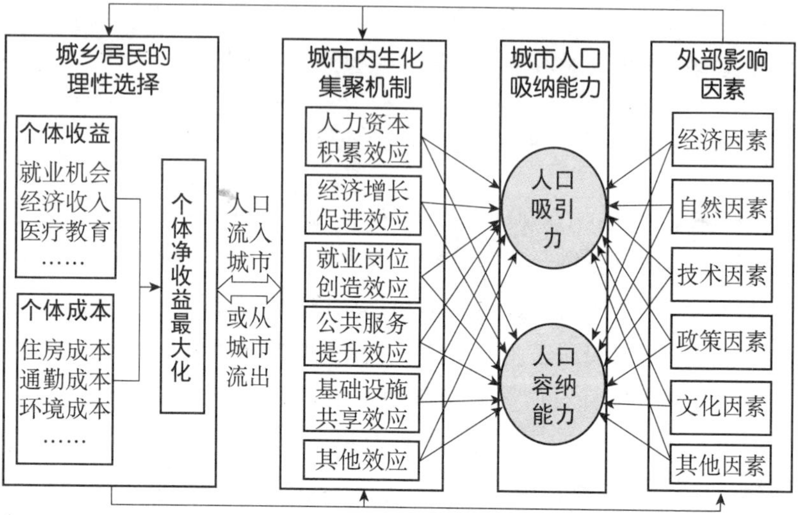

图3－1　城市人口吸纳能力的形成机理模型

值得指出的是，城市内生化集聚机制存在集聚经济和集聚不经济两种不同方向的效应：当集聚经济占主导地位时，城市会吸纳更多的人口；当出现集聚不经济现象时，城市人口增长缓慢甚至人口从城市流出。在宽松的政策环境下，大城市因集聚效应而具有更好的经济效益和更多的就业机会，不断吸引人口和产业向城市集中，城市化进程自然趋向于大城市更快发展（王小鲁，2010）。但在一定时期内，大城市创造的就业机会也是有限的。此外，城市规模扩大到一定程度后就会出现集聚不经济的现象，例如交通拥挤、房价上升，这又会增加人均生活成本。

由于城市的内在的集聚机制，创造了更多的就业岗位，提供了更好的公共服务，使城市与周边乡村、其他城市和小城镇之间形成了发展势差，同时也改变了城乡居民进行空间选择的条件。根据人口迁移理论，乡村人口向城市迁移时，必须在收益和成本之间做出权衡，使净收益最大化。城乡居民空间选择的收益和成本关系一旦发生变化，当扣除住房成本、通勤成本、环境成本等成本之后还有净收益剩余时，城乡居民基于使净收益最大化的理性选择会自发地流入或迁移到城市，直到净收益达到空间均衡为止。通过人口基于理性选择自由流进城市或从城市流出，城市所吸纳的人口数量及份额就会与其吸纳能力相一致。

（二）城市人口吸纳能力的影响因素

在城市吸纳人口的过程中，经济因素、自然因素、技术因素、政策因素、文化因素以及其他因素通过对城乡居民进行空间选择的成本和收益产生影响，或者对城市内生化的集聚机制产生影响，会对城市人口吸纳能力产生积极作用或者不利影响。

1. 经济因素

经济因素是影响人口向城市流动和迁移的主要因素，同时也是影响城市内生化的集聚机制发挥作用的主要因素，因此经济因素对于城市人口吸纳能力具有重要影响。

（1）经济规模水平。经济规模和发展水平通过影响城乡居民的收益和成本，进而对城市人口吸纳能力产生影响。一方面，城市经济发展水平直接影响城市居民收入水平，进而影响人口空间选择的收益。另一方面，城市经济发展水平直接影响城市基础设施供给和公共服务水平，进而影响人口空间选择的成本。当城市经济发展速度快、发展水平较高，使得收益大于成本时，人口自然地流进城市，城市人口规模进一步扩大。因此，一般而言，经济发展总量大、经济发展水平高的城市具有较强的人口吸纳能力。例如，北京、上海、深圳等城市经济发展水平高，具有较强的城市人口吸纳能力，城市人口规模也就较大。

（2）产业结构。产业结构主要通过影响城市内生化的就业岗位创造效应而对城市人口吸纳能力产生影响。经济总量相同的城市，由于产业结构不同，人口吸纳能力也不一定不同。也就是说，人口与产业可能出现非协同集聚现象（蔡翼飞，2010）。从三次产业结构来看，第三产业的就业弹性要高于第二产业的就业弹性（田野、李平，2014），第三产业比第二产业能够吸纳更多的从农业转移出来的劳动力（刘美平，2002）。因此，产业结构以服务业为主的中心城市比以制造业为主的工业城市可能具有更强的人口吸纳能力。从要素密集度看，劳动密集型产业的资本有机构成较低，而资本、技术、知识密集型产业的资本有机构成比较高。根据马克思的资本有机构成理论，资本有机构成越高，每一单位资本对劳动力吸收能力就越低。因此，以劳动力密集型产业为主的城市，可能具有更强的劳动力和人口吸纳能力。例如，东部沿海地区的珠三角、长三角等地区城市在发展劳动力密集型产业时就吸纳了大量的劳动力和人口，而东北地区的城市由于主要发展资本密集型重工业导致劳动力和人口吸纳能力有限，近年来人口外流现象较为突出。

（3）企业所有制结构。企业所有制结构通过影响城市就业岗位创造效应进而影响城市人口吸纳能力。随着社会主义市场经济的建立和完善，中国非公有制经济不断发展壮大，吸纳了大量劳动力和人口。目前，城镇国有和集体所有制部门对劳动力吸纳的作用较小，其他所有制经济部门是农村劳动力吸纳的主要渠道（周靖祥、何燕，2009），乡镇企业吸收就业的能力逐渐降低（刘云刚、陈月英，2000）。因此，非公有制经济活跃的城市可能具有更强的人口吸纳能力。例如，浙江、江苏、广东等省民营经济发达的城市吸纳了大量的劳动力和人口，而辽宁、吉林等省国有企业比重大的城市对人口吸纳能力有限。

（4）经济周期冲击。经济周期通过冲击就业机会进而对城市人口吸纳能力产生影响。宏观经济有周期性，在经济扩张时期，城市能提供的就业机会较多，从而能够吸纳较多的人口；在经济收缩时期，就业机会减少，实际失业率上升，城市人口吸纳能力就下降。例如，广东东莞市虎门镇在宏观经济形势较好时期就吸纳了大量外来人口就业，2004年虎门镇最多吸纳了72万人口，但受2008年国际金融危机影响，就业形势恶化，不少暂住人口离开虎门镇，2009年虎门镇的镇区人口仅剩下55万人。

（5）基础设施与公共服务水平。提高基础设施与公共服务水平会降低城市居民的生活成本，并使城市的就业岗位创造效应更好发挥，从而提高城市人口吸纳能力。当前小城镇面临的关键问题是基础设施落后，公共服务水平低，产业支撑乏力，对农民缺乏吸引力，所以小城镇的人口吸纳能力不足（魏后凯，2011）。而大城市一旦解决了基础设施问题，不但增强了大城市的吸纳人口能力，而且能更好地发挥其辐射作用（王春光，1996）。

2. 自然因素

在一定的时空范围内，城市资源环境系统对人口的支撑作用是有限的。当城市人口规模超越了资源环境系统的负荷能力时，城市居民的生产和生活就会受到一定影响，同时城市集聚效应也会受到相应的限制，城市对人口的吸引力和容纳能力也都会受到一定程度的制约。

（1）区位条件。自然地理位置和经济地理位置对于城市吸纳人口会产生一定影响。地理位置是影响城市对农业劳动力的吸纳能力的重要因素之一（黄赋，1993）。城市群中不同规模的城市在吸纳人口时会相互影响，如果产业分工合理则会形成吸纳人口的协同效应，否则，有可能存在此消彼长的关系。例如，在京津冀都市圈1990年和2000年133个区县中，平均海拔较低、接近中心城市的地区，人口增长较快（李国平、陈秀欣，2009）。又如，在美国1900—1990年5万以上人口的城市中，空间邻近的城市，其人口增长是正相关的，而独立分布的城市，其自身的人口规模与其人口增长关系不大（Harris Dobkins & Ioannides，2001）。

（2）地形地质条件。地形地质条件会通过制约城市发展空间，进而影响人口吸纳能力。地形条件对城市建设的制约主要体现在“平面扩张”上，而地质条件对城市建设的制约体现在“高度延伸”上。例如，成都市虽然地处广袤平原，但地质疏松，不适合大面积建设高楼，影响城市容积率的提高；而重庆市虽然依山而建，但整个城市建设地区地质坚硬，十分适合建设高楼，因而城市的容积率较高，在很大程度上弥补了其土地资源稀缺的不足。

（3）水资源。水资源因素对城市吸纳人口能力的影响主要包括两个方面：一是水资源总量，即城市可利用的生产和生活水资源总量能够支撑多大规模的人口；二是水资源的质量，即城市提供的水资源质量是否能够满足居民生活的要求和企业生产的标准。例如，北京等城市面临着水资源短缺的问题，在一定程度开始制约城市规模持续扩张。当然，通过兴修水利工程实现跨区域调水，在一定程度上可以缓解城市水资源短缺问题。

（4）土地资源。土地资源是支撑城市建设的基础要素，也是容纳城市人口的空间载体。在农业时代，耕地对于城市人口可持续发展具有重要意义，而在工业时代和服务业时代，由于城市口粮可外调使得耕地对城市人口的限制作用明显下降，但建设用地越来越重要。一个城市可用的建设用地规模越大，意味着可以建设更多的生产和生活设施，同时拥有更多的“土地财政”收入，对企业投资具有较强的吸引力，进而对吸引和容纳人口产生积极影响。

（5）空气质量。随着中国经济的快速发展，大量工业废气和汽车尾气排放导致空气质量下降，给城市居民的生产和生活造成了严重影响。其中，以北京地区 2012 年以来频繁发生的 PM2.5“爆表”现象最为典型。这不仅影响着城市既有居民的生活质量水平，而且还对城市潜在的迁入人口形成较大的负面影响，从而制约城市人口吸纳能力提升。

3. 技术因素

（1）交通技术。城市交通设计水平，在很大程度上决定了城市的便利程度和通勤成本。随着交通技术的不断进步，城市的人口吸纳能力也不断提升。在以马车为主要交通工具的时代，城市人口吸纳能力有限，城市规模不可能太大。在以公共汽车为主要交通工具的时代，城市人口吸纳能力大幅提升。在以地铁为主要交通工具的时代，城市的人口吸纳能力又发生了一次飞跃。通过便捷的地铁、城铁，可以将城市通勤圈范围扩大几倍，甚至十倍。例如，日本通过加强都市圈交通体系建设和环境综合治理，大规模发展卫星城市，积极引导人口、产业和功能疏散，都市圈环境、交通状况明显改善，增强了对人口的吸纳能力（魏后凯，2013）。

（2）物流技术。物流技术水平的高低对企业和市民获取生产和生活所需各类资源的能力和效率有着重要影响。从企业角度讲，城市物流技术水平的高低对企业的生产效率和成本有显著影响，进而影响企业迁入一个城市与否的决策。从市民角度讲，物流效率的高低影响其获取各类生活资源的便利程度，进而影响居民的生活质量。因此，物流技术水平的高低会对城市吸纳人口的能力产生一定影响。

（3）网络信息技术。21 世纪是信息经济时代。在信息经济时代，不管是生产还是生活，人们对网络的依赖性日益突出，城市的网络覆盖水平和宽带容量规模对其人口吸纳能力有着越来越重要的影响。但网络信息技术对城市人口吸纳能力可能存在双重影响。一方面，城市是海量信息的发源地和交换中心，吸引某些人口集聚在城市。另一方面，随着信息技术的高度发展，网络化办公、家庭化办公不断兴起，部分人口没有必要再集聚在城市中心，这可能会起到削弱城市人口吸纳能力的作用。

（4）生产技术。城市人口吸纳能力是以产业为支撑的，而产业发展水平的高低则是以技术水平为核心要素的。科研水平较高的城市在吸引企业研发中心方面具有独特优势，而企业的研发功能一般具有较强的团队特征，比较稳定。城市高端设备制造能力的高低也在很大程度上影响着高端生产性企业的入驻决策。总之，生产技术在一定程度上会影响生产方式，而生产方式直接决定人口再生产方式以及城乡人口的空间布局。因此，生产技术也是影响城市人口吸纳能力的重要因素。

4. 政策因素

（1）城市资源分配方式。国内外大量实例表明，城市资源分配会影响城市人口吸纳能力。特别是中央集权国家，通常其首都城市分配到大量的资源，因而吸纳了大量的城市人口。在中国，城市资源分配与其行政等级有关，各类优质资源不断向直辖市、副省级城市、计划单列市和省会城市等高等级城市集中，而处于基层的城市获得的资源较少。资源的非均衡配置，会对不同城市的人口吸纳能力产生一定程度的影响。

（2）对外来人口的开放态度。由于发展阶段、发展规模、资源富集程度等不同，不同城市在吸纳人口方面的政策差异较大。例如，有些城市只要“人手”、不要“人口”，对外来人口在就业、中小学教育、社会保障等方面采取歧视性或约束性政策，导致大量流动人口不能及时落户，影响了城市接纳新增城镇人口安居乐业的能力。

（3）城市政府间竞争。在现有的中央与地方政府间事权与支出责任划分体制以及政绩考核机制下，地方政府在吸引投资上存在很大的相互竞争。地方政府之间的竞争直接反映在项目招商、基础设施投资等方面，对城市建设、企业迁入产生直接的拉动效果，进而对就业岗位创造、人口迁入形成一定的吸引力。城市政府通过扩大公共支出，提升公共服务能力，为市民提供优质的公共服务，也会提升城市人口吸纳能力。但如果提供公共服务的效率差，或者为提供一定数量的公共服务而征收了过多的税收，就会削弱城市的人口吸纳能力。

（4）行政区划及市镇设置标准变更。一般来说，城镇人口增长包括三个来源：人口自然增长、城乡人口迁移、城镇建制的扩大，其中后两个因素起主要作用（李南、李树茁，1996）。通过新设或撤销城市和建制镇、县改市、县改区、市改区等行政区划手段，或者调整城市和建制镇的设置标准，都会在短时期内使城镇人口数量发生较大变化。但如果忽视其他外部条件，仅仅依靠行政命令使人口集中在城市，往往是不可持续的，容易出现“过度城市化”等问题。例如，在“大跃进”时期，大量乡村人口涌进城市，就超出了城市的经济社会承受能力。

5. 文化因素

（1）社会文化心理。不同的社会文化背景，人们对环境质量以及通勤时间成本的忍受能力、敏感性以及反应方式都可能不同。由于成功幻觉以及非理性选择等原因，某些大城市尽管资源环境条件已经较为恶劣，但还在源源不断地吸纳人口。当前，我国大中城市人口吸纳能力不强，既有经济、制度方面的原因，也有城市发展理念方面的原因（熊彩云，2008）。小城镇对农村人口的吸纳能力还比较低，既有小城镇自身的原因，也有政策的原因，还有农民社会心理的原因（朱启臻，2000）。对小城镇人口吸纳能力认识的局限与滞后，容易导致小城镇规划一味被动接受大城市的牵引、甘于落后的问题（王英姿，2009）。

（2）城市文化与教育资源。一个具有深厚文化底蕴、拥有较多教育资源的城市，通常对人口更具有吸引力。例如，北京作为多个历史时期的首都，历史文化资源非常丰富，同时集中了很多著名的中小学、大学、科研院所，这会对全国其他地区的人口产生较大的吸引力。国外的例子也可说明城市文化会影响城市人口吸纳能力，例如美国1960—1990年203个城市的人口增长与其初始教育水平正相关（Glaeser、Scheinkman & Shleifer，1995）。

在诸多影响因素中，与城市人口吸纳能力最直接相关的是就业机会、公共服务，其中就业机会直接影响居民的收入，而公共服务直接影响居民的生活成本。下面以美国底特律为例，说明就业机会对城市人口吸纳能力的重要性。

底特律位于美国五大湖区，素有“世界传统汽车中心”之称。由于底特律冶金和机器制造工业发达，加上马车制造和金属加工的历史传统，为发展汽车工业奠定了基础（陈才、李文华，1999）。美国福特、通用和克莱斯勒等三大汽车公司的总部均设在底特律。当底特律的汽车产业兴起时，为市民提供了大量的就业机会，城市人口吸纳能力不断增强，城市人口规模不断扩大。1820—2010 年美国底特律城市人口情况见图 3 - 2。1820—1940 年，底特律的城市人口从 0. 14 万增加到 185 万。特别是 1911—1920 年、1921—1930 年期间人口增长最快，都增长了 50 多万人口。然而自 1950 年以来，随着汽车产业链开始向全球转移，底特律汽车产业提供的就业机会不断减少，失业率和犯罪率不断攀升，人口也开始不断向外迁移。2010 年，底特律的城市人口仅剩下 71. 38 万，仅为 1950 年人口高峰时期的 38. 6% 。

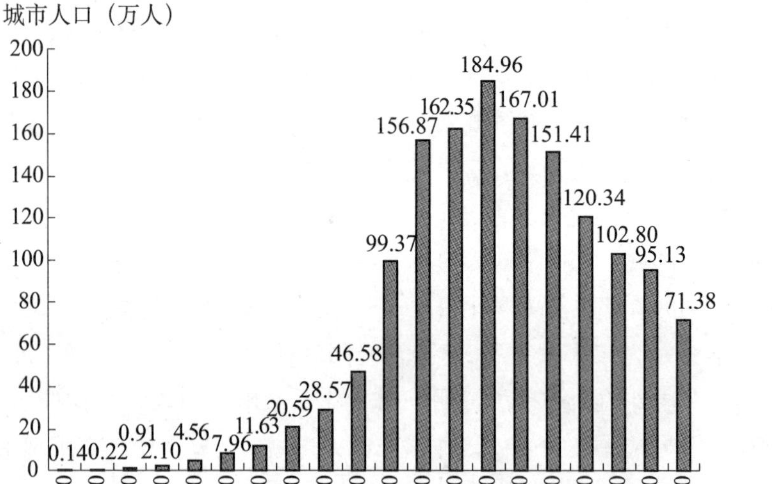

图 3 - 2　1820—2010 年美国底特律城市人口情况

资料来源：根据美国历年人口普查数据绘制。

第4章

中国城镇化发展阶段、区域格局与趋势

与发达国家相比，中国城镇化进程呈现出鲜明特征：中国人口基数大，城镇人口增量及存量非常庞大；城镇化起步晚，但城镇化中期速度明显快于发达国家；区域城镇化发展水平差异较大，但差异在逐步缩小。这就是深入研究中国城市人口吸纳能力的现实背景。本章在分析中国城镇化的发展阶段、区域格局与发展趋势的基础上，对未来城镇化进程中所需吸纳新增城镇人口数量进行预测。到2030年左右，中国城镇化率将达70%，未来15年各类城市和建制镇尚需吸纳2.44亿左右的人口。

一、中国城镇化的发展阶段

一般认为，城镇化发展阶段包括三个阶段：城镇化初期（城镇化率低于30%），城镇化中期（城镇化率30%～70%），城镇化后期（城镇化率高于70%）。综合考虑城镇化率、城镇化推进速度、新增城镇人口数量的变化情况，可将新中国成立以来的城镇化进程划分为城镇化初期、城镇化中期两个阶段，其中城镇化初期包括1949—1957年恢复发展、1958—1964年剧烈波动、1965—1978年停滞发展、1979—1995年稳步推进四个时期，城镇化中期包括1996—2011年加速推进、2012—2015减速推进两个时期。1949—2015年中国城镇化进程如图4－1所示。1949—2015年中国城镇化阶段划分及其相关指标变化见表4－1。

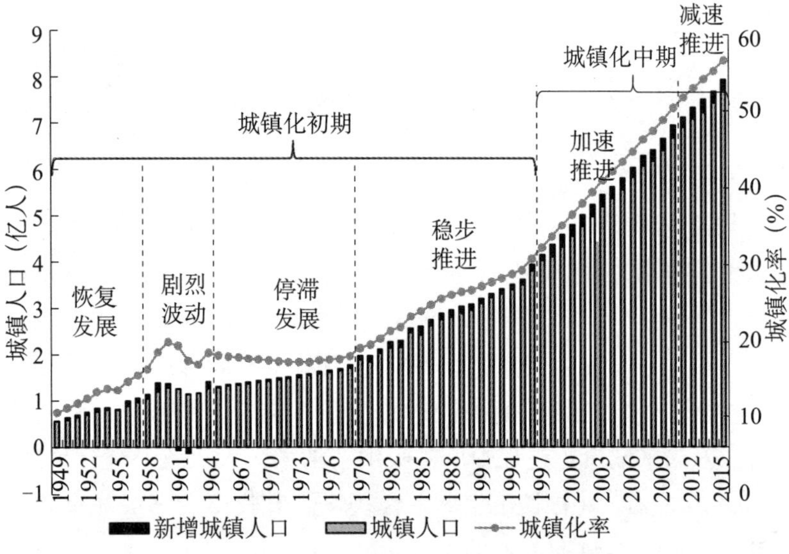

图4－1　1949—2015年中国城镇化进程

资料来源：根据《中国统计年鉴》（2011—2015）、《中国统计摘要2016》计算绘制。

表4-1　1949—2015年中国城镇化阶段划分及其相关指标变化

城镇化阶段	年份	新增城镇人口（万人）		城镇化率提高（百分点）	
		累计新增	年均新增	累计提高	年均提高
城镇化初期（缓慢推进）	恢复发展时期（1949—1957年）	4 184	523	4.75	0.59
	剧烈波动时期（1958—1964年）	3 001	429	2.98	0.43
	停滞发展时期（1965—1978年）	4 295	307	-0.45	-0.03
	稳步推进时期（1979—1995年）	17 929	1 055	11.12	0.65
城镇化中期（快速推进）	加速推进时期（1996—2010年）	31 804	2 120	20.91	1.39
	减速推进时期（2011—2015）	10 138	2 028	6.15	1.23

资料来源：同图4-1。

（一）中国城镇化的初期阶段

1949—1995年中国城镇化处于城镇化初期阶段，城镇化推进速度较慢，经历了恢复发展、剧烈波动、停滞发展、稳步推进等四个时期（见图4-1），城镇化率从10%提高到30%用了近46年。

1. 1949—1957年城镇化恢复发展时期

中国城市发展历史悠久，北京、南京、西安、开封、洛阳、杭州等古都在世界上曾经显赫一时。但近代以来，由于饱经战乱，中国城市发育缓慢，城镇化进程明显滞后于世界平均水平。1843—1949年，世界城镇化率从7%提高到28%，而中国城镇化率仅从5.1%提高到10.6%（谢文蕙，2009），历经了106年城镇化率才提高了5.5个百分点。

1949年3月，中共七届二中全会做出了关于党的工作重心从农村转向城市的战略部署，自此新中国的城镇化进程开始启动。在三年国民经济恢复时期和第一个“五年计划”时期，中国城镇化获得了较好的恢复性发展。1949—1953 年，中国城镇化率从 10. 64% 提高到 13. 31%，年均提高 0. 67 个百分点，1954 年和 1955 年发展速度略有下降，1956—1957 年接续了恢复性发展进程。1949—1957 年，中国城镇人口从 5765 万人增长到 9 949 万人，累计新增城镇人口 4 184 万人，年平均新增城镇人口 523 万人；城镇化率从 10. 64% 提高到 15. 39%，共提高 4. 75 个百分点，年平均提高 0. 59 个百分点（见表 4 -1），略高于世界平均速度。

整体看，1949—1957 年，中国工业化项目建设与城镇化布局结合得较好，城镇化平稳健康发展。1952 年 9 月，全国第一次城市建设座谈会明确提出了按照工业比重分类建设城市的计划。“一五”计划时期，在一些重点城市安排了一批重点工程项目。在工业化的推动下，一大批农业剩余劳动力被城市和工矿区所吸纳，城镇人口不断增多。但由于重工业对劳动力的后续吸纳能力有限，加上单一所有制对就业机会的限制，户籍制度对城乡人口流动的限制以及商品经济发展的政策限制（时慧娜，2011），这一时期的城镇化发展缺乏强劲的可持续动力。

2. 1958—1964 年城镇化剧烈波动时期

1958—1964 年，中国城镇化进程经历了剧烈波动时期。此期间，城镇人口增长至 1. 30 亿人，累计新增城镇人口 3001 万人，年平均新增城镇人口 429 万人；城镇化率提高到 18. 37%，提高了 2. 98 个百分点，年平均提高 0. 43 个百分点。其中，1958—1960 年，在“超英赶美”、“大跃进”等思想支配下，中国掀起了超常规推进城镇化建设和全民大办工业的高潮，大量农村人口涌入城市，城镇人口从 1. 07 亿人急剧增加到 1960 年的 1. 31 亿人，城镇化率从 16. 25% 飙升至 19. 75%，特别是 1959 年和 1960 年城镇化率年均提高 1. 75 个百分点。然而，这种大冒进的城镇化超越了当时城市对人口的容纳能力，造成国民经济发展和城乡结构失调，人均国民收入增长缓慢。1961—1963年国家不得不通过压缩工业建设项目、撤销部分市镇建制、缩小城市郊区范围等手段进行逆向调整，城镇人口缩减至1.16亿人，城镇化率则降至16.84%，出现了“反城镇化”的现象。1964年则进行了恢复性发展，当年城镇化率回升了1.53个百分点。这一时期，中国城镇化进程的显著特点是大起大落，城镇化矛盾主要表现为基础设施配套建设、产业发展和就业增长严重滞后于城镇化推进速度。在城镇化剧烈波动的背后，固然存在三年自然灾害和中苏关系恶化等客观因素，当然也存在对城镇化发展规律、城市人口吸纳能力认识不足等主观原因。这表明，如果违背城镇化发展规律，忽视城市对人口和就业的吸纳能力，盲目推进城镇化，将产生不良后果。

3. 1965—1978年城镇化停滞发展时期

1965—1978年，中国城镇化进程停滞发展。此期间，城镇人口增长到1.72亿人，累计新增城镇人口4 295万人，年平均新增城镇人口307万人；然而城镇化率下降到17.92%，下降了0.45个百分点，年平均下降0.03个百分点。究其原因，城镇化停滞发展主要有以下两个问题：一是遭受了“文化大革命”的严重影响。“文化大革命”时期，中国城市建设工作处于无政府状态，大约有2 000多万城市青年学生、干部和知识分子被下放到农村，出现了第二次“反城镇化”现象。特别是1965—1972年，中国城镇人口尽管绝对数量略有增加，但增长速度慢于乡村人口，城镇化率历经“八连降”后降至17.13%。1973年9月国家建委在合肥召开城市规划座谈会后，各地城市规划和建设管理机构逐步恢复，城市无序发展状况逐步扭转，城镇化率逐步缓慢地回升至“文化大革命”前夕的水平。二是工业化发展与城镇化建设严重脱离。随着国际局势的恶化，1965年8月国家建委召开的全国搬迁会议提出，要从“准备大打、准备早打”出发，按照“分散、靠山、隐蔽”等原则来布局工业项目和国防项目。基于“备战、备荒”考量，中国“三五”和“四五”计划时期，一大批沿海老企业逐步搬迁到“三线地区”，内地工业建设强调“大分散、小集中”，工厂布点强调“山、散、洞”（魏后凯，2006）。同时，实施了“控制大城市规模、发展小城镇”的政策，甚至一度取消了城市规划工作。此外，这一时期实施的重工业发展战略，使得城镇缺乏持续吸纳劳动力就业的能力，进一步加剧了城镇化的停滞发展。

4. 1979—1995 年城镇化稳步推进时期

1979—1995 年，中国城镇化进程处于稳步推进时期。此期间，城镇人口增长到 3.52 亿人，累计新增城镇人口 1.79 亿人，年平均新增城镇人口 1 055 万人；城镇化率提高到 29.04%，提高了 11.12 个百分点，年平均提高 0.65 个百分点。这一时期，城镇化稳步推进主要取决于以下两个方面：一是改革开放的政策效应。1978 年 12 月，党的十一届三中全会做出了关于改革开放的重大决策，中国城镇化进程自此再度走上正轨。始于 1978 年年底的以家庭联产承包责任制为主要内容的农村改革，极大地解放了中国农村生产力，为城镇化奠定了坚实的物质基础和剩余劳动力基础。1984 年以后，中国经济体制改革的重点开始转向城市。1984 年国务院批转民政部《关于调整建镇标准的报告》放宽了建制镇设置标准，1986 年国务院批转的《关于调整设市标准和市领导县条件的报告》进一步放宽了建制市的设置标准，由此导致城市和建制镇数量急剧增加，有力推动了城镇化进程。特别是在沿海城市率先实行的改革开放，激活了城市经济活力，增强了城市对农村剩余劳动力的吸引力。二是乡镇企业和小城镇异军突起。在户籍从严管控制度和乡镇企业兴起背景下，“离土不离乡”、“进厂不进城”成为当时工业化的主要模式，小城镇由此开始繁荣并迅速在中国城镇格局中占据重要地位（周元等，2012）。轻工业的补偿性发展，也增强了城镇吸纳劳动力就业的能力。但乡镇企业布局过于分散，小城镇建设“遍地开花”，普遍缺乏规模经济效益；大中城市规模受到控制，城市吸纳劳动力就业的能力相对不足。

（二）中国城镇化的中期阶段

1996 年，中国城镇化率首次超过 30%，标志着中国城镇化进入城镇化快速发展的中期阶段。2011 年中国城镇化率首次突破 50%，标志着中国进入到城镇化中期的后半阶段，城镇化进程仍将保持快速发展，但将从加速发展转为减速发展。

1. 1996—2010 年城镇化加速发展时期

1996—2010 年，中国城镇化进程进入加速发展时期。1996 年，中国城镇化率达 30.48%，首次超过 30%，标志着中国城镇化开始进入城镇化中期阶段，城镇化进程将快速推进。1996—2010 年期间，中国城镇人口增长到 6.70 亿人，累计新增城镇人口 3.18 亿人，年平均新增城镇人口 2120 万人；城镇化率提高到了 49.95%，提高了 20.91 个百分点，年平均提高 1.39 个百分点。与 1979—1995 年城镇化率年平均提高 0.65 个百分点相比，1996—2010 年城镇化速度明显加快。中国城镇化的加速发展是由市场化、国际化、工业化、信息化形成的合力共同推动的：社会主义市场经济体制的确立和完善，为城镇化加速发展奠定了坚实的制度保障；工业化中期的快速推进，为城镇化加速发展赋予了新的经济内涵；国际化程度不断提高特别是加入世贸组织，为城镇化加速发展增添了新的外源动力；而信息化水平的快速提升，则为城镇化加速发展提供了技术支撑。

2. 2011 年以来的城镇化减速发展时期

2011 年以来，中国城镇化进程进入加速发展时期。2011 年，中国城镇化率达 51.27%，首次突破 50%，这标志着中国城镇化跨越了诺瑟姆曲线的一个重要拐点，开始进入城镇化中期的后半阶段。进入城镇化中期后半阶段后，城镇化进程仍将快速推进，但会从加速发展转向减速发展。2011—2015 年期间，中国城镇人口增长到 7.71 亿人，累计新增城镇人口 1.01 亿人，年平均新增城镇人口2 028万人；城镇化率提高到了56.10%，提高了6.15个百分点，年平均提高1.23个百分点。与1996—2010年加速时期城镇化率年平均提高1.39个百分点相比，2011—2015年期间的城镇化进程尽管仍在快速推进，但推进速度明显降低。中国城镇化率超过50%后，城镇化速度开始从加速转向减速主要取决于以下几个因素的综合影响：一是经过多年的改革开放，农村剩余劳动力转移的压力逐步得到释放；二是随着社会主义新农村建设的稳步推进，中国城乡收入差距开始逐步缩小，城乡基本公共服务水平差异也开始下降，农民出于经济目的而进入城市长期居住和就业的意愿自然下降；三是由于城市房价攀升、通勤成本上升、环境污染，降低了城市对人口的吸引力；四是在工业化后期，资本有机构成不断提高，单位城市资本投资所吸纳就业岗位数量逐步下降；五是2011年实施“双独二孩”政策、2013年实施“单独二孩”政策、2015年全面放开二孩政策，在一定时期内会使城镇人口的自然增长率有所提高。其中，前四个因素将促使城镇化速度从加速转向减速，而第五个因素将促进短期内城镇化加速，但从长期来看这个因素的作用将减弱。综合来看，促进城镇化减速的作用将居于主导地位，可以预见在城镇化中期后半阶段城镇化速度将逐步下降。

（三）中国城镇化进程的国际比较

从国际比较来看，中国的城镇化进程表现出以下三个显著特点：

（1）中国城镇化的人口数量大。中国有13亿多人口，是世界第一人口大国。由于人口基数庞大，在快速城镇化进程中，中国所涉及的城镇化人口增量和存量都非常大。近年来，中国人口城镇化率每提高一个百分点，就需要新增1 300多万城镇人口，相当于几内亚、乍得等国家的全国总人口数量。2010年中国城镇化率比2009年提高了1.61个百分点，新增城镇人口2 466万人（达历史最高值），相当于朝鲜、安哥拉、马达加斯加、澳大利亚等国家的全国总人口数量。根据世界银行数据，2015年中国城镇人口达7.63亿人，相当于美国（2.62亿人）、日本（1.19亿人）、欧盟（3.93亿人）城镇人口之和，占全世界城镇人口的19.3%。2015年欧盟、美国、日本、中国城镇人口情况见表4-2。

表4-2 2015年欧盟、美国、日本、中国城镇人口

区域	国家	2015年城镇人口	区域	国家	2015年城镇人口
欧盟	Austria	5 680 563	欧盟	Lithuania	1 935 515
欧盟	Belgium	11 043 981	欧盟	Luxembourg	513 620
欧盟	Bulgaria	5 307 981	欧盟	Netherlands	15 326 873
欧盟	Cyprus	779 830	欧盟	Norway	4 181 314
欧盟	Czech Republic	7 701 546	欧盟	Poland	23 004 514
欧盟	Denmark	4 976 492	欧盟	Portugal	6 568 080
欧盟	Estonia	886 097	欧盟	Romania	10 821 345
欧盟	Finland	4 617 006	欧盟	Slovak Republic	2 907 182
欧盟	France	53 126 028	欧盟	Slovenia	1 024 661
欧盟	Germany	61 304 912	欧盟	Spain	36 939 194
欧盟	Greece	8 443 269	欧盟	Sweden	8 408 901
欧盟	Hungary	7 012 074	欧盟	Switzerland	6 125 070
欧盟	Iceland	311 427	欧盟	Turkey	57 738 359
欧盟	Ireland	2 934 827	美国	United States	262 332 398
欧盟	Italy	41 931 550	日本	Japan	118 703 632
欧盟	Latvia	1 333 112	中国	China	762 590 291
欧盟	Liechtenstein	5 363	全世界	World	3 943 072 682

资料来源：根据世界银行统计数据库整理（http：//data. worldbank. org/indicator/SP. POP. TOTL）.

（2）中国城镇化进程起步晚。近代以来，中国城镇化进程落后于世界平均水平。1843年中国城镇化率为5%，而世界平均水平为7%，最早进入工业化的英国则已达40%；1949年中国城镇化率仅为10.6%，比世界28%的平均水平落后了17.4个百分点，新中国成立前城市化发展的进程极为缓慢、水平很低（谢文蕙，2009）。按城镇化率为10%作为城市化的起点水平算，中国城镇化的起步大约比世界总体晚50年，比发达国家晚100年，比发展中国家晚20年，比英国晚150年，比苏联晚70年，比印度晚50年（高珮义，1990）。当1960年中国城镇化率达20%左右时，世界城镇化率已达33.5%，而意大利、法国、日本达到60%左右，美国、德国达到70%左右，澳大利亚和英国达80%左右。1960—2015年世界主要国家城镇化进程见图4－2。

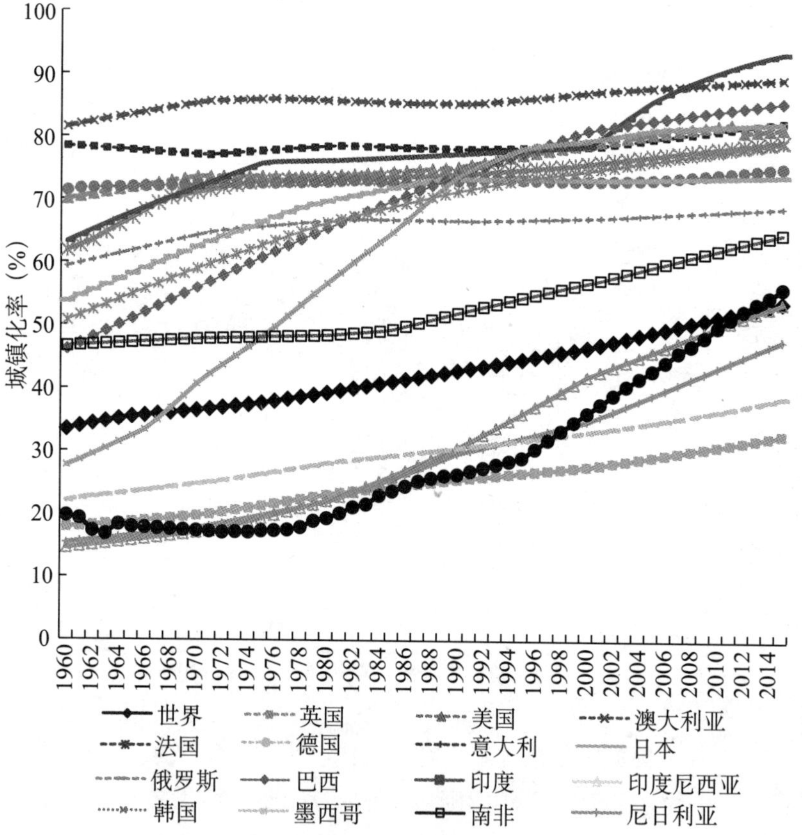

图4－2　1960—2015年世界主要国家城镇化进程

资料来源：中国数据来源同图4－1，其他国家数据来自世界银行数据库。

（3）中国城镇化中期速度明显快于发达国家。自1996年中国城镇化进入到加速发展时期，开始快速追赶世界平均城镇化水平。世界部分国家城镇化进程情况见表 4 -3。从表4 -3可看出，世界城镇化率从 30% 到 50% 用了近 60 年，法国用了近 60 年，英国用了近 50 年，美国用了近 40 年、加拿大用了 30 年，日本用了 20 年，韩国用了 13 年；而中国仅用了 15 年。2011 年中国城镇化率首次超过 50%。2012 年中国城镇化率达 52.6%，首次超越世界 52.5% 的平均水平。

表 4 -3　世界部分国家城镇化进程比较

	最接近 30% 年份	最接近 50% 年份	最接近 70% 年份	从 30% 到 50% 时间	从 50% 到 70% 时间
英国	1801 年 33.8%	1851 年 50.2%	1891 年 72.0%	近 50 年	近 40 年
法国	1872 年 31.1%	1931 年 51.2%	1969 年 70.3%	59 年	38 年
美国	1880 年 28.2%	1920 年 51.2%	1960 年 70.0%	近 40 年	40 年
加拿大	1890 年 30.0%	1920 年 50.0%	1961 年 69.8%	30 年	41 年
日本	1935 年 32.7%	1950 年 37.3% 1955 年 56.3%	1968 年 70.3%	20 年左右	15 年左右
韩国	1963 年 30.5%	1976 年 49.8%	1988 年 70.3%	13 年	12 年
中国	1996 年 30.5%	2011 年 49.9%		15 年	
世界	1950 年 29.4%	2007 年 50.1%		57 年	

资料来源：1960 年以后数据引自世界银行数据库；其他年份英国、美国、加拿大数据引自李仲生．发达国家的人口变动与经济发展［M］．北京：清华大学出版社，2011；法国数据引自杨澜等．法国城市化历程对当今中国城市化的启示［J］．法国研究，2008（4）；日本数据来自日本总务省统计局“国势调查报告”。

二、中国城镇化的区域格局演变

中国国土面积广阔，区域自然地理环境和社会经济基础差异较大，在四大区域、省（区、市）域、地级及以上城市等不同空间尺度的城镇化进程也表现出较大的差异，但总体上差异在逐步缩小。

（一）中国四大区域的城镇化格局演变

改革开放以来，中国东部地区、东北地区、中部地区和西部地区城镇化进程在稳步推进，但各自具有不同的特点，基本形成了“起点迥异、阶段分明，后进追赶、结果趋同”的区域城镇化发展格局。

（1）从加速起点看，四大区域跨进城镇化中期阶段的起点时间相差大。东北地区由于城镇化历史基础较好，城镇化起步较早，改革开放之前就跨进了城镇化中期，1978 年的城镇化率已达 37%，并于 1993 年突破了 50%，率先进入到城镇化中期的后半阶段。东部地区 1988 年跨过了城镇化初期，并于 2005 年进入到城镇化中期的后半阶段。而中西部地区直至 21 世纪初才开始进入到城镇化中期。也就是说，东北地区比中西部地区至少早 30 年进入城镇化中期。我国四大区域城镇化进程中的关键时间点见表 4－4。

表 4－4　我国四大区域城镇化进程中的关键时间点

关键时间点	东部地区	东北地区	中部地区	西部地区	全国
城镇化率首次突破 30% 的时间点	1988		2001	2002	1996
城镇化率首次突破 40% 的时间点	1996	1982	2008	2010	2003
城镇化率首次突破 50% 的时间点	2005	1993	2015	[2016]	2011
城镇化率首次突破 60% 的时间点	2011	2013			
城镇化率从 30% 到 40% 所用时间	8		7	8	7
城镇化率从 40% 到 50% 所用时间	9	11	7	[6]	8
城镇化率从 50% 到 60% 所用时间	6	20			

注：西部地区 2015 年的城镇化率达 48.74%，“十二五”期间年平均提高 1.46 个百分点，预计 2016 年年底突破 50%；城镇化率从 40% 到 50% 需用 6 年时间。

（2）从整体发展趋势来看，四大区域城镇化发展具有明显的阶段性。1978—2015 年中国四大区域城镇化进程见图 4－3。从图 4－3 可看出，中部地区和西部地区在城镇化率达 30% 以前城镇化推进速度较为缓慢，超越 30% 这个节点进入城镇化中期之后的城镇化速度明显加快；东北地区在城镇化率达 50% 左右后，城镇化速度明显变慢；东部地区在城镇化率 30% ～60% 时期，城镇化速度一直比较快。总体而言，四大区域在城镇化初期的推进速度较慢，在城镇化中期的推进快速明显加快，具有比较明显的阶段性特征。

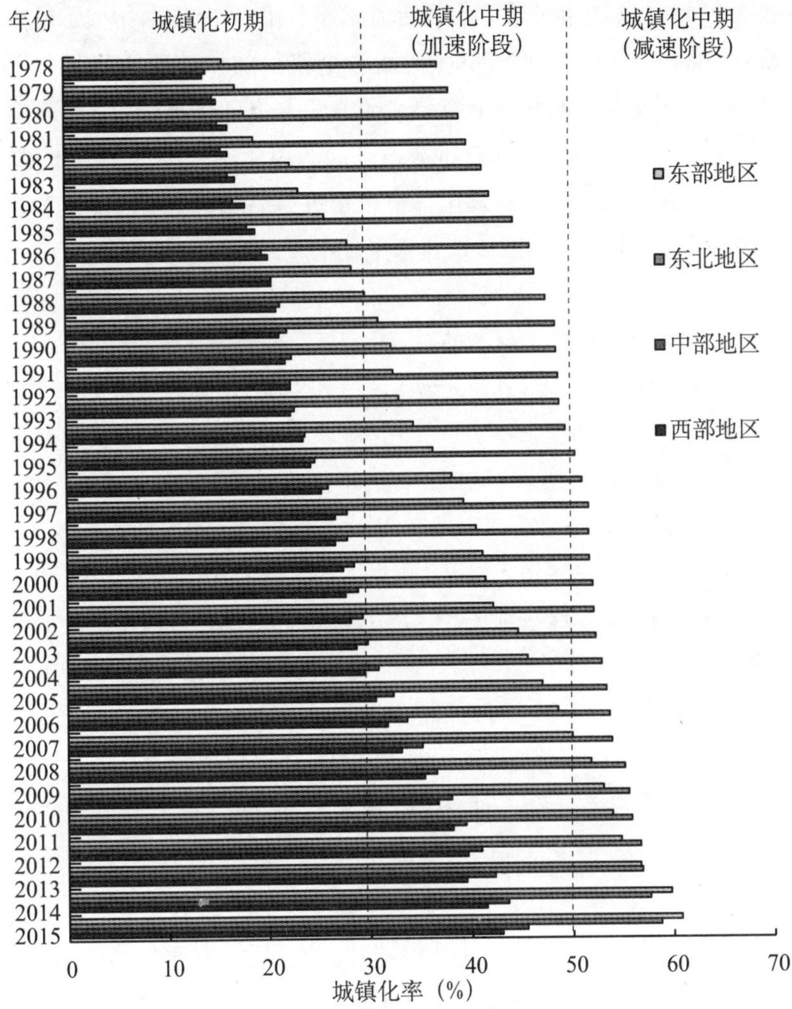

图 4－3　1978—2015 年中国四大区域城镇化进程

注：东部地区包括北京、天津、河北、山东、江苏、上海、浙江、福建、广东、海南 10 省市，东北地区包括黑龙江、吉林、辽宁 3 省，中部地区包括山西、河南、安徽、湖北、湖南、江西 6 省，西部地区包括内蒙古、广西、云南、贵州、四川、重庆、西藏、陕西、甘肃、宁夏、青海、新疆等 12 个省（区市）。

资料来源：1982—2000 年数据来自周一星，田帅．以“五普”数据为基础修补分省城市化水平数据［J］．统计研究，2006（1）；其他年份数据来自《新中国六十年统计资料汇编》、《中国统计摘要》（2016）。

（3）从发展水平看，中西部地区城镇化进程基本相似，城镇化水平偏低。西部地区与中部地区各个年份的城镇化水平比较相近，1978—2015年期间，中西部地区的城镇化率相差在2.5个百分点之内。其中，1985年以前西部地区的城镇化率略高于中部地区，1986年以来中部地区的城镇化率略高于西部地区。与东部地区和东北地区相比，中西部地区城镇化水平较低。

（4）从发展速度看，城镇化中期的推进速度呈现出“后者犹可追”之势。1978—2015年四大区域的城镇化速度，按降序排列依次为东部地区、中部地区、西部地区和东北地区。1978年城镇化水平最高的东北地区城镇化速度居于末位，特别是东北地区城镇化率跃过50%之后城镇化速度明显放缓，而东部地区则奋起直追并于2009年反超东北地区。1978年东部地区城镇化率落后东部地区21.3个百分点，2015年则反超3.4个百分点。中西部地区进入城镇化中期后，城镇化速度明显加快。中西部地区城镇化率从30%—40%，仅用了7~8年时间。城镇化率从40%到50%，东北地区用了11年时间，东部地区用了9年时间，而中部地区和西部地区仅需用6~7年时间。城镇化率从50%到60%，东北地区用了20年时间，而东部地区用了6年时间。

（5）从发展差异看，四大区域城镇化水平的区际差异呈现逐步缩小态势。1978年东北地区的城镇化水平最高，东部地区、中西部地区与东北地区城镇化水平的差距比较大。但此后东部地区、中西部地区的城镇化开始加快，区域之间的城镇化发展差距逐步缩小。从绝对差异看，1978—2015年城镇化率最高区域与最低区域之间的差异先扩大再缩小，绝对差异从1978年的23.23个百分点扩大到1988年的27.23个百分点，从1989年以来绝对差异逐步缩小，2015年绝对差异降至16.02个百分点。从相对差异看，1978—2015年四大区域城镇化率的相对差异系数从62.8%缩小至24.7%，表明相对差异明显缩小。从综合差异看，1978—2015年四大区域城镇化率的基尼系数从0.2213缩小至0.0643，表明综合差异明显缩小。

1978—2015 年中国四大区域城镇化率的差异见图 4 -4。

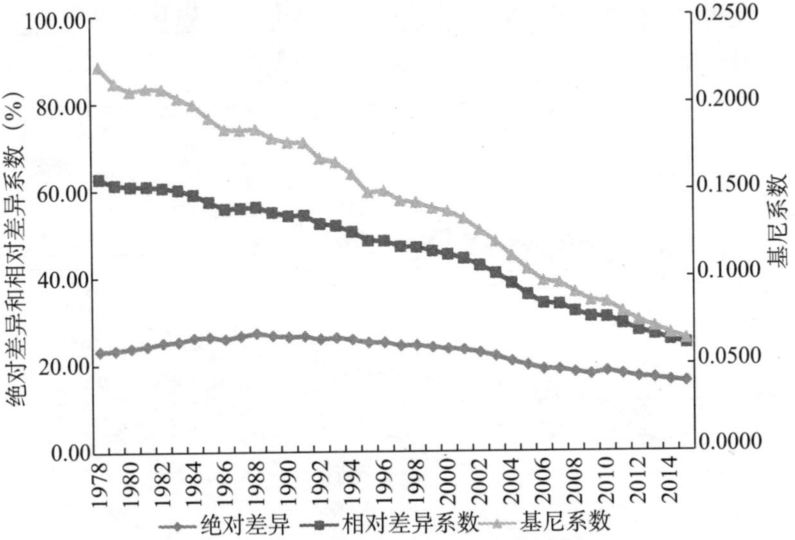

图 4 -4　1978—2015 年中国四大区域城镇化率的差异

注：绝对差异 = 最大值 - 最小值，相对差异系数 = （最大值 - 最小值）/最大值 * 100%。

资料来源：同图 4 -3。

（二）中国省域尺度的城镇化格局演变

改革开放以来，中国各省（区、市）城镇化进程基本处于正常发展轨道，尽管各自具有不同的发展轨迹，但总体上呈现出“起点迥异、阶段分明、后进追赶、结果趋同”的省域城镇化发展格局。1982—2015 年中国 31 个省城镇化进程情况见图 4 -5，1982、1990、2010、2015 年中国 31 个省城镇化率增加情况见图 4 -6。

（1）改革开放初期，中国城镇化水平的省际差异比较大。1982 年天津、上海、北京三大直辖市位列第一方阵，城镇化率高达 60% 以上；东北三省位列第二方阵，城镇化率超过 40%，而其他省（区、市）的城镇化率不足 30%。其中，1982 年天津的城镇化率达 68.79%，而西藏的城镇化率仅 9.48%，两者竟然相差近 60 个百分点，参见图4－5、图4－6。

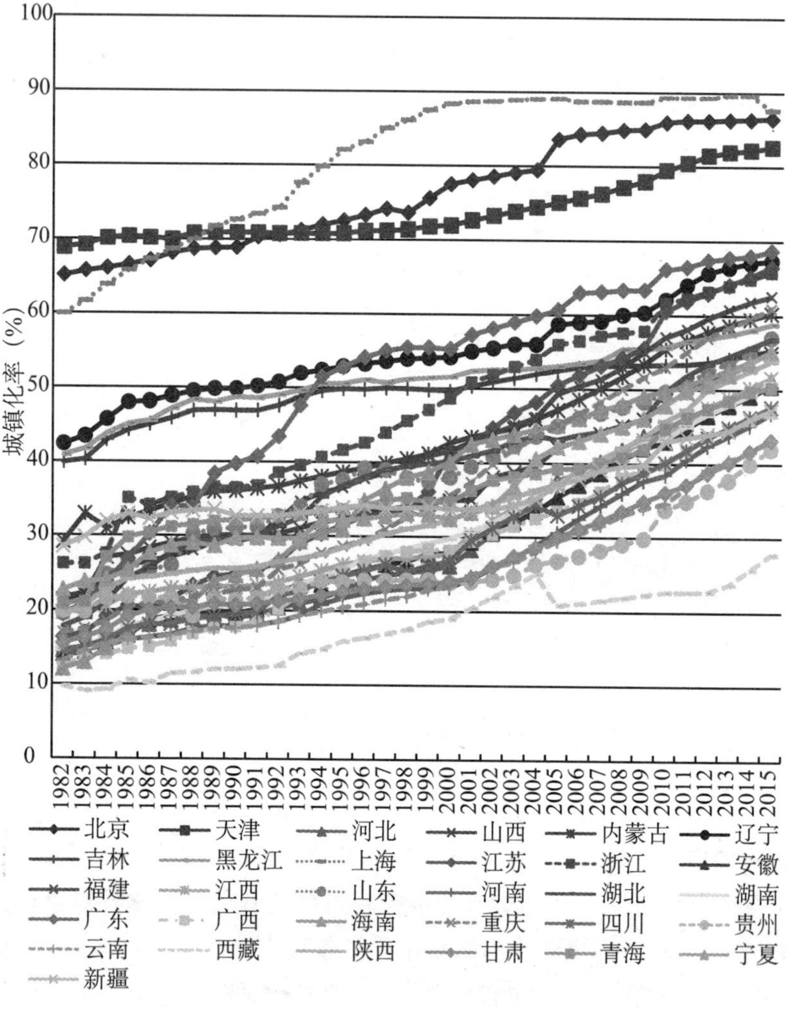

图4－5　1982—2015年中国31个省份城镇化进程

注：1982—1996年重庆城镇化率根据1997年重庆与四川的比值关系和对应年份四川城镇化数据进行推算，1982—1989年海南城镇化率根据1990年海南与广东省的比值关系和对应年份广东城镇化数据进行推算。

资料来源：同图4－3。

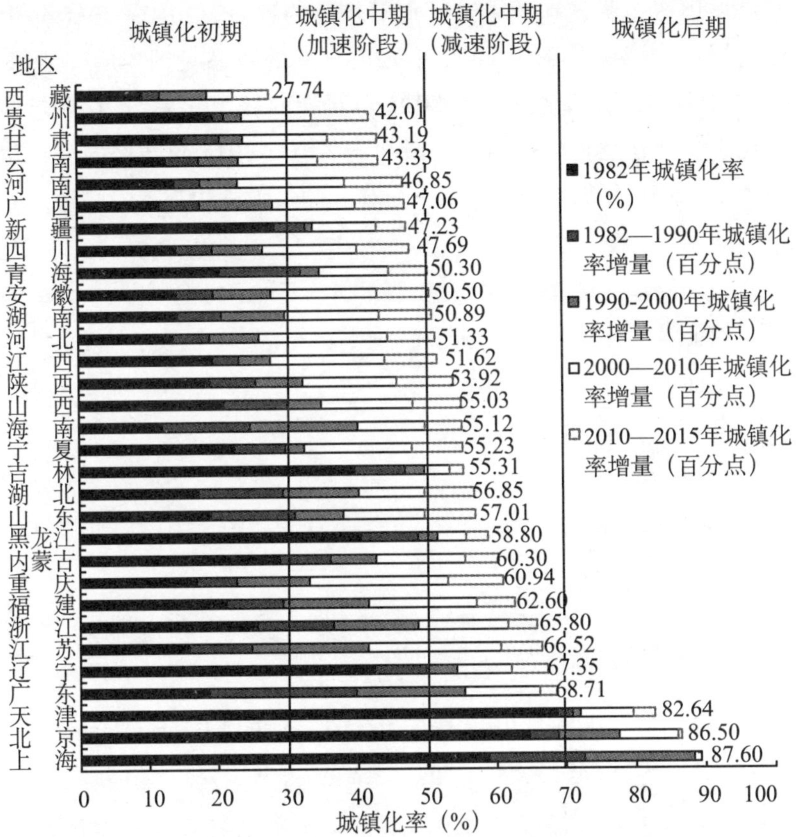

图4-6　1982、1990、2010、2015年中国31个省份城镇化率增加情况

资料来源：同图4-3。

（2）各省（区、市）城镇化进程的总体趋势符合阶段性发展规律。从图4-5可看出，当城镇化率超过30%时，各省城镇化进程开始加速，城镇化速度越来越快；当城镇化率超过50%后，城镇化进程仍然保持较快推进态势，但速度开始逐渐下降；当城镇化率超过70%时，城镇化推进速度较为缓慢，其中上海市自2000年超过88%以后基本保持在接近90%的城镇化水平。

（3）近年来，中国省域城镇化进程呈现出“后进追赶”态势。从图4-6可看出，2010—2015年，城镇化水平较低的省份新增城镇率要明显高于城镇化水平较高的省份。2010—2015 年中国省域新增城镇化率与 2010 年城镇化率的关系见图 4－7。从图 4－7 中可看出，各省 2010—2015 年新增的城镇化率与 2010 年城镇化水平存在明显的负相关关系。记 2010—2015 年新增的城镇化率为 y，2010 年城镇化率为 x，则有：$y = -0.1307x + 12.356$，$R^2 = 0.5994$。

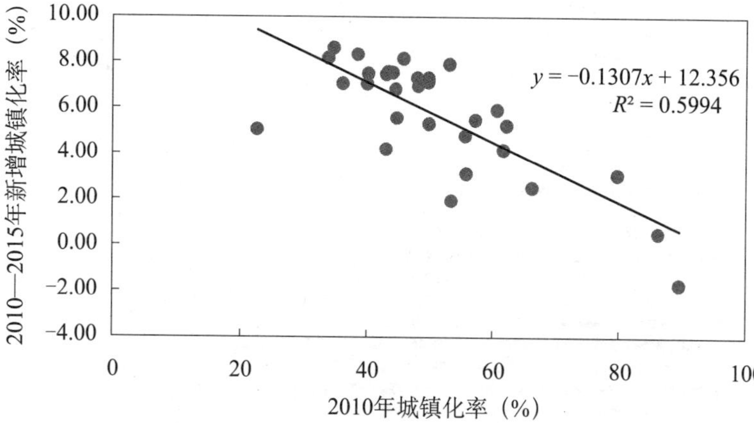

图 4－7　2010—2015 年中国省域新增城镇化率与 2010 年城镇化率的关系

资料来源：同图 4－3。

（4）自改革开放以来，中国城镇化水平的省际差异总体在缩小。1982—2015 年中国省域城镇化水平的差异变化情况见图 4－8。从绝对差异来看，1982—2000 年中国省域城镇化水平的绝对差异在扩大，2001—2004 年开始缩小，2005 年略有反弹，2006 年以来特别是 2014 年以来绝对差异明显下降。从相对差异来看，1982 年以来中国省域城镇化水平的相对差异系数持续减小（2005 年略有反弹），从 85.94% 下降到 68.33%。从综合差异来看，1982—2015 年中国省域城镇化水平的基尼系数持续减少，从 0.2993 下降到 0.1197，表明综合差异明显缩小，城镇化水平逐步趋同。

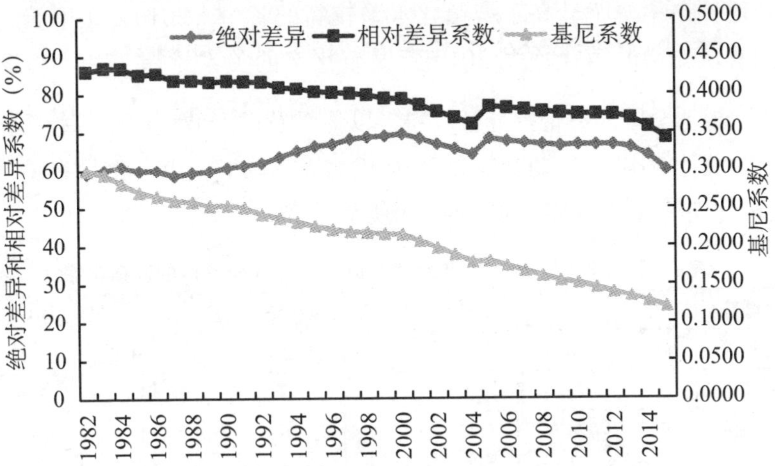

图4－8　1982—2015年中国省域城镇化水平的差异变化

资料来源：同图4－3。

（5）目前中国不同省份处于不同的城市型社会阶段。2015年中国各省域的城镇化率可以分成四个层次。第一层次包括上海、北京、天津3个直辖市，城镇化率为80%～90%。第二层次包括广东、辽宁、江苏、浙江、福建、重庆、内蒙古等7个省份，城镇化率为60%～70%。第三层次包括黑龙江、山东、湖北、吉林、宁夏、海南、山西、陕西、江西、河北、湖南、安徽、青海等13个省份，城镇化率为50%～60%。第四层次包括四川、新疆、广西、河南、云南、甘肃、贵州、西藏等8个省份，城镇化率不足50%。根据城市型社会的阶段划分标准（魏后凯、袁晓勐、郭叶波等，2012），城镇化率50%～60%为初级城市型社会，60%～75%为中级城市型社会，75%～90%为高级城市型社会，高于90%为完全城市型社会，2015年处于第一层次的3个直辖市已处于高级城市型社会。其中，上海市接近完全城市型社会的标准；处于第二层次的7个省份已进入到中级城市型社会；处于第三层次的13个省份已进入到初级城市型社会；处于第四层次的8个省份仍然处于乡村型社会。

（三）中国地级及以上城市的城镇化格局演变

根据全国人口普查分县资料，以地级及以上城市的全部行政区域为统计范围，对2000年和2010年地级及以上城市（全域）的城镇化率进行计算，结果如表4－5所示。

表4－5　2000年和2010年地级及以上城市（全域）的城镇化率

城市	2000年	2010年	城市	2000年	2010年	城市	2000年	2010年
昭通	11.2	18.7	陇南	8.2	19.1	固原	9.0	22.8
保山	9.9	22.8	定西	9.1	23.2	庆阳	13.1	23.6
临沧	9.1	24.3	百色	17.7	25.6	普洱	18.3	26.3
河池	22.2	26.4	商洛	16.3	27.3	武威	20.1	27.5
崇左	18.3	27.8	亳州	18.8	28.0	天水	17.8	28.1
巴中	12.3	28.5	丽江	16.3	28.6	六盘水	23.1	28.6
平凉	14.4	28.9	广安	16.6	29.1	钦州	21.8	29.3
周口	13.0	29.5	驻马店	12.1	29.5	商丘	13.2	29.5
中卫	22.2	29.5	安顺	25.9	30.1	资阳	16.6	30.7
宿州	15.4	31.2	濮阳	21.9	31.3	阜阳	22.0	31.5
渭南	21.6	31.6	南阳	20.2	32.5	达州	15.5	32.7
邵阳	19.2	32.8	广元	24.0	33.0	眉山	18.8	33.1
来宾	17.9	33.2	绥化	28.3	33.2	宜宾	24.6	33.6
张家界	22.6	33.6	信阳	18.3	34.2	张掖	27.8	34.5
安康	18.6	34.6	雅安	23.3	34.6	黄冈	24.1	34.8
六安	18.5	34.8	娄底	25.2	35.0	菏泽	20.9	35.0
遵义	23.0	35.0	茂名	37.4	35.1	泸州	26.5	35.3
贺州	23.7	35.3	永州	21.7	35.4	开封	19.2	35.5
宜春	24.8	35.6	南充	21.0	35.9	怀化	22.9	36.1
湛江	38.5	36.7	安庆	22.3	36.8	聊城	26.3	36.9
遂宁	25.7	36.9	云浮	35.8	37.0	汉中	27.1	37.1
抚州	25.6	37.2	赣州	20.5	37.5	运城	21.8	37.6
吉安	21.9	37.6	吴忠	29.5	37.7	内江	28.6	37.8

续表

城市	2000 年	2010 年	城市	2000 年	2010 年	城市	2000 年	2010 年
忻州	27.0	37.9	吕梁	22.4	37.9	朝阳	33.2	38.1
衡水	19.9	38.2	随州	34.5	38.3	安阳	25.7	38.4
许昌	20.4	38.5	松原	31.7	38.6	承德	25.1	38.7
桂林	27.2	38.8	保定	23.1	38.8	常德	26.6	38.9
漯河	23.6	39.1	曲靖	18.8	39.2	白银	26.6	39.4
乐山	26.0	39.5	玉林	26.3	39.6	上饶	17.0	39.7
绵阳	32.6	39.9	益阳	27.5	39.9	邢台	20.0	40.0
河源	26.5	40.0	贵港	25.0	40.2	通辽	28.4	40.4
咸阳	33.1	40.5	巢湖	20.4	40.6	临汾	26.9	40.8
新乡	23.6	40.8	沧州	21.6	40.8	黄山	28.4	40.9
自贡	28.4	41.0	赤峰	26.9	41.2	平顶山	30.0	41.2
德阳	31.7	41.3	宝鸡	29.4	41.4	滁州	24.9	41.5
葫芦岛	32.6	41.5	四平	35.8	41.6	郴州	20.9	41.7
长治	28.6	41.8	玉溪	27.9	42.1	铁岭	38.7	42.2
乌兰察布	28.4	42.3	肇庆	32.5	42.4	荆州	33.1	42.5
九江	28.4	42.5	咸宁	37.4	42.7	济宁	34.6	43.0
梧州	30.1	43.0	梅州	37.2	43.0	德州	28.2	43.0
拉萨	40.2	43.1	宣城	21.6	43.3	蚌埠	30.7	43.4
邯郸	23.4	43.4	三门峡	32.9	44.0	齐齐哈尔	41.3	44.1
洛阳	30.0	44.1	晋中	32.3	44.1	衢州	29.6	44.1
池州	23.3	44.4	衡阳	26.7	44.5	龙岩	36.0	45.0
临沂	28.0	45.1	张家口	29.1	45.2	荆门	42.3	45.5
滨州	24.4	45.7	孝感	31.0	46.0	岳阳	31.1	46.0
朔州	35.6	46.3	十堰	32.8	46.3	漳州	35.1	46.7
阳江	41.9	46.8	焦作	32.8	46.8	潍坊	40.6	47.0
日照	35.4	47.1	北海	45.8	47.3	揭阳	37.9	47.3
枣庄	39.2	47.3	榆林	22.0	47.4	鹤壁	34.6	47.4
鹰潭	34.8	47.4	秦皇岛	32.7	47.5	清远	32.6	47.5

续表

城市	2000 年	2010 年	城市	2000 年	2010 年	城市	2000 年	2010 年
锦州	44.2	47.9	宁德	35.8	47.9	防城港	39.0	48.3
宿迁	25.5	48.3	延安	28.7	48.3	白城	46.7	48.4
丽水	33.1	48.4	巴彦淖尔	36.9	48.4	廊坊	29.3	48.5
宜昌	38.4	49.9	襄樊	42.9	50.0	湘潭	35.9	50.1
泰安	39.1	50.3	石家庄	35.0	50.6	酒泉	50.5	50.7
辽源	50.3	50.7	南平	43.5	50.7	莆田	29.2	50.8
淮安	28.8	50.8	唐山	32.2	50.8	晋城	34.2	51.0
三明	38.6	51.1	莱芜	39.5	51.5	连云港	28.0	51.8
盐城	35.6	52.0	阜新	44.5	52.5	韶关	51.1	52.5
黑河	38.9	52.6	湖州	38.7	52.9	淮北	41.3	53.0
重庆	33.1	53.0	佳木斯	46.0	53.1	徐州	33.5	53.2
通化	50.9	53.3	嘉兴	38.0	53.3	南宁	55.4	53.7
汕尾	52.6	54.2	大同	43.5	54.9	烟台	45.8	55.3
长春	49.8	55.5	台州	51.5	55.5	泰州	39.4	55.6
南通	33.5	55.8	辽阳	51.3	55.9	景德镇	45.8	56.3
吉林	55.3	56.3	株洲	38.2	56.5	扬州	42.7	56.7
黄石	49.4	56.8	牡丹江	55.3	57.5	柳州	59.8	57.6
铜川	51.0	57.9	鄂州	53.9	58.0	威海	49.7	58.2
泉州	38.9	58.4	绍兴	48.7	58.6	营口	48.4	58.9
金华	45.3	59.0	萍乡	39.1	59.2	阳泉	45.6	60.0
东营	48.3	60.0	攀枝花	55.9	60.1	丹东	54.9	60.3
双鸭山	55.8	60.9	哈尔滨	57.0	61.1	新余	42.7	61.6
淮南	56.6	61.8	惠州	51.7	61.8	福州	52.6	62.0
镇江	50.4	62.0	金昌	54.2	62.1	江门	47.2	62.3
呼和浩特	51.1	62.5	潮州	43.4	62.7	淄博	52.8	63.1
常州	54.0	63.2	郑州	55.0	63.5	大庆	53.8	63.6
舟山	56.0	63.6	西宁	55.4	63.7	济南	56.3	64.5
芜湖	42.8	65.2	鸡西	63.6	65.7	南昌	48.8	65.7

续表

城市	2000年	2010年	城市	2000年	2010年	城市	2000年	2010年
成都	53.7	65.8	青岛	57.2	65.8	盘锦	58.2	66.0
温州	51.5	66.0	三亚	64.2	66.2	鞍山	61.5	67.2
昆明	54.9	67.4	呼伦贝尔	65.1	67.6	长沙	44.7	67.7
七台河	69.1	67.7	贵阳	61.2	67.8	合肥	44.0	68.2
宁波	55.7	68.3	汕头	67.0	68.5	石嘴山	60.2	68.6
马鞍山	50.3	68.8	西安	56.1	69.0	鄂尔多斯	43.5	69.5
苏州	57.1	70.1	无锡	58.3	70.3	抚顺	71.5	71.6
银川	55.6	72.5	铜陵	57.4	72.7	杭州	58.6	73.2
海口	91.3	74.2	本溪	68.3	74.4	大连	63.4	74.4
白山	74.6	74.8	兰州	65.9	76.3	鹤岗	76.9	76.6
武汉	81.7	77.1	沈阳	70.3	77.1	南京	71.1	77.9
天津	72.0	79.4	包头	68.7	79.5	太原	82.4	82.5
广州	81.4	83.8	伊春	90.2	84.0	北京	77.5	86.0
珠海	85.5	87.6	中山	60.7	87.8	厦门	70.8	88.3
东莞	60.0	88.5	上海	88.3	89.3	克拉玛依	100.0	90.4
乌鲁木齐	83.5	92.1	嘉峪关	85.5	93.3	佛山	75.1	94.1
乌海	93.0	94.3	深圳	92.5	100.0			

注：本表所统计的地级及以上城市包括行政区域所辖的全部范围。为保持统计范围的统一性，确定2010年地级及以上城市与2000年的对应关系如下：吕梁市（吕梁地区）、鄂尔多斯市（伊克昭盟）、巴彦淖尔市（巴彦淖尔盟）、乌兰察布市（乌兰察布盟）、呼伦贝尔市（呼伦贝尔盟）、来宾市（柳州地区）、崇左市（南宁地区）、丽江市（丽江地区）、临沧市（临沧地区）、商洛市（商洛地区）、庆阳市（庆阳地区）、定西市（定西地区）、陇南市（陇南地区）、固原市（固原地区）、中卫市（中卫县）、武威市（武威地区）、张掖市（张掖地区）、平凉市（平凉地区）、酒泉市（酒泉地区）、保山市（保山地区）、昭通市（昭通地区）、普洱市（思茅地区）、淮安市（淮阴市）、潮州市（县级市潮州市）、云浮市（县级市云浮市）、百色市（百色地区）、贺州市（贺州地区）、河池市（河池地区）、北海市（县级市北海市）。

资料来源：根据《2000年分县人口普查资料》、《2010年分县人口普查资料》计算整理。

根据表4－5，对2010年中国地级及以上城市的城镇化水平进行分级，结果如表4－6所示。2010年城镇化率低于30%的城市有25个，城镇化率为30%～40%的城市有64个，城镇化率为40%～50%的城市有74个，城镇化率为50%～60%的城市有49个，城镇化率为60%～70%的城市有43个，城镇化率为70%～80%的城市有17个，城镇化率为80%～90%的城市有9个，城镇化率为90%～100%的城市有6个。从表4－6可以看出，2010年中国地级及以上城市城镇化发展水平的总体格局是：东部沿海地区的城镇化水平普遍比较高，而中西部地区的城市的城镇化水平普遍偏低。特别是城镇化率低于30%的25个城市绝大多数分布在西部地区，少数几个分布在中部地区。城镇化率高于70%的城市主要分布在东部沿海发达地区，此外东北地区和中西部地区的部分工矿业资源型城市也具有较高的城镇化率。

表4－6　2010年地级及以上城市的城镇化水平分级

城镇化率	城市数	城市名单
<30%	25	昭通、陇南、固原、保山、定西、庆阳、临沧、百色、普洱、河池、商洛、武威、崇左、亳州、天水、巴中、丽江、六盘水、平凉、广安、钦州、周口、驻马店、商丘、中卫
30%～40%	64	安顺、资阳、宿州、濮阳、阜阳、渭南、南阳、达州、邵阳、广元、眉山、来宾、绥化、宜宾、张家界、信阳、张掖、安康、雅安、黄冈、六安、娄底、菏泽、遵义、茂名、泸州、贺州、永州、开封、宜春、南充、怀化、湛江、安庆、聊城、遂宁、云浮、汉中、抚州、赣州、运城、吉安、吴忠、内江、忻州、吕梁、朝阳、衡水、随州、安阳、许昌、松原、承德、桂林、保定、常德、漯河、曲靖、白银、乐山、玉林、上饶、绵阳、益阳

续表

城镇化率	城市数	城市名单
40% ~50%	74	邢台、河源、贵港、通辽、咸阳、巢湖、临汾、新乡、沧州、黄山、自贡、赤峰、平顶山、德阳、宝鸡、滁州、葫芦岛、四平、郴州、长治、玉溪、铁岭、乌兰察布、肇庆、荆州、九江、咸宁、济宁、梧州、梅州、德州、拉萨、宣城、蚌埠、邯郸、三门峡、齐齐哈尔、洛阳、晋中、衢州、池州、衡阳、龙岩、临沂、张家口、荆门、滨州、孝感、岳阳、朔州、十堰、漳州、阳江、焦作、潍坊、日照、北海、揭阳、枣庄、榆林、鹤壁、鹰潭、秦皇岛、清远、锦州、宁德、防城港、宿迁、延安、白城、丽水、巴彦淖尔、廊坊、宜昌
50% ~60%	49	襄樊、湘潭、泰安、石家庄、酒泉、辽源、南平、莆田、淮安、唐山、晋城、三明、莱芜、连云港、盐城、阜新、韶关、黑河、湖州、淮北、重庆、佳木斯、徐州、通化、嘉兴、南宁、汕尾、大同、烟台、长春、台州、泰州、南通、辽阳、景德镇、吉林、株洲、扬州、黄石、牡丹江、柳州、铜川、鄂州、威海、泉州、绍兴、营口、金华、萍乡
60% ~70%	43	阳泉、东营、攀枝花、丹东、双鸭山、哈尔滨、新余、淮南、惠州、福州、镇江、金昌、江门、呼和浩特、潮州、淄博、常州、郑州、大庆、舟山、西宁、济南、芜湖、鸡西、南昌、成都、青岛、盘锦、温州、三亚、鞍山、昆明、呼伦贝尔、长沙、七台河、贵阳、合肥、宁波、汕头、石嘴山、马鞍山、西安、鄂尔多斯
70% ~80%	17	苏州、无锡、抚顺、银川、铜陵、杭州、海口、本溪、大连、白山、兰州、鹤岗、武汉、沈阳、南京、天津、包头
80% ~90%	9	太原、广州、伊春、北京、珠海、中山、厦门、东莞、上海
90% ~100%	6	克拉玛依、乌鲁木齐、嘉峪关、佛山、乌海、深圳

资料来源：同表 4 –5。

2000 年以来，中国地级及以上城市的城镇化进程呈现出“后进追赶”态势。2000—2010 年中国地级及以上城市新增城镇化率与 2000 年城镇化率的关系见图 4－9。从表 4－5 和图 4－9 可看出，2000—2010 年，城镇化水平较低的城市新增城镇化率要明显高于城镇化水平较高的城市。从图 4－9 中可看出，各地级及以上城市 2000—2010 年新增城镇化率与 2010 年城镇化率存在明显的负相关关系。记 2000—2010 年新增的城镇化率为 y，2000 年城镇化率为 x，则有：$y = -0.1757x + 17.879$，$R^2 = 0.2593$。

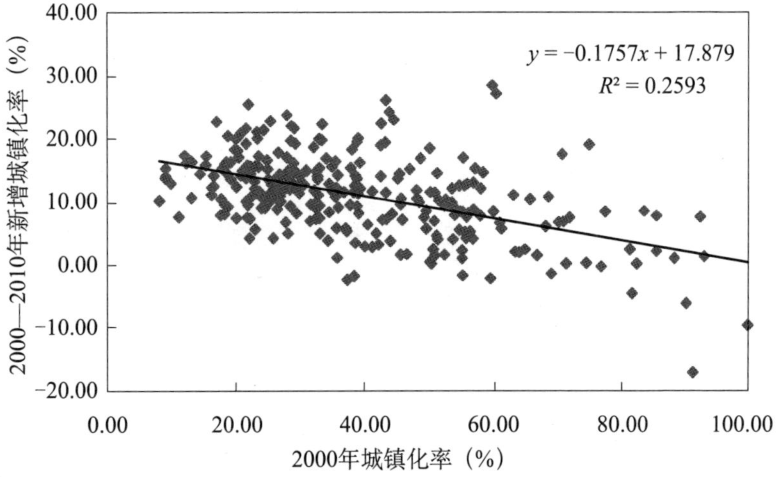

图 4－9　2000—2010 年中国地级及以上城市新增城镇化率与 2000 年城镇化率的关系

资料来源：同表 4－5。

2000—2010 年期间，中国地级及以上城市之间的城镇化水平差异在缩小。从绝对差异来看，地级及以上城市城镇化率的绝对差异从 2000 年的 91.83% 缩小到 2010 年的 81.29%。从相对差异来看，相对差异系数从 91.83% 下降到 81.29%。从综合差异来看，基尼系数从 0.2624 下降到 0.1806。

三、中国城镇化的发展趋势分析

中国城镇化进程基本符合诺瑟姆曲线揭示的城镇化发展一般规律，在城镇化初期城镇化速度缓慢，在城镇化中期快速推进，特别是在城镇化率 30% ~50% 阶段加速推进，越过 50% 拐点后城镇化速度仍然较快但开始减速，到 2030 年前后中国城镇化率将达 70%，各类城市和建制镇需要吸纳大量人口。

（一）中国总人口的相关预测

近年来，不少学者采用不同的方法对中国总人口中长期趋势进行了预测，预测结果如表 4 –7 所示。胡英（1997）设置三个方案对中国人口进行预测，其中高方案 2050 年达峰值 17 亿人，中方案 2033 年达峰值 14.8 亿人，低方案 2023 年达峰值 13.8 亿人。李南等（1998）基于随机方法测算，2045 年中国出现人口高峰，峰值为 15.9 亿人。门可佩等（2004）基于灰色预测 GM（1，1）模型测算，2050 年中国人口达峰值 13.82 亿人，用新陈代谢模型测算则于 2050 年中国人口达峰值 13.74 亿人。陈卫（2006）预测，2029 年中国出现人口高峰，峰值为 14.42 亿人。门可佩等（2006）基于灰色预测 GID 模型测算，2050 年中国人口峰值达 14.65 亿人，用 GIN 模型测算则于 2050 年达人口峰值 13.74 亿人。解保华等（2010）基于 Leslie 矩阵模型测算，2024 年中国出现人口高峰，峰值为 14.2 亿人。秦中春（2013）采用年龄移算人口预测模型，2027 年中国出现人口高峰，峰值为 14.2 亿人。齐美东等（2016）基于 GM（1，1）模型预测，中国 2026 年出现人口高峰，峰值为 14.53 亿人。

表 4-7　有关学者和机构关于中国 2010—2050 年总人口的预测

文献	峰值及其时间	总人口预测（亿人）				
		2010	2020	2030	2040	2050
胡英（1997）	高：2050 年 17 亿人	14.28	15.47	16.35	16.82	17.03
	中：2033 年达 14.8 亿人	13.65	14.43	14.76	14.68	14.21
	低：2023 年达 13.8 亿人	13.26	13.77	13.71	13.25	12.34
李南、胡华清（1998）	基于随机方法：2045 年达 15.9 亿人	13.94	14.95	15.62	15.88	15.89
门可佩、曾卫（2004）	GM（1，1）模型：2050 年达 13.82 亿人	13.31	13.60	13.73	13.79	13.82
	新陈代谢模型：2050 年达 13.74 亿人	13.31	13.59	13.69	13.73	13.74
陈卫（2006）	2029 年达 14.42 亿人	13.50	14.25	14.42	14.31	13.83
门可佩、官琳琳、尹逊震（2007）	GID 模型：2050 年达 14.65 亿人	13.41	13.91	14.25	14.49	14.65
	GIN 模型：2050 年达 14.65 亿人	13.41	13.91	14.26	14.49	14.65
解保华、陈光辉、孙嘉琳（2010）	基于 Leslie 矩阵模型：2024 年前后达 14.2 亿人	13.36	13.90	13.80	13.27	12.54
秦中春（2013）	基于年龄模型：2027 年 14.2 亿人		14.06	14.15	13.59	12.59
齐美东、戴梦宇、郑焱焱（2016）	GM（1，1）模型：2026 年达 14.53 亿人		14.17	14.45	14.15	13.43
联合国经济和社会事务部人口司（2011）	2025 年达 13.95 亿人		13.88	13.93	13.60	12.96

续表

文献	峰值及其时间	总人口预测（亿人）				
		2010	2020	2030	2040	2050
联合国经济和社会事务部人口司（2014）	2030年达14.53亿人		14.33	14.53	14.36	13.85
联合国经济和社会事务部人口司（2015）	高：2050年达14.86亿人		14.15	14.64	14.81	14.86
	中：2028年达14.16亿人		14.02	14.15	13.95	13.48
	低：2021年达13.91亿人		13.90	13.67	13.09	12.18

注：上述文献仅统计中国大陆地区人口数据，未包括中国港澳台地区的人口数据。
资料来源：根据相关文献和联合国数据库整理。

联合国经济和社会事务部人口司也对中国人口进行了预测。根据联合国人口司《世界城市展望：2011版》预测，2025年中国会出现人口高峰，峰值为13.95亿人。但联合国人口司在《世界城市展望：2014版》中提高了对中国人口峰值的预期，认为到2030年中国才会出现人口高峰，峰值为14.53亿人。联合国人口司在《世界人口展望：2015版》则分高中低三个方案对中国人口进行预测，其中高方案认为2050年才出现峰值14.86亿人，中方案认为2028年达峰值14.16亿人，低方案认为2021年就出现峰值13.91亿人。

20世纪90年代中期中国人口仍处于较快增长时期，有些文献基于过去趋势进行预测，峰值高达16亿人甚至17亿人，结果明显偏高。而2000年以来，绝大多数文献预测的人口峰值都在15亿人以内。1978—2015年中国总人口及其自然增长率情况见图4－10。从图4－10可看出，从进入21世纪以来的人口趋势看，中国人口增长速度已经明显开始下降，2008年以来人口自然增长率基本保持在5‰以下，2010年中国大陆31个省份的总人口13.40亿人，2015年为13.75亿人。当前，计划生育政策早已深入人心，并且小孩养育成本越来越高，中国人口自然增长率总体趋势会进一步下降。因此，中国人口峰值应该在15亿人以内。

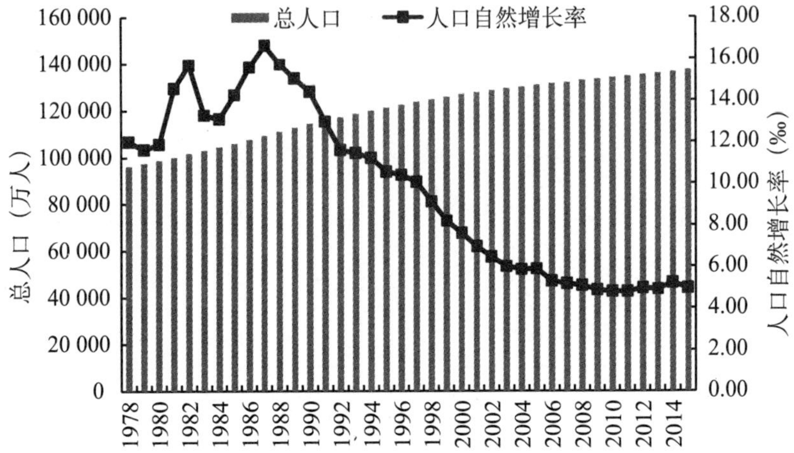

图4-10　1978—2015年中国总人口及其自然增长率

资料来源：根据《中国统计摘要2016》绘制。

值得注意的是，近年来中国积极调整了人口政策。2013年11月党的十八届三中全会提出，“坚持计划生育的基本国策，启动实施一方是独生子女的夫妇可生育两个孩子的政策，逐步调整完善生育政策，促进人口长期均衡发展”。2013年12月，第十二届全国人大常委会第六次会议表决通过了《关于调整完善生育政策的决议》，规定“一方是独生子女的夫妇可生育两个孩子的单独两孩政策依法启动实施”。2015年10月党的十八届五中全会提出，“促进人口均衡发展，坚持计划生育的基本国策，完善人口发展战略，全面实施一对夫妇可生育两个孩子政策，积极开展应对人口老龄化行动”。可见，中国在较短时间内就完成了从“单独二孩”政策向“全面两孩”政策的过渡。然而，由于生育观念的固化和小孩养育成本的提高，“全面两孩”政策的实施不会改变中国人口的总体趋势，但可能会使中国人口峰值有所提高。

参照有关学者和联合国人口司的研究成果，结合中国人口政策的调整实践，笔者认为，到 2030 年前后，中国最大人口峰值预计达 14.5 亿左右。

（二）中国城镇化水平的预测

一般来说，城镇化演进过程遵循诺瑟姆 S 型曲线。城镇化演进的 S 型线示意图见图 4－11。纵观历史，中国城镇化进程基本符合诺瑟姆曲线揭示的城镇化发展一般规律。在城镇化率达 30% 以前，中国城镇化速度非常缓慢，城镇化率从 1843 年的 5.1% 到 1949 年的 10.6% 历经了 100 多年，城镇化率从 10% 到 30% 用了将近 50 年时间。城镇化率超过 30% 以后，中国城镇化进程明显加速，城镇化率从 1996 年 30.48% 到 2011 年的 51.27%，只用了 15 年的时间。目前，中国的城镇化进程已跨越了诺瑟姆曲线中城镇化率为 50% 的拐点，这意味着中国"十二五"乃至今后较长一段时期城镇化仍将快速推进，但速度将有所减缓（魏后凯，2011）。

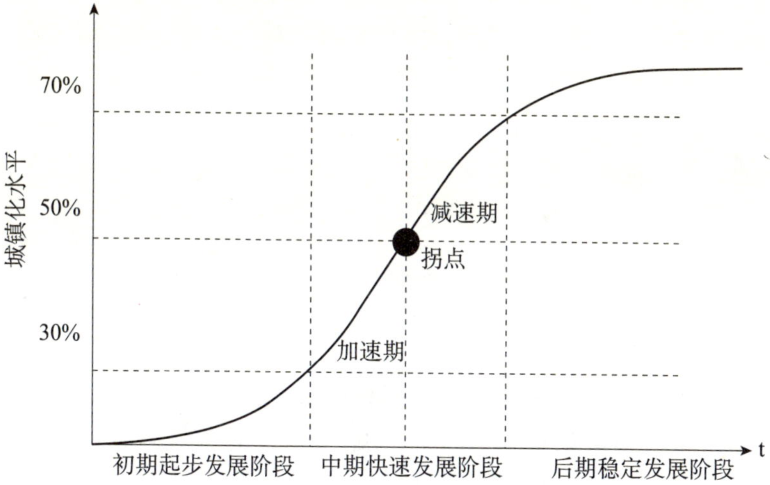

图 4－11　城镇化演进的 S 型曲线示意图

资料来源：魏后凯．走中国特色的新型城镇化道路［M］．北京：社会科学文献出版社，2014.

中国城镇化进程已经跨越了50%这个拐点，未来中国城镇化仍然会较快推进，但什么时候能达到70%这个节点？下面讨论几种预测城镇化水平的方法。

1. 根据以往五年趋势简单外推

1991—1995年期间，中国城镇化率年均增长0.53个百分点，1996—2006年期间年均增长1.44个百分点，2001—2005年期间年均增长1.35个百分点，2006—2010年期间年均增长1.39个百分点，2011—2015年期间年均增长1.23个百分点。2015年中国城镇化率达56.10%。

根据城镇化演进的S型曲线规律，未来15年左右如果中国城镇化率能年均提高1个百分点左右，那么就可以在2030年左右达到70%。也就是再经过三个"五年规划"时间就能达到70%。初步估计"十三五"期间城镇化速度仍然将保持较快增长，略低于"十二五"期间速度。中国"十三五"规划纲要提出，到2020年常住人口城镇化率要达60%。从目前发展趋势来看，这个目标应该不难实现，甚至会超过这个目标。初步估计"十三五"、"十四五"、"十五五"期间，城镇化率可能会年均分别提高1.1个、1.0个、0.8个百分点左右。据此推算，到2020年、2025年、2030年中国城镇化率分别可达61%、66%、70%。

2. 通过比较发达国家经验推算

根据联合国数据库，对1950—2014年期间52个国家和地区城镇化率从50%到70%所需的时间进行统计，如图4-12所示。结果发现，随着城镇化率为50%的起始年份往后推移，城镇化率从50%~70%所需的最大时间可能会逐步收敛（见图4-12），1984年以来城镇化率从50%到70%所需时间均小于30年。从一些人口大国比较来看，城镇化率从50%到70%，起步较早的英国、法国、美国、加拿大等国家都用了大约40年时间，而后起之秀俄罗斯用了

25 年，土耳其用了 25 年，巴西用了 21 年，委内瑞拉用了 16 年，日本用了 15 年，韩国用了 12 年。由于中国城镇化中期后半阶段的背景条件要优于俄罗斯，估计中国城镇化从 50% 到 70% 所需时间要少于俄罗斯；而中国地区差异大于日本，城镇化速度可能要慢于日本；巴西也是人口大国，人口密集，可能与中国城镇化发展进程更为相似。分区域来看，中国东部地区城镇化情况可能与日本情况更相似，而中国中西部地区城镇化情况可能与巴西、俄罗斯情况更相似。日本、巴西、俄罗斯这三个国家城镇化率从 50% 到 70% 平均需要 20 年左右。综合参考发达国家经验与趋势，中国城镇化率从 50% 提高到 70% 只需 20 年左右，而中国城镇化率最接近 50% 的年份是 2010 年（49.95%），因此预计在 2030 年前后中国城镇化率可达 70%。

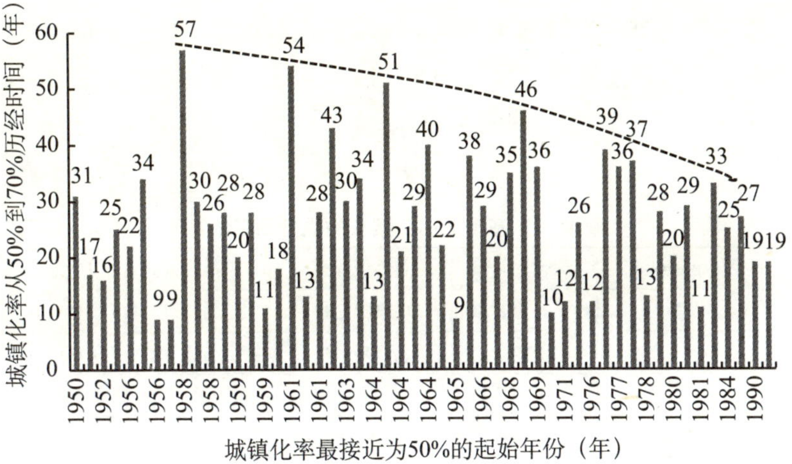

图 4－12　1950 年以来 52 个国家和地区城镇化率从 50% 到 70% 历经时间

资料来源：United Nations. Department of Economic and Social Affairs, Population Division (2014). *World Urbanization Prospects*: *The* 2014 *Revision*, CD-ROM Edition.

3. 基于 S 型曲线模型的预测方法

根据诺瑟姆的城镇化阶段理论，中国有些学者基于 S 型曲线模型对中国城镇化率进行了模拟和预测（简新华、黄锟，2010；高春亮、魏后凯，2013）。记 Y_0 为起始年份的人口城镇化率，Y_t 为距起始年份 t 年的城镇化率，r 为常数，则城镇化进程的 S 型曲线模型可以表示为：

$$Y_t = 1/(1 + Y_0 e^{-rt}) \tag{1}$$

经倒数变换、移项，并对两边取对数，（1）式可变为：

$$\ln(1/Y_t - 1) = \ln Y_0 - rt \tag{2}$$

构建计量模型：

$$\ln(1/Y_t - 1) = \ln Y_0 - rt + \varepsilon \tag{3}$$

令 $Y_t^* = \ln(1/Y_t - 1)$，$C = \ln Y_0$，那么（3）式可转化为线性模型：

$$Y_t^* = C - rt + \varepsilon \tag{4}$$

采用1978—2015年期间的中国城镇化率数据，基于 Eviews 8.0 软件，应用普通最小二乘（OLS）估计方法，相关参数如表4－8所示。

表4－8　基于最小二乘法的模型回归结果

Variable	Coefficient	Std. Error	t-Statistic	Prob.
C	1.558 808	0.019 287	80.821 72	0.000 0
t	－0.047 187	0.000 897	－52.615 72	0.000 0
R-squared	0.987 163	Mean dependent var		0.685 845
Adjusted R-squared	0.986 807	S. D. dependent var		0.527 793
S. E. of regression	0.060 624	Akaike info criterion		－2.717 063
Sum squared resid	0.132 309	Schwarz criterion		－2.630 874
Log likelihood	53.624 19	Hannan-Quinn criter.		－2.686 398
F-statistic	2 768.414	Durbin-Watson stat		0.077 741
Prob（F-statistic）	0.000 000			

结果显示回归系数显著，拟合度高达98.7%。据此写出估计

方程：

$$Y_t^* = 1.558\ 808 - 0.047\ 187t \tag{5}$$

将（5）式带回到（2）式，即可对各年份的城镇化率进行预测。

然而，表4-8中，D.W. 值为0.077 741，不能通过杜宾—沃森检验，这意味着模型可能存在自相关等问题。虽然拟合度很高，但由于自相关问题的存在，可能会在一定程度上影响预测的准确性。

为克服上述问题，可尝试采用 ARMA 模型。经反复试验和检验，决定采用 ARMA（1，4）模型对（4）式进行重新估计，相关结果如表4-9所示。结果显示各回归系数都能通过显著性检验，拟合优度为99.9%，单位根都在单位圆之外，残差相关图（图4-13）也符合要求。

表4-9　基于 ARMA（1，4）模型的回归结果

Variable	Coefficient	Std. Error	t-Statistic	Prob.
C	1.792 676	0.418 424	4.284 357	0.000 1
t	-0.054 535	0.009 407	-5.797 026	0.000 0
AR（1）	0.937 310	0.066 033	14.194 68	0.000 0
MA（4）	0.906 152	0.060 631	14.945 41	0.000 0
R-squared	0.999 288	Mean dependent var		0.663 252
Adjusted R-squared	0.999 223	S. D. dependent var		0.516 108
S. E. of regression	0.014 385	Akaike info criterion		-5.543 477
Sum squared resid	0.006 828	Schwarz criterion		-5.369 323
Log likelihood	106.554 3	Hannan-Quinn criter.		-5.482 080
F-statistic	15 436.29	Durbin-Watson stat		1.719 160
Prob（F-statistic）	0.000000			
Inverted AR Roots	0.94			
Inverted MA Roots	0.69 + .69i	0.69 - .69i	-0.69 - .69i	-0.69 + .69i

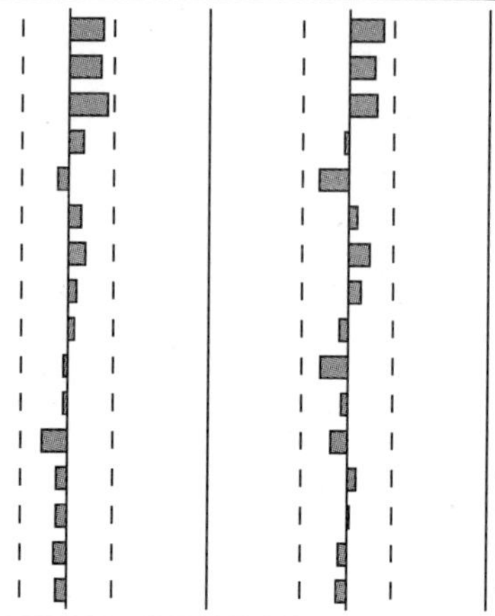

	AC	PAC	Q-Stat	Prob
1	0.259	0.259	2.6965	0.101
2	0.250	0.196	5.2677	0.072
3	0.290	0.209	8.8443	0.031
4	0.121	-0.023	9.4874	0.050
5	-0.069	-0.213	9.7027	0.084
6	0.094	0.076	10.117	0.120
7	0.132	0.170	10.956	0.141
8	0.078	0.093	11.260	0.187
9	0.065	-0.050	11.475	0.245
10	-0.018	-0.204	11.492	0.321
11	-0.024	-0.045	11.524	0.400
12	-0.173	-0.107	13.252	0.351
13	-0.082	0.071	13.655	0.399
14	-0.076	0.020	14.014	0.449
15	-0.085	-0.057	14.494	0.488
16	-0.082	-0.077	14.952	0.528

图 4－13　ARMA（1，4）模型残差相关图

采用 1949—2015 年中国城镇化率数据，发现使用 ARMA（3，2）模型能比较好地拟合中国城镇化进程。结果如表4－10、图 4－14 所示。从表 4－10 可看出，拟合优度达 98.5%，各系数都能通过显著性检验，单位根均在单位圆之外，残差图也基本符合要求。

表 4－10　基于 ARMA（3，2）模型的回归结果

Variable	Coefficient	Std. Error	t-Statistic	Prob.
C	2.591 534	0.548 468	4.725 038	0.000 0
t	－0.041 258	0.008 867	－4.652 792	0.000 0
AR（3）	0.864 468	0.082 392	10.492 15	0.000 0
MA（2）	0.555 768	0.105 385	5.273 703	0.000 0
R-squared	0.984 938	Mean dependent var		1.060 163
Adjusted R-squared	0.984 184	S. D. dependent var		0.615 932
S. E. of regression	0.077 460	Akaike info criterion		－2.217 662
Sum squared resid	0.359 998	Schwarz criterion		－2.082 731
Log likelihood	74.965 17	Hannan-Quinn criter.		－2.164 506
F-statistic	1 307.808	Durbin-Watson stat		0.764 033
Prob（F-statistic）	0.000 000			
Inverted AR Roots	0.95	－0.48＋.82i		－0.48－.82i

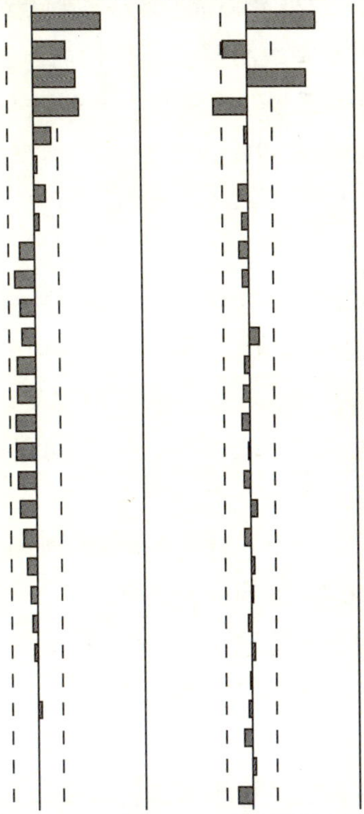

Autocorrelation	Partial Correlation		AC	PAC	Q-Stat	Prob*
		1	0.666	0.666	28.863	
		2	0.318	-0.227	35.538	
		3	0.414	0.578	47.057	0.000
		4	0.443	-0.319	60.510	0.000
		5	0.178	-0.031	62.719	0.000
		6	0.048	0.011	62.884	0.000
		7	0.119	-0.096	63.904	0.000
		8	0.050	-0.065	64.089	0.000
		9	-0.136	-0.095	65.471	0.000
		10	-0.180	-0.065	67.948	0.000
		11	-0.126	0.003	69.182	0.000
		12	-0.123	0.093	70.379	0.000
		13	-0.156	-0.043	72.348	0.000
		14	-0.169	-0.052	74.706	0.000
		15	-0.177	-0.078	77.348	0.000
		16	-0.175	-0.012	79.990	0.000
		17	-0.169	-0.058	82.517	0.000
		18	-0.150	0.066	84.552	0.000
		19	-0.120	-0.054	85.885	0.000
		20	-0.088	0.038	86.618	0.000
		21	-0.060	0.026	86.962	0.000
		22	-0.044	-0.025	87.151	0.000
		23	-0.025	0.034	87.214	0.000
		24	0.011	-0.010	87.228	0.000
		25	0.033	-0.032	87.344	0.000
		26	0.010	-0.070	87.356	0.000
		27	0.004	0.042	87.357	0.000
		28	0.005	-0.135	87.360	0.000

*Probabilities may not be valid for this equation specification.

图 4－14　ARMA（3，2）模型残差相关图

4. 联合国的预测方法

联合国会定期对世界各国、各地区城镇化率进行预测，其方法的核心是假定城乡人口增长率之差在预测期内为一个固定不变的常数。通过推导可获得一个 S 型曲线的数学模型（周一星，1995）。联合国人口司在《世界城市展望：2014 年版》中，对中国 2015—2050 年的城镇化率也进行了预测。

将基于 OLS 预测模型、基于 ARMA 模型的结果，与联合国预测结果进行比较（见表 4－11 和图 4－15），可以发现：三种预测结果的共同特点是都表现为 S 型，在 2026 年以前三种方法预测结果相差不大；2026 年以后，基于 ARMA 模型的预测结果最高，基于 OLS 模型的预测结果居中，联合国的预测结果最低。基于联合国的预测，2033 年中国城镇化率首次突破 70%；基于 OLS 模型的预测，2029 年首次突破 70%；基于 ARMA（1，4）模型的预测，2027 年就首次突破 70%。

基于上述方法，本研究对 2016－2050 年中国城镇化率进行预测，结果见表 4－11。预测步骤：（1）确定关键时间点的城镇化率。2030 年的城镇化率，取联合国方法、OLS 方法、ARMA（1，4）、ARMA（3，2）四种方法的均值 70.50%。2050 年的城镇化率，OLS 方法和 ARMA（1，4）结果明显偏高，仅取联合国方法、ARMA（3，2）两种方法的均值 79.36%。（2）修正各个年份城镇化率增量值。以 2015 年 56.10%、2030 年 70.50%、2050 年 79.36% 为节点，对以四种方法城镇化率增量的均值按一定比例进行修正（修正系数为相邻两个时间节点的按四种方法计算均值之差除以上述关键时间点的差值）。（3）求出各个年份的预测值。距离关键时间点第 N 年的预测值 = 各个关键时间点的值 + N 年城镇化率增量修正值的累计值。

表 4－11　2016—2050 年中国城镇化率预测结果比较

年份	联合国方法	OLS 方法	ARMA（1，4）	ARMA（3，2）	本书预测	年份	联合国方法	OLS 方法	ARMA（1，4）	ARMA（3，2）	本书预测
2016	56.78	55.83	57.52	54.84	57.19	2034	70.71	74.72	78.05	71.59	72.71
2017	57.90	56.99	58.81	55.83	58.26	2035	71.11	75.60	78.96	72.41	73.22
2018	58.99	58.14	60.09	56.77	59.30	2036	71.47	76.46	79.85	73.21	73.71
2019	60.03	59.29	61.36	57.81	60.35	2037	71.79	77.30	80.70	74.02	74.19
2020	61.03	60.42	62.62	58.79	61.37	2038	72.12	78.12	81.53	74.79	74.65
2021	61.98	61.54	63.86	59.72	62.36	2039	72.44	78.91	82.34	75.54	75.10

续表

年份	联合国方法	OLS 方法	ARMA (1，4)	ARMA (3，2)	本书预测	年份	联合国方法	OLS 方法	ARMA (1，4)	ARMA (3，2)	本书预测
2022	62. 90	62. 65	65. 09	60. 74	63. 36	2040	72. 76	79. 69	83. 11	76. 31	75. 55
2023	63. 77	63. 75	66. 29	61. 69	64. 32	2041	73. 07	80. 44	83. 86	77. 04	75. 98
2024	64. 60	64. 84	67. 48	62. 61	65. 26	2042	73. 39	81. 17	84. 58	77. 74	76. 40
2025	65. 39	65. 90	68. 65	63. 60	66. 19	2043	73. 70	81. 88	85. 27	78. 46	76. 81
2026	66. 14	66. 96	69. 79	64. 53	67. 10	2044	74. 01	82. 57	85. 94	79. 14	77. 20
2027	66. 85	67. 99	70. 91	65. 42	67. 98	2045	74. 31	83. 24	86. 59	79. 80	77. 59
2028	67. 52	69. 01	72. 01	66. 37	68. 85	2046	74. 62	83. 89	87. 20	80. 46	77. 96
2029	68. 15	70. 01	73. 08	67. 27	69. 69	2047	74. 92	84. 52	87. 80	81. 10	78. 33
2030	68. 74	70. 99	74. 13	68. 13	70. 50	2048	75. 22	85. 12	88. 37	81. 71	78. 68
2031	69. 29	71. 95	75. 15	69. 04	71. 08	2049	75. 52	85. 71	88. 92	82. 33	79. 03
2032	69. 80	72. 89	76. 14	69. 90	71. 64	2050	75. 81	86. 28	89. 44	82. 91	79. 36
2033	70. 27	73. 82	77. 11	70. 73	72. 18						

资料来源：本书预测以及 United Nations，Department of Economic and Social Affairs，Population Division（2014）. *World Urbanization Prospects*：*The* 2014 *Revision*，CD-ROM Edition.

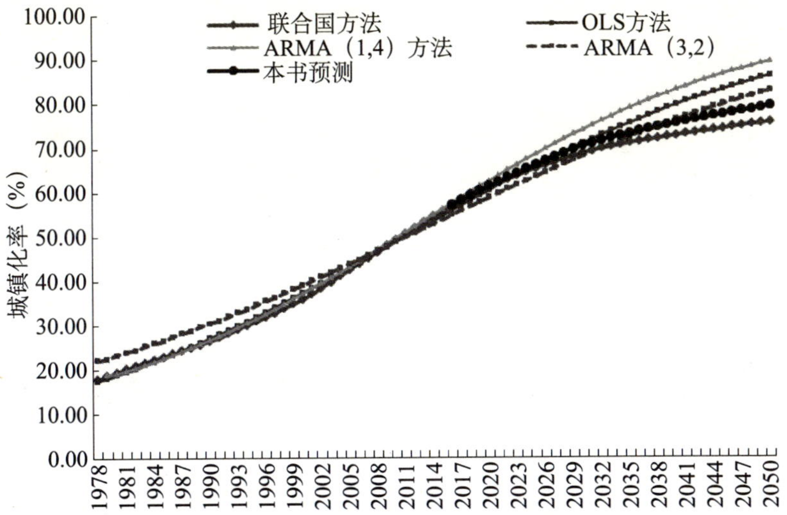

图 4－15　2016—2050 年中国城镇化率预测结果比较

综合上述各种预测方法，2030 年前后中国城镇化率可达 70%。根据前面的讨论，中国在 2030 年前后中国将出现总人口的峰值，峰值为 14.5 亿人。到 2030 年，中国城镇人口将达到一个新的水平：14.5 亿人 ×70% =10.15 亿人。2015 年中国已有城镇人口 7.71 亿人。2016—2030 年期间尚需新增 2.44 亿左右的城镇人口。可见，各类城市和建制镇，要吸纳乡村人口进城的数量十分庞大，城市和建制镇吸纳人口的任务十分艰巨。

第5章

中国市镇的人口吸纳能力变迁

新中国成立以来，中国先后实行了极为严厉的“抑大崇小”、相对温和的“控大促小”、注重质量的“多元协调”市镇发展政策。中国城市和建制镇取得了长足发展，吸纳城镇人口存量的能力持续增强。然而，在不同的发展阶段，城市和建制镇的相对吸纳能力发生了较大变化。未来，中国城市对新增城镇人口的相对吸纳能力将持续增强，而建制镇的相对吸纳能力将趋于下降。为从整体上考察市镇对城镇人口的吸纳能力，本章对城市和建制镇吸纳城镇人口情况进行比较分析。

一、中国城市和建制镇发展政策变迁

新中国成立以来，中国城市和建制镇发展政策大致经历了三个阶段：极为严厉的“抑大崇小”发展政策、相对温和的“控大促小”发展政策、注重质量的“多元协调”发展政策。

（一）极为严厉的“抑大崇小”市镇发展政策

1949—1977 年期间，中国实行了极为严厉的“抑大崇小”市镇发展政策。这一时期，中国历经了“三年恢复”和“一五”时期短暂的平稳发展、三年“大跃进”和随后的国民经济调整、“大三线”和“小三线”建设、“文化大革命”等阶段，城市发展缓慢，城镇化进程大起大落。在计划经济体制下，中国实施的工业发展布局政策与城镇化正常发展要求是相悖的。特别是在“三线”建设时期，国家出于对国际形势考量以及备战备荒要求，对工业布局强调“大分散、小集中”，对工厂布点要求“靠山、分散、隐蔽”。与分散的工业布局要求对应，这一时期的城市规模政策也就是“城市发展规模不宜过大”、“新建城市要控制在几万至十几万人口的范围内”、“要多搞小城镇”。为控制人口向城市流动，中国实施了非常严格的固定户籍管理政策、人口流动限制政策，甚至一度取消了城市规划（周一星，1995）。

（二）相对温和的“控大促小”市镇发展政策

1978—1999 年期间，中国实行了偏向小城镇的“控大促小”市镇发展政策。改革开放后，中国对工业化和城镇化道路进行了深刻反思，城镇化进程开始逐步走向正常轨道。不过，这一时期的城市发展政策仍然具有明显倾向于优先发展小城镇的特点。1978 年 3 月召开的全国第三次城市工作会议提出，要防止大城市膨胀成新的特大城市，中等城市要避免发展成为大城市。20 世纪 80 年 12 月，全国城市规划工作会议纪要提出了城市发展的基本方针：控制大城市规模，合理发展中等城市，积极发展小城市。20 世纪 80 年代中期，中国政府和学界都强调“小城镇，大问题”。1989 年 12 月通过的《中华人民共和国城市规划法》以法律形式规定了中国城市发展方针：“严格控制大城市规模、合理发展中等城市和小城市”。20 世纪 90 年代末，“小城镇，大问题”进一步上升为“小城镇，大战略”。

除了小城镇外，这一时期对中小城市也持积极发展态度。然而，随着市场经济体制的建立和完善，中国城市调控政策也开始逐步松动，大城市和特大城市仍然取得了较快发展。1978—1999 年中国城市和建制镇发展政策变迁情况见表 5-1。

表 5-1　1978—1999 年中国城市和建制镇发展政策变迁

相关政策文件	市镇发展政策相关内容
1978 年 3 月，全国第三次城市工作会议《关于加强城市建设工作的意见》	大城市的规模一定要控制；50 万以上人口的大城市要严格控制，切实防止膨胀成新的特大城市；中等城市要避免发展成为大城市
1980 年 12 月，国务院批转的《全国城市规划工作会议纪要》	控制大城市规模、合理发展中等城市、积极发展小城市是我国城市发展的基本方针
1989 年 12 月，《中华人民共和国城市规划法》	国家实行严格控制大城市规模、合理发展中等城市和小城市的方针，促进生产力和人口的合理布局
1998 年 10 月，《中共中央关于农业和农村工作若干重大问题的决定》	发展小城镇，是带动农村经济和社会发展的一个大战略，有利于乡镇企业相对集中，更大规模地转移农村富余劳动力，避免向大中城镇盲目流动；有利于提高农民素质，改善生活质量；也有利于扩大内需，推动国民经济更快增长
1999 年 11 月，中央经济工作会议	发展小城镇是一个大战略

资料来源：根据政府相关文件整理。

（三）注重质量的“多元协调”市镇发展政策

2000 年以来，中国越来越重视城市功能和城镇化质量，实行大中小城市和小城镇“多元协调”发展政策。这一时期的市镇发展政策具有三个显著特征：一是逐步淡化单一的城市规模控制政策。2007 年 10 月，全国人大常委会通过了《中华人民共和国城乡规划法》，取消了原来《中华人民共和国城市规划法》关于城市发展方针的相关表述，2015 年 4 月修订该法律时仍然未见有关城市规模政策的表述。二是强调大中小城市和小城镇协调发展。2001 年制定的国民经济和社会发展“十五”计划纲要提出，“走符合我国国情，大中小城市和小城镇协调发展的多样化城镇化道路”。“十一五”、“十二五”、“十三五”规划纲要等文件也都强调大中小城市和小城镇协调发展。三是强调城镇化健康发展，对城市功能提升越来越重视。党的十八大报告提出，要“科学规划城市群规模和布局，增强中小城市和小城镇产业发展、公共服务、吸纳就业、人口聚集功能”。此外，近年来的中央经济工作会议、政府工作报告、《国家新型城镇化规划（2014—2020 年）》和中央城市工作会议等也对城镇化健康发展、城市功能优化提出相关政策要求。2000 年以来中国城市和建制镇发展政策变迁情况见表 5 – 2。

表 5 – 2　2000 年以来中国城市和建制镇发展政策变迁

相关政策文件	市镇发展政策相关内容
2001 年 3 月，《中华人民共和国国民经济和社会发展第十个五年计划纲要》	走符合我国国情、大中小城市和小城镇协调发展的多样化城镇化道路，逐步形成合理的城镇体系；有重点地发展小城镇，积极发展中小城市，完善区域性中心城市功能，发挥大城市的辐射带动作用，引导城镇密集区有序发展；防止盲目扩大城市规模
2006 年 3 月，《中华人民共和国国民经济和社会发展第十一个五年规划纲要》	坚持大中小城市和小城镇协调发展，提高城镇综合承载能力，按照循序渐进、节约土地、集约发展、合理布局的原则，积极稳妥地推进城镇化，逐步改变城乡二元结构
2007 年 10 月颁布、2015 年 4 月修订的《中华人民共和国城乡规划法》	在新的城乡规划法里，取消了关于城市规模政策的相关表述
2011 年 3 月，《中华人民共和国国民经济和社会发展第十二个五年规划纲要》	按照统筹规划、合理布局、完善功能、以大带小的原则，遵循城市发展客观规律，以大城市为依托，以中小城市为重点，逐步形成辐射作用大的城市群，促进大中小城市和小城镇协调发展

续表

相关政策文件	市镇发展政策相关内容
2012年11月，党的十八大报告《坚定不移沿着中国特色社会主义道路前进，为全面建成小康社会而奋斗》	科学规划城市群规模和布局，增强中小城市和小城镇产业发展、公共服务、吸纳就业、人口聚集功能
2012年12月，中央经济工作会议	积极稳妥推进城镇化，着力提高城镇化质量……要构建科学合理的城市格局，大中小城市和小城镇、城市群要科学布局，与区域经济发展和产业布局紧密衔接，与资源环境承载能力相适应
2013年3月，《国务院政府工作报告》	要遵循城镇化的客观规律，积极稳妥推动城镇化健康发展。坚持科学规划、合理布局、城乡统筹、节约用地、因地制宜、提高质量。特大城市和大城市要合理控制规模，充分发挥辐射带动作用；中小城市和小城镇要增强产业发展、公共服务、吸纳就业、人口集聚功能
2013年11月，《十八届三中全会关于全面深化改革若干重大问题的决定》	坚持走中国特色新型城镇化道路，推进以人为核心的城镇化，推动大中小城市和小城镇协调发展、产业和城镇融合发展，促进城镇化和新农村建设协调推进。优化城市空间结构和管理格局，增强城市综合承载能力
2014年3月，《国家新型城镇化规划（2014—2020年）》	紧紧围绕全面提高城镇化质量，加快转变城镇化发展方式，以人的城镇化为核心，有序推进农业转移人口市民化；以城市群为主体形态，推动大中小城市和小城镇协调发展；以综合承载能力为支撑，提升城市可持续发展水平；以体制机制创新为保障，通过改革释放城镇化发展潜力，走以人为本、四化同步、优化布局、生态文明、文化传承的中国特色新型城镇化道路
2015年12月，中央城市工作会议	坚持以人为本、科学发展、改革创新、依法治市，转变城市发展方式，完善城市治理体系，提高城市治理能力，着力解决城市病等突出问题，不断提升城市环境质量、人民生活质量、城市竞争力，建设和谐宜居、富有活力、各具特色的现代化城市，提高新型城镇化水平，走出一条中国特色城市发展道路

续表

相关政策文件	市镇发展政策相关内容
2016年3月，《中华人民共和国国民经济和社会发展第十三个五年规划纲要》	加快构建以陆桥通道、沿长江通道为横轴，以沿海、京哈京广、包昆通道为纵轴，大中小城市和小城镇合理分布、协调发展的“两横三纵”城市化战略格局。加快城市群建设发展，增强中心城市辐射带动功能，加快发展中小城市和特色镇

资料来源：根据政府相关文件整理。

二、中国城市和建制镇的发展过程

中国城市和建制镇发展历史悠久，一批古都城市享誉世界，然而中国城市和建制镇在近代的发展落后于世界，直到改革开放以后才真正进入正常发展轨道，并获得了长足发展。

（一）中国城市的发展过程

中国城市发展历史悠久，源远流长。据有关考证，早在距今4000~5000年的龙山文化时期，中国就出现了城市的萌芽——城堡。历史上，中国涌现出了长安、开封、洛阳、杭州、北京、南京等一批享誉世界的都城。然而，近代中国城市发展严重落后。1949年各类建制市仅有132座。新中国成立以后，城市数量逐步增加，1961年增加到208座。1962—1964年期间，由于国民经济调整的需要，中国城市数量不增反减，1964年减少到167座。“文化大革命”时期，中国城市数量增长缓慢，至1978年才增加到193座城市。

改革开放以来，中国城镇化进程开始进入到正常发展轨道，城市与经济社会快速发展势头基本同步，1996年中国城市数量增加到666座。1997年以后，中国暂停城市设置工作，城市数量基本保持稳定，2015年为656座。1949—2015年中国城市和建制镇的数量见图5-1。然而，单个城市土地面积规模却不断在扩大。1996—2014

年，中国城市建成区面积从2.02万平方千米增加到4.98万平方千米，城市建设用地面积从1.90万平方千米增加到5.00万平方千米，平均每个城市的城市建成区面积从30.35平方千米增加到76.19平方千米，城市建设用地面积从28.53平方千米增加到75.87平方千米，分别增长了151%、166%。

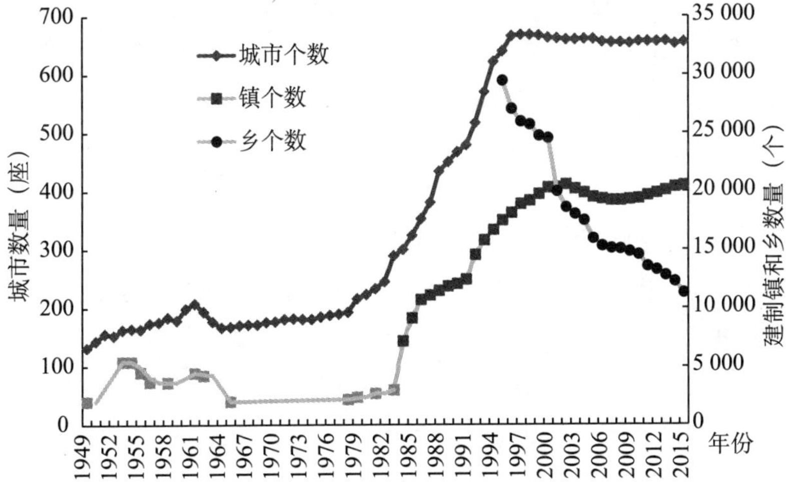

图5-1　1949—2015年中国城市和建制镇的数量

资料来源：1978年以前的数据来自《新中国城市50年》，以及蒲善新．中国建制镇的形成与展望（二）［J］．村镇建设，1998年（1）；1978年以后的数据来自《中国民政统计年鉴2015》、《中国统计摘要2016》。

(二) 中国建制镇的发展过程

中国建制镇的起源也比较早。据《魏书·韩均传》记载，早在北魏孝文帝（公元471—499年）时期，中国就开始有镇的称谓，"设官将禁防者谓之镇"。但直到1909年，建制镇才正式作为一级基层行政单位。1909年1月，清政府颁布的《城镇乡地方自治章程》明确规定，"凡府厅州县治城厢地方为城，其余市镇村庄屯集等各地方，人口满五万以上者为镇，人口不满五万者为乡"。1949

年，中国建制镇只有2 000个左右（吴康、方创琳，2009）。新中国成立之初，国家尚无相关法规明确规定镇的行政地位和设置标准，乡、镇、集镇的隶属关系相对混乱。

新中国成立以后，建制镇发展大体经历了四个阶段：过渡调整阶段（1949—1961年）、萎缩停滞阶段（1962—1983年）、快速扩张时期（1984—2000年）、稳定发展时期（2001年以来）（魏后凯，2010）。从图5－1可看出，1949—1965年，中国建制镇数量的变化大起大落，总体表现为“M”型。1966—1978年，中国建制镇处于停滞发展状态，建制镇数量基本保持在2 000个左右。1979—1983年建制镇数量开始增多，特别是1984年以来建制镇如雨后春笋般大量涌现，至2001年建制镇数量达20 358个，相当于新中国成立之初和“文化大革命”时期的10倍。2001年，中国建制镇的数量首次超过了乡的数量。进入21世纪以来，中国乡的数量持续快速萎缩，而建制镇的数量呈现出“先减后增”态势，基本稳定在2万个左右，2015年中国拥有建制镇20 515个。可见，中国建制镇在基层政府组织中的地位在不断上升。

三、中国市镇对城镇人口的吸纳能力

新中国成立以来，中国城市和建制镇对城镇人口的吸纳能力不断增强，大量乡村人口进入到城市和建制镇安居乐业。然而，在不同的阶段，城市和建制镇对新增城镇人口的吸纳能力是不一样的。

（一）中国市镇人口数据的修订

在测算城市和建制镇对城镇人口的吸纳能力之前，必须对相关数据进行适当处理。全国人口普查资料是有关人口统计的最权威、最系统、最完整的资料。在全国人口普查数据的基础上，开展有关市镇对城镇人口的吸纳能力研究，完全是可行的。1953 年以来，中国已开展了六次全国人口普查。在历次全国人口普查中，由于有关城镇人口的统计口径不断调整，特别是城市郊区范围的不断扩大可能会在一定程度上影响到城镇人口数据的纵向可比性。为此，有必要对历次人口普查的市人口和镇人口数据进行修正。

从新中国成立到改革开放初期，由于在设置市镇时采取了“切块设市”、“切块设镇”的方法，城市和建制镇的郊区范围较小，因此市镇辖区范围内的全部人口基本上等同于城镇人口。当然，在市镇郊区会存在少量农业人口，但其农业已不再是传统自给自足的农业，而主要是为城镇服务的城郊型农业，这部分城郊农业人口仍可视为城镇人口。因此，在处理 1953 年、1964 年、1982 年的人口普查资料数据时，可以将市镇辖区的全部人口定义为城镇人口。1982 年以来，城市和建制镇数量急剧上升，不少城市和建制镇是通过“整县设区”、“整县设市”、“整乡设镇”等方式实现的，一些乡村地区也被纳入到城市和建制镇的辖区范围之中，于是市镇辖区的人口与理论意义上的城镇人口发生了一定程度的偏离。因此，必须对市镇辖区的人口进行适当修订，才符合城镇化的本来含义。

基于上述分析，可分三个步骤对相关年份的市人口和镇人口数据进行修订。首先，合理确定修订城镇人口数据的参考标准。确定修订参考标准时，必须要兼顾资料数据的时效性和权威性。从时效性来看，应是最新的统计资料，其中包含了全国历次人口普查的城镇人口数据。从权威性来看，应是国家统计局正式发布的统计资料。由国家统计局编写的《中国统计年鉴 2012》列出了六次全国人口普查的城镇人口数据，并且与相应年份发布的全国人口普查资料中关于城镇人口的原始数据有所不同，显然是最新修订调整的。鉴于时效性和权威性要求，可以将《中国统计年鉴 2012》中的城镇人口数据作为修订市镇人口数据的基本参照系。其次，采取恰当的方法分别对相关年份的数据进行修订。最后，对修订结果进行检验。如果修订结果与参考标准的误差率控制在2%的范围内（最大误差率不超过5%），就通过检验。按照上述思路和步骤，对相关年份的数据进行修订，结果如表5-3所示。

表5-3 关于历次人口普查中市人口和镇人口数据的修订

		市人口（万人）	镇人口（万人）	市镇人口合计（万人）	城镇人口（参考标准）（万人）	误差率（%）
1953年	原始数据	5 249	3 372	8 621	7 726	11.58
	分组汇总	5 249	3 372	8 621	7 726	11.58
	修正数据	4 353	3 372	7 725	7 726	-0.004
1964年	原始数据	6 839	2 952	9 791	12 710	-22.97
	分组汇总	9 038			12 710	
	修正数据	9 038	3 912	12 950	12 710	1.89
1982年	原始数据	14 525	6 106	20 631	20 631	0
	分组汇总	14 525	6 106	20 631	20 632	-0.005
1990年	原始数据（第一口径）	33 504	26 651	60 155	29 971	100.71
	原始数据（第二口径）	21 122	8 492	29 614	29 971	-1.19
2000年	原始数据	29 263	16 614	45 877	45 844	0.07
2010年	原始数据	40 376	26 625	67 001	66 557	0.67

注：1. 误差率=（市镇人口合计/城镇人口-1）×100%。2. 根据全国第一次人口普查数据，1953年全国城镇人口为7 726万人，全国市人口5 249万人，建制镇人口3 372万人，两者相加多于全国城镇人口895万人，这些多出的人口为市郊区的农业人口。为了增强纵向可比性，将这895万人从市人口中扣除。3. 1990年第一口径：市人口是指市管辖区域内的全部人口（含市辖镇，但不含市辖县），镇人口是指县辖镇的全部人口（不含市辖镇）；第二口径：市人口是指设区的市所辖区的全部人口和不设区的市所辖的街道人口，镇人口是指不设区的市所辖镇的居民委员会人口和县辖镇的居民委员会人口。

资料来源：根据《中国统计年鉴》（2012）、《中国人口统计年鉴》（1988、1991）以及《中国1982年人口普查资料》、《中国1990年人口普查资料》、《中国2000年人口普查资料》、《中国2010年人口普查资料》等计算整理。

（1）关于1953年市镇人口数据的修订。在1953年全国人口普查资料中，市人口、镇人口的原始数据分别为5 249万人、3 372万人（分规模汇总的市人口和镇人口也刚好等于5 249万人、3 372万人），如果扣除市郊区的农业人口895万人，那么市人口修订为4 353万人，市镇人口合计为7 725万人，非常接近参照标准的7 726万人，误差率几乎为0。

（2）关于1964年市镇人口的修订。在1964年全国人口普查资料中，如果用“市镇辖区的非农业人口”这一口径计算，市人口、镇人口的原始数据分别为6 839万人、2 952万人，那么市镇人口之和为9 791万人，比参考标准低22.97%，显然不符合要求。如果按“市辖区全部人口”这一口径计算，1964年分规模的各城市人口之和为9 038万人，而1964年市镇人口总和为12 950万人[1]，因此镇人口可推算为3 912万人。市镇人口之和比参考标准12 710万人高1.89%，尚在误差容许范围之内。

（3）关于1982年市镇人口的修订。1982年恢复使用“市镇辖区的全部人口”这一口径，其市、镇人口原始数据，以及分组的各市各镇加总数据，几乎与参照标准完全相同，因此不用修订。

（4）关于1990年市镇人口的修订。如果以第一口径计算，1990年的市、镇人口分别为33 504万人、26 651万人，市镇人口之和超出参照标准1倍多，显然不符合将误差率控制在合理范围的要求。如果以第二口径计算，市人口和镇人口分别为2 112万人、8 492万人，市镇人口之和比参照标准低1.19%，尚在误差容许范围内。因此，应采用第二口径。

（5）关于2000年和2010年市镇人口的修订。在2000年和2010年人口普查资料中，市人口和镇人口的统计口径比较合理。2000年市镇人口之和，比参照标准高0.07%，在误差容许范围内，因此不用修正。2010年市镇人口之和，比参照标准高0.67%，在误差容许范围内，因此不用修正。

---

[1] 数据引自《中国人口统计年鉴1991》，第347页。

（二）中国市镇对城镇人口的吸纳能力

1. 中国市镇对城镇人口的静态吸纳能力

从吸纳城镇人口的绝对数量来看，1953—2010 年期间，城市吸纳的城镇人口数量一直都大于建制镇吸纳的城镇人口数量。城市吸纳的城镇人口数量从 4 353 万人提高到 40 376 万人，提高了 8. 28 倍。建制镇吸纳的城镇人口数量从 3 372 万人提高到26 625万人，提高了 6. 89 倍。城市与建制镇吸纳城镇人口数量的绝对差距从 981 万人扩大到 13 751 万人。1953—2010 年中国城市与建制镇吸纳城镇人口数量情况见图 5 –2。

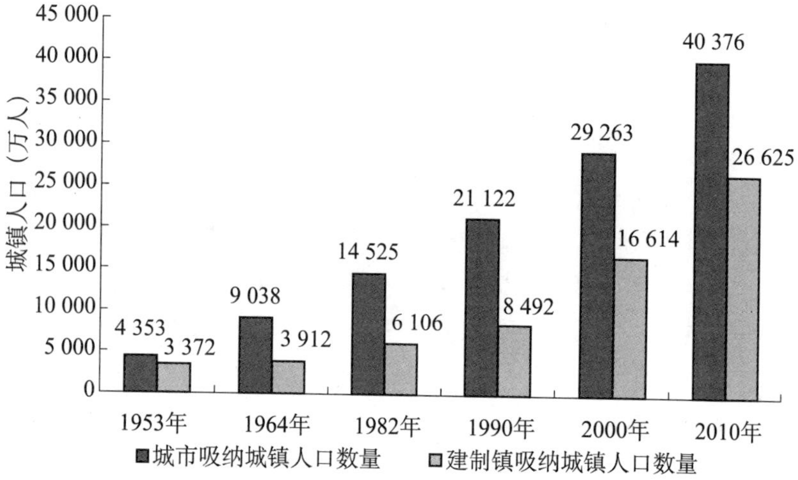

图 5 –2　1953—2010 年中国城市与建制镇吸纳城镇人口数量

资料来源：根据表 5 –3 计算绘制。

从吸纳城镇人口比重来看，城市吸纳城镇人口的比重一直大于建制镇吸纳城镇人口的比重。1953—2010 年中国城市与建制镇吸纳城镇人口比重见图 5 –3。1953—2010 年，城市吸纳城镇人口的比重表现为倒 “U” 型曲线：1953—1964 年城市吸纳城镇人口比重迅速从 56. 3% 提高到 69. 8%；1964—1990 年该比重稳定保持在 70% 左右；1990—2010 年该比重持续下降到 60. 3%，其中，1990—2000

年下降了 7.5 个百分点，2000—2010 年下降了 3.5 个百分点。与城市吸纳城镇人口比重刚好相反，建制镇吸纳城镇人口的比重表现为“U”型曲线：1953—1964 年所占比重从 43.7% 迅速下降到 30.2%，1964—1990 年基本保持在 30% 左右，1990—2010 年则持续上升，2010 年上升至 39.7%。城市和建制镇所占比重的差值先扩大后缩小，1953 年两者仅相差 12.7 个百分点，1990 年扩大到 42.6 个百分点，2010 年则缩小至 20.5 个百分点。

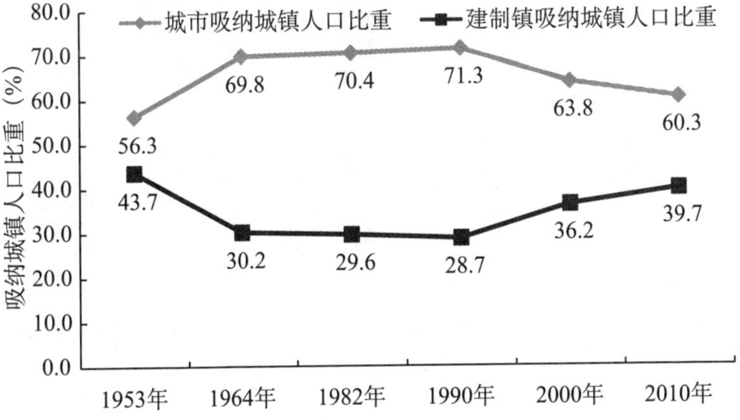

图 5-3　1953—2010 年中国城市与建制镇吸纳城镇人口比重

资料来源：根据表 5-3 计算绘制。

2. 中国市镇对新增城镇人口的动态吸纳能力

从吸纳新增城镇人口数量来看，中国城市和建制镇在大多数时期的动态吸纳能力在不断增强。1953—2010 年中国城市与建制镇年均吸纳新增城镇人口数量见图 5-4。1953—1964 年城市平均每年吸纳新增城镇人口 426 万人，1964—1982 年下降至 305 万人，1982—2000 年平均每年吸纳 820 万人左右，2000—2010 年则提高到平均每年吸纳 1 111 万人。建制镇的动态吸纳能力则持续增强，1953—1964 年平均每年吸纳新增城镇人口仅 49 万人，1964—1982 年年均吸纳 122 万人，1982—1990 年上升至年均吸纳 298 万人，1990—

2000 年则上升至 812 万人，几乎追赶上城市吸纳新增城镇人口数量，2000—2010 年平均每年吸纳 1 001 万人。由此可见，改革开放以前，中国的市镇对城镇人口的吸纳能力比较弱；而改革开放以来，中国市镇对新增城镇人口的吸纳能力大幅增强。

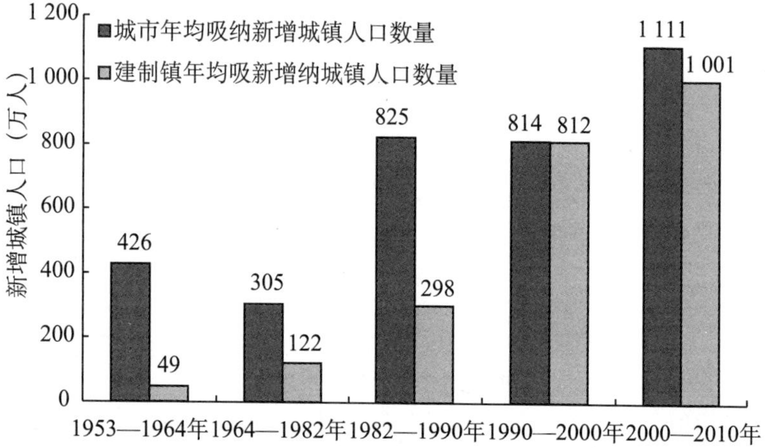

图 5－4　1953—2010 年中国城市与建制镇年均吸纳新增城镇人口数量

资料来源：根据表 5－3 计算绘制。

从吸纳新增城镇人口的相对比重来看，大致以 1990 年为界，城市与建制镇对城镇人口的相对吸纳能力可分成两个阶段。

第一阶段：1990 年以前，城市的相对吸纳能力明显大于建制镇的相对吸纳能力。1953—1990 年，城市吸纳了全国 3/4 以上的新增城镇人口；而建制镇对新增城镇人口的吸纳能力相对较弱，吸纳新增城镇人口比重不足 1/4。其中，1953—1964 年期间，城市吸纳了全国新增城镇人口的 89. 7%；而建制镇对新增城镇人口仅吸纳了全国 10. 3% 的新增城镇人口。1964—1982 年期间，城市吸纳了全国 71. 4% 的新增城镇人口，另外 28. 6% 则由建制镇所吸纳。1982—1990 年期间，城市的相对吸纳能力略有增强，吸纳新增城镇人口的比重上升到 73. 4%，而建制镇的相对吸纳能力略有下降，吸纳新增城镇人口的比重比 1964—1982 年期间的比重下降了 2. 5 个百分点。

第二阶段：1990 年以后，城市和建制镇的相对吸纳能力比较接近。1990—2010 年，城市吸纳全国新增城镇人口的比重为 51.5%，相对 1982—1990 年期间的吸纳比重下降了 20 多个百分点；而建制镇的相对吸纳能力大幅增强，几乎发展到与城市的人口吸纳能力势均力敌的程度。1990—2000 年期间，建制镇数量迅速增加，而城市数量自 1996 年以后基本保持稳定，因此建制镇吸纳新增人口的比重上升至 49.9%，而城市吸纳新增城镇人口的比重下降至 50.1%。2000—2010 年期间，城市和建制镇的数量均保持基本稳定，其中城市数量减少了 6 个（相当于减少城市数量的 0.90%），建制镇的数量则减少了 902 个（相当于减少建制镇数量的 4.44%），因而城市的相对吸纳能力略有回升，吸纳新增城镇人口的比重提高了 2.5 个百分点；而建制镇的相对吸纳能力略有下降。

1953—2010 年中国城市与建制镇吸纳新增城镇人口比重情况见图 5－5。

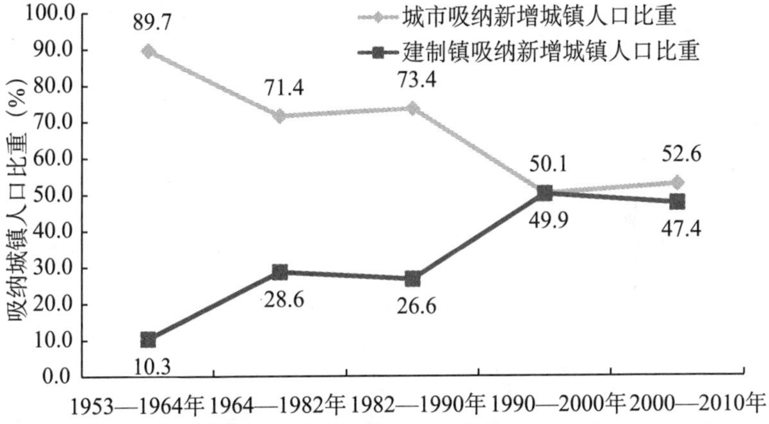

图 5－5　1953—2010 年中国城市与建制镇吸纳新增城镇人口比重

资料来源：根据表 5－3 计算绘制。

3. 中国市镇吸纳新增城镇人口的弹性指数

从吸纳新增城镇人口的弹性指数来看，以 1990 年为界，中国城市和建制镇的吸纳能力发生了重大变化。

第一阶段：1990 年以前，中国城市的人口吸纳弹性指数大于 1，建制镇的人口吸纳弹性指数小于 1，表明城市对新增城镇人口的吸纳能力大于建制镇的吸纳能力。其中，1953—1964 年期间，城市的吸纳弹性指数高达 1.59，而建制镇的吸纳弹性指数仅为 0.24，两者差距十分显著；1964—1982 年、1982—1990 年这两个时间段内，城市的人口吸纳弹性指数仅略高于建制镇的人口吸纳弹性指数，表明城市与建制镇的相对吸纳能力在缩小。

第二阶段：1990 年以来，建制镇的人口吸纳弹性指数大于 1，城市的人口吸纳弹性指数小于 1，表明建制镇对新增城镇人口的吸纳能力大于城市的吸纳能力。其中，1990—2000 年期间，城市的人口吸纳弹性指数降至 0.70，而建制镇的弹性指数上升至 1.74；2000—2010 年期间，城市的弹性指数回升至 0.82，而建制镇的弹性指数下降至 1.31。

1953—2010 年中国城市与建制镇吸纳新增城镇人口弹性指数见图 5－6。

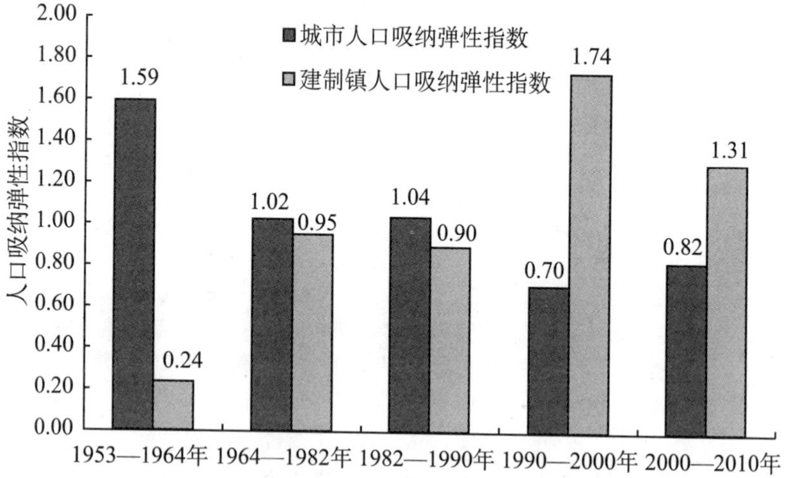

图 5－6　1953—2010 年中国城市与建制镇吸纳新增城镇人口弹性指数

资料来源：根据表 5－3 计算绘制。

（三）中国市镇对城镇人口的吸纳趋势

为精准把握城市和建制镇吸纳新增城镇人口的未来趋势，以中国城乡建设统计年鉴数据为参照，对2007—2010年、2010—2014年两个时间段的市镇人口情况进行整理，数据如表5－4所示。

表5－4　2007—2014年中国市镇人口吸纳情况

单位：万人、%

	时期	城区人口	城区暂住人口	城区人口＋暂住人口	市人口修正	镇人口	市人口比重	镇人口比重
年度	2007年	33 577	3 474	37 051	37 903	22 730	62.5	37.5
	2008年	33 471	3 517	36 988	37 838	24 565	60.6	39.4
	2009年	34 069	3 605	37 674	38 540	25 972	59.7	40.3
	2010年	35 374	4 095	39 469	40 376	26 602	60.3	39.7
	2011年	35 426	5 477	40 902	41 843	27 236	60.6	39.4
	2012年	36 990	5 237	42 227	43 197	27 985	60.7	39.3
	2013年	37 697	5 621	43 318	44 314	28 797	60.6	39.4
	2014年	38 577	5 952	44 528	45 551	29 365	60.8	39.2
年均增加	2007—2010年	599	207	806	824	1 291	39.0	61.0
	2010—2014年	801	464	1 265	1 294	691	65.2	34.8
	2007—2014年	714	354	1068	1093	948	53.6	46.4
弹性指数	2007—2010年			0.10	0.10	2.10		
	2010—2014年			1.08	1.08	0.88		

注：中国城乡建设统计年鉴上的城区人口、城区暂住人口分别为公安部门统计的户籍人口、暂住一年以上的人口数据，一般而言这两者之和略小于城区常住人口，2010年两者之和比2010年全国人口普查的市人口数据少2.25%，参照2010年普查数据修正市人口数据，镇人口数据为全国城镇人口数据减市人口修正数据。

资料来源：根据《中国城乡建设统计年鉴》（2007—2014）计算整理。

从吸纳城镇人口存量来看，2007—2014年城市和建制镇吸纳的城镇人口存量在持续增加，但建制镇吸纳城镇人口存量的比重在2009年达到40.3%之后，该比重在缓慢下降，2009—2014年下降了约1个百分点，而城市吸纳城镇人口存量的比重则在缓慢上升。

从吸纳新增城镇人口数量来看，以2010年为界，城市和建制镇的相对吸纳能力发生了重大变化。2007—2010年城市和建制镇年均吸纳新增人口数量分别为824万人、1 291万人，61.0%的新增城镇人口由建制镇所吸纳，而城市仅吸纳了39.0%的新增城镇人口。2010—2014年城市和建制镇年均吸纳新增人口数量分别为1 294万人、691万人，65.2%的新增城镇人口由城市所吸纳，而建制镇仅吸纳了34.8%的新增城镇人口。

从人口吸纳弹性指数看，2007—2010年建制镇的弹性指数明显高于城市的弹性指数，2010—2014年城市的弹性指数略高于建制镇的弹性指数。结合图5－6看，建制镇2000—2010年的弹性指数低于1990—2000年的弹性指数，呈现下降趋势。

综合来看，未来中国城市和建制镇吸纳城镇人口存量都将持续增加，但城市吸纳新增城镇人口的相对能力将不断增强，城市吸纳城镇人口存量的比重将不断上升；而建制镇吸纳新增城镇人口的相对吸纳能力将持续减弱，建制镇吸纳城镇人口存量的比重将缓慢地持续下降。

未来，城市的相对吸纳能力下降，而建制镇的相对吸纳能力上升，主要有以下几个原因：一是城市的规模效应更显著。城市能够提供更多的就业机会和更好的公共服务设施，吸引新增城镇人口不断进城，而绝大多数建制镇虽有较好的资源环境承载能力，但缺乏产业支撑，难以提供持续稳定的就业机会，公共服务设施发展也不足。二是城市规模扩张快于建制镇扩张。2007—2010年和2010—2014年期间，城区建成区面积的年均增长量要高于县城和建制镇建成区面积的年均增长量，特别是在2010—2014年期间更为明显。2007—2014年中国城区、县城建制镇和乡面积比较情况见表5－5。三是未来很可能重启设市工作。党的十八届三中全会明确指出，“完善设市标准，严格审批程序，对具备行政区划调整条件的县可有序改市”。

表5-5　2007—2014年中国城区、县城、建制镇和乡面积比较

单位：平方千米

	2007年	2010年	2014年	2007—2010年年均增长	2010—2014年年均增长	2007—2014年年均增长
城区面积	176 066	178 692	184 099	875	1 802	1 148
城区建成区面积	35 470	40 058	49 773	1 529	3 238	2 043
城区建设用地面积	36 352	39 758	49 983	1 136	3 408	1 947
县城面积	93 887	175 926	79 946	27 346	-31 993	-1 992
县城建成区面积	14 260	16 585	20 111	775	1 175	836
县城建设用地面积	14 680	16 405	18 694	575	763	573
建制镇建成区面积	28 434	31 789	37 946	1 118	2 052	1 359
乡建成区面积	7 589	7 512	7 223	-26	-96	-52

资料来源：根据《中国城乡建设统计年鉴》（2007、2010、2014）计算整理。

根据第4章预测，到2030年中国总人口将达14.5亿人，城镇化率达70%，城镇人口达10.15亿人，2015年中国已有城镇人口7.71亿人，2016—2030年期间将新增城镇人口2.44亿人。如果2016—2030年期间，建制镇和城市吸纳这2.44亿新增城镇人口的比重分别为30%、70%，那么到2030年中国城市将吸纳新增城镇人口1.71亿人，吸纳城镇人口存量6.27亿人，占总城镇人口的62%，建制镇将吸纳新增城镇人口0.73亿人，吸纳城镇人口存量3.67亿人，占总城镇人口的38%。

第6章

中国城市的人口吸纳能力变迁

中国地区差异较大，城市发展的自然条件和社会经济基础不尽相同，城市体系规模分布有其特殊之处。不同规模等级、不同区域、不同省域、不同城市群的城市在不同的历史时期会表现出不同的人口吸纳能力。本章以全国六次人口普查数据为基础，以地级及以上城市和县级市为样本，主要从分规模、分四大区域、分省域、分城市群等角度，详细考察城市对城镇人口的吸纳能力。

一、分城市的城镇人口数据整理

要分等级规模、分区域、分省域、分城市群深入研究城市对城镇人口的吸纳能力，首先必须解决的一个最基本的问题——获得分城市统计的城镇人口数据。鉴于统计口径等原因，获得合适的分城市人口数据是一件比较棘手的事情。下面，对有关中国城市人口的统计数据来源进行比较分析，具体情况见表6－1。

表 6－1　有关城市人口统计数据来源的比较

年鉴	统计口径	备注
中国人口和就业统计年鉴	全国和分省尺度的农业人口、非农业人口数据；全国和分省尺度的城市人口、镇人口、乡村人口抽样调查数据	抽样调查数据无法反映全貌；非农业人口与城镇人口数据差异越来越大
中国城市统计年鉴	分地级及以上城市的全市和市辖区的年末总人口和年平均总人口；分县级市年末总人口	年末总人口数为公安部门的户籍人口数
中国城乡建设统计年鉴	全国和分省尺度的市区人口、市区暂住人口；全国和分省尺度的城区人口、城区暂住人口数据（城区人口指公安部门统计的户籍人口；暂住人口为公安部门统计的离开常住户口所在市区或乡镇，到本市居住一年以上的人口，以公安部门统计的暂住人口为准）	“市区人口 + 市区暂住人口”这个口径明显偏大；“城区人口 + 暂住人口”略偏小，一些大城市的常住人口与户籍人口的差异较大
中国城市建设统计年鉴	全国和分省、分城市尺度的市区人口、市区暂住人口；全国和分省、分城市尺度的城区人口、城区暂住人口（2005 年及以前为城市人口）	同上
中国 2010 年人口普查分县资料	全国和分省、分城市、分县尺度的城镇人口、乡村人口数据	

资料来源：根据相关年鉴整理。

（1）中国人口和就业统计年鉴。历年的中国人口和就业统计年鉴有全国和分省尺度的农业人口数据和非农业人口数据。但非农业人口与城镇人口的统计差异越来越大。改革开放以前，由于通常采用“切块设市”和“切块设镇”的办法设置城镇，城市和建制镇的郊区范围较小，使用城市和建制镇范围的非农业人口数据大致还能客观反映城镇化的真实水平。但改革开放以后，由于采用“整县改市”或“整乡改镇”的办法设置城镇，城市和建制镇的行政地域范围中还包括了不少乡村。此外，由于中国户籍制度改革严重滞后，不少长期居住在城镇并且职业和生活方式都已发生转换的人口仍被统计为农业户口人口。实际上，这部分人口已完成从农民到市民的职业转换，从城镇化的实质内涵看，理应计入城镇人口范畴。1952—2014 年主要年份中国非农业人口比重与城镇化率比较见图 6－1。从图 6－1 可看出，1980 年以前非农业人口比重（非农业人口占户籍人口的比重）与城镇化率（城镇人口占常住人口的比重）两者差距基本保持在 2 个百分点以内，自改革开放以来两者差距不断扩大，特别是 1996—2014 年两者差值从 5.21 个百分点急剧扩大到 16.56 个百分点。由此可见，用非农业人口作为城镇人口的替代指标已经无法反映真实的城镇化进程。此外，中国人口和就业统计年鉴还有全国和分省尺度的城市人口、镇人口、乡村人口抽样调查数据，但抽样调查数据无法反映城市人口全貌，也不具有纵向和横向的可比性，因此不宜使用。

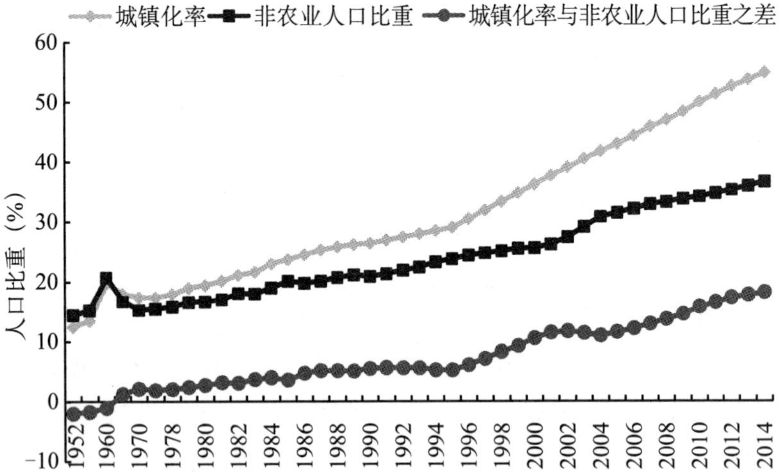

图 6－1　1952—2014 年主要年份中国非农业人口比重与城镇化率比较

资料来源：根据《中国卫生统计年鉴 2015》计算整理。

（2）中国城市统计年鉴。历年的中国城市统计年鉴有分地级及以上城市的全市和市辖区的年末总人口和年平均总人口、分县级市年末总人口数据。这为研究城市人口吸纳能力提供了一定的数据参考基础。但该年鉴数据是公安部门提供的户籍人口数据，而在城市尺度户籍人口与常住人口通常有一定的误差，特别是一些大城市常住人口明显多于户籍人口。此外，年末总人口中也包括了大量乡村人口，因此年末总人口也不是代替城镇人口的理想指标。

（3）中国城乡建设年鉴。历年的中国城乡建设年鉴有全国和分省尺度的市区人口、市区暂住人口，以及全国和分省尺度的城区人口、城区暂住人口数据。市区基本等同于市辖区概念，市区面积包括行政区域内的全部土地面积（包括水域面积，地级及以上城市不含市辖县和县级市面积），市区人口既包括城镇人口又包括乡村人口，因此市区人口的口径明显大于城镇人口的口径。城区是指街道办事处所辖地域，城市公共设施、居住设施和市政公用设施等连接到的其他镇（乡）地域，以及常住人口在 3 000 人以上独立的工矿区、开发区、科研单位、大专院校等特殊区域。因此，城区人口与城镇人口的统计地域范围基本相同。但城区人口是指公安部门统计的户籍人口；暂住人口是指公安部门统计的离开常住户口所在市区或乡镇，到本市居住一年以上的人口。由于人户分离，公安部门统计的暂住人口比居住本地半年以上的常住人口口径要小，因此，在城区人口和城区暂住人口之和通常要略小于城镇人口，在分类考察多个城市样本时可将城区人口和城区暂住人口之和作为城镇人口的参考指标。但中国城乡建设统计年鉴没有分城市的人口数据，所以不能做有关分城市规模的分析。

（4）中国城市建设统计年鉴。2006 年以来的中国城市建设统计年鉴有全国和分省、分城市尺度的市区人口、市区暂住人口，以及全国和分省、分城市尺度的城区人口、城区暂住人口。全国城市 2010 年的城区人口与城区暂住人口分别为 35 374 万人、4 095万人，两者之和为 39 468 万人，仅比普查数据的市人口

40 376万人低2.25%（见表6－2）。在进行总量和分类分析时，城市样本较多，城区人口和城区暂住人口之和可作为城镇人口的替代或参考指标。

表6－2 不同数据资源的2010年中国城市人口数据比较

数据来源	统计指标	2010年数据（万人）
中国人口和就业统计年鉴2011	农业人口	88 567.69
	非农业人口	45 963.70
中国城市统计年鉴2011	地级及以上城市市辖区年末总人口	38 866.02
	县级城市年末总人口	—
中国城乡建设统计年鉴2010	市区人口	67 324.79
	市区暂住人口	7 103.11
	城区人口	35 373.54
	城区暂住人口	4 095.26
中国城市建设统计年鉴2010	市区人口	67 324.79
	市区暂住人口	7 103.11
	城区人口	35 373.54
	城区暂住人口	4 095.26
中国2010年人口普查资料	市人口	40 376.00
	镇人口	26 624.56

资料来源：根据上述年鉴资料整理。

（5）中国人口普查分县资料。中国人口普查资料是最权威、最准确、最全面的有关人口数据资料。目前，国家统计局已经公布中国2010年人口普查分县资料，通过整理后可获得全国和分省、分城市、分县尺度的城镇人口、乡村人口数据。这为开展分等级规模的城市人口吸纳能力研究提供了很好的数据基础。

为解决分城市的城镇人口数据问题，本研究尝试做了一项基础工作，即从全国人口普查资料中整理出分城市统计的城镇人口数据，包括1990年、2000年和2010年三个典型年份的数据。为确保设区的城市（主要指地级及以上城市，东莞市、中山市等少数地级市未设区）与未设区的城市（主要指县级市）在空间范围上不重叠，在统计口径上具有较强的可比性，有必要对城市的地域范围进行重新定义：设区的城市包括该城市的市辖区的全部范围，但不包括该城市所辖的县和县级市；未设区的城市包括该城市的全部地域范围。这样处理，主要有三点好处：一是设区的城市和不设区的市都是基于区县级尺度的数据，大体处于同一层次。二是在设区的城市里排除了市辖县，使其更能体现城市的本来意义。三是在设区的城市里排除了下辖的县级市，避免了空间上重复统计的问题以及整体与局部的自比问题。按照上述关于城市地域范围的调整思路，将1990年地级及以上城市的城镇人口定义为人口普查资料中该市各市辖区的市人口与镇人口之和，县级市的城镇人口定义为该市的市域范围的市人口与镇人口之和；2000年和2010年地级及以上城市的城镇人口定义为各市辖区的城镇人口之和，县级市的城镇人口则定义为该市的城镇人口。1953年、1964年和1982年由于城市市辖区范围较小，市辖区人口与城镇人口相差不太大。按上述思路整理后，结果如表6-3、表6-4、表6-5所示。

表6-3　中国历次人口普查中城市的城镇人口数据统计特征

统计特征	1953年	1964年	1982年	1990年	2000年	2010年
城市数（座）	154	186	244	451	666	656
最大值（人）	6 204 417	6 423 017	6 320 829	8 061 799	13 459 634	20 217 748
最小值（人）	19 379	2 840	7 246	5 593	14 299	27 613
平均值（人）	317 747	535 086	592 870	492 614	524 431	726 212
中位数（人）	145 535	275 210	338 754	190 332	282 050	358 920
标准差	622 956	797 260	815 246	811 903	979 201	1 509 005

注：《中国2010年人口普查分县资料》中部分县级市的数量和名称与《中国城市统计年鉴2011》有稍许出入，主要有三点：一是经国务院批准民政部批复，云南省2010年新增了两个县级市，2010年9月10日撤销蒙自县设立蒙自市，2010年12月17日撤销文山县设立文山市。二是云南省2010年变更了一个县级市的名称，2010年7月12日经国务院批准将潞西市正式更名为芒市。三是江西省2010年新增了一个县级市，2010年9月，经国务院批准民政部批复，同意江西省设立共青城市。为与《中国城市统计年鉴》中的城市数量和名称保持一致，本表分别将蒙自县、文山县、潞西市的数据调整为蒙自市、文山市、芒市的数据，而共青城市由于区域范围发生变更、数据难以获得，本表未将其列入统计。

资料来源：根据历次全国人口普查分县资料计算整理。

表 6－4　1990 年、2000 年、2010 年中国部分城市的城镇人口（前 40 名）

单位：人

排名（降序）	1990 年		2000 年		2010 年	
	城市名称	市镇人口	城市名称	城镇人口	城市名称	城镇人口
1	上海市	8 061 799	上海市	13 459 634	上海市	20 217 748
2	北京市	7 362 425	北京市	9 876 661	北京市	16 446 857
3	天津市	5 855 068	广州市	7 547 467	重庆市	10 778 685
4	沈阳市	4 669 737	武汉市	6 787 482	深圳市	10 358 381
5	武汉市	4 040 250	天津市	6 755 403	广州市	9 702 144
6	广州市	3 935 195	深圳市	6 480 340	天津市	9 562 255
7	重庆市	3 127 161	重庆市	6 174 429	武汉市	7 541 527
8	哈尔滨市	2 990 915	沈阳市	4 596 785	东莞市	7 271 322
9	成都市	2 954 909	成都市	3 956 677	佛山市	6 771 895
10	西安市	2 872 558	东莞市	3 870 036	成都市	6 316 922
11	南京市	2 678 363	西安市	3 757 502	南京市	5 827 888
12	淄博市	2 484 206	南京市	3 510 887	沈阳市	5 718 232
13	大连市	2 483 783	哈尔滨市	3 460 012	西安市	5 206 253
14	济南市	2 403 946	大连市	2 872 048	杭州市	5 162 093
15	长春市	2 192 320	长春市	2 750 204	哈尔滨市	4 933 054
16	青岛市	2 101 809	青岛市	2 720 972	大连市	3 902 467
17	太原市	2 051 558	昆明市	2 635 638	郑州市	3 677 032
18	六盘水市	1 844 463	济南市	2 632 671	汕头市	3 644 017
19	郑州市	1 796 854	太原市	2 538 336	济南市	3 527 566
20	枣庄市	1 793 103	郑州市	2 501 024	青岛市	3 519 919
21	东莞市	1 741 724	杭州市	2 451 319	长春市	3 411 209
22	贵阳市	1 664 708	长沙市	2 122 873	苏州市	3 302 152
23	兰州市	1 617 770	福州市	2 032 723	昆明市	3 254 409
24	昆明市	1 611 969	石家庄市	1 935 553	太原市	3 154 157
25	唐山市	1 517 750	淄博市	1 929 403	厦门市	3 119 110
26	杭州市	1 476 223	兰州市	1 914 163	合肥市	3 098 727
27	鞍山市	1 442 220	贵阳市	1 894 344	长沙市	2 963 218
28	齐齐哈尔市	1 424 861	中山市	1 797 833	乌鲁木齐市	2 853 398

续表

排名（降序）	1990年		2000年		2010年	
	城市名称	市镇人口	城市名称	城镇人口	城市名称	城镇人口
29	泰安市	1 412 806	乌鲁木齐市	1 727 712	福州市	2 824 414
30	福州市	1 402 581	南昌市	1 680 756	石家庄市	2 770 344
31	石家庄市	1 390 206	温州市	1 583 387	无锡市	2 757 736
32	萍乡市	1 388 432	合肥市	1 549 476	中山市	2 740 994
33	抚顺市	1 388 011	南海市	1 533 141	温州市	2 686 825
34	长沙市	1 377 805	南宁市	1 464 560	南宁市	2 660 833
35	南昌市	1 369 125	厦门市	1 454 450	宁波市	2 583 073
36	盐城市	1 366 779	吉林市	1 448 434	贵阳市	2 520 061
37	吉林市	1 320 170	无锡市	1 425 766	兰州市	2 438 595
38	内江市	1 289 184	包头市	1 420 047	淄博市	2 261 717
39	大同市	1 277 310	唐山市	1 405 366	常州市	2 257 376
40	遂宁市	1 259 603	徐州市	1 392 707	南昌市	2 223 661

资料来源：根据《中国人口统计年鉴1991》，《2000人口普查分县资料》、《中国2010年人口普查分县资料》整理。

表6-5　1990年、2000年、2010年中国部分城市的城镇人口（后40名）

单位：人

排名（升序）	1990年		2000年		2010年	
	城市名称	市镇人口	城市名称	城镇人口	城市名称	城镇人口
1	畹町市	5 593	韶山市	14 299	韶山市	27 613
2	五大连池市	7 173	阿图什市	41 765	图木舒克市	34 808
3	二连浩特市	11 628	井冈山市	43 337	五指山市	53 268
4	汝州市	16 178	合作市	45 114	德令哈市	54 844
5	井冈山市	16 943	阿尔山市	45 189	根河市	55 076
6	绥芬河市	17 486	日喀则市	46 060	阿尔山市	55 770
7	凭祥市	19 678	二连浩特市	47 025	合作市	57 384
8	黄骅市	20 249	霍林郭勒市	54 179	阿图什市	58 427
9	敦煌市	23 737	通什市	54 589	日喀则市	63 967
10	黄平市	25 574	德令哈市	54 622	凭祥市	65 044
11	日喀则市	30 207	绥芬河市	55 317	阿拉尔市	65 175

续表

排名（升序）	1990年		2000年		2010年	
	城市名称	市镇人口	城市名称	城镇人口	城市名称	城镇人口
12	霸州市	31 048	塔城市	56 472	合山市	66 118
13	阿图什市	34 445	同江市	65 225	阜康市	67 598
14	乐陵市	35 360	灵武市	65 276	二连浩特市	71 455
15	武夷山市	37 191	东兴市	65 455	五家渠市	75 088
16	德令哈市	38 936	潞城市	68 681	塔城市	75 122
17	霍林郭勒市	41 051	阜康市	70 959	玉门市	78 940
18	集安市	41 962	额尔古纳市	73 191	赤水市	80 884
19	保山市	45 435	乌苏市	73 609	井冈山市	86 673
20	石狮市	46 532	合山市	75 102	额尔古纳市	89 194
21	西峰市	48 333	孟州市	76 046	吐鲁番市	89 719
22	青铜峡市	49 498	凭祥市	76 156	东兴市	92 267
23	邓州市	51 233	博乐市	76 239	集安市	95 971
24	藁城市	51 554	西峰市	76 622	瑞丽市	99 148
25	济源市	52 036	赤水市	77 921	青铜峡市	99 367
26	商州市	52 233	五大连池市	81 195	同江市	99 829
27	通什市	52 468	丰镇市	82 291	霍林郭勒市	10 1496
28	高安市	53 381	阿勒泰市	88 591	潞城市	10 6077
29	洪江市	54 963	万源市	92 277	图们市	10 9342
30	宁德市	54 983	集安市	92 293	敦煌市	111 535
31	新沂市	55 314	龙泉市	95 188	和龙市	112 337
32	贵池市	56 465	黄骅市	95 540	阿勒泰市	112 711
33	古交市	58 769	漳平市	97 375	穆棱市	112 882
34	吴忠市	61 088	临夏市	97 654	崇左市	113 539
35	合山市	61 259	侯马市	99 184	漳平市	113 739
36	即墨市	62 743	瑞丽市	100 360	龙泉市	117 239
37	福安市	64 743	武夷山市	100 582	华蓥市	119 228
38	吐鲁番市	65 377	和田市	101 750	和田市	119 804
39	黑河市	65 844	米泉市	101 843	博乐市	120 138
40	瑞昌市	67 802	图们市	101 941	龙井市	122 065

资料来源：根据《中国人口统计年鉴1991》，《2000人口普查分县资料》、《中国2010年人口普查分县资料》整理。

二、分规模的城市人口吸纳能力

中国城市体系规模分布有其特殊之处，城市规模差异较大，不同规模等级的城市在不同的历史时期表现出不同的人口吸纳能力。

（一）中国城市体系人口规模分布的统计描述

1. 首位度、四城市指数与十一城市指数

首位度是指一国最大城市与第二位城市人口的比值。四城市指数是指一国最大城市与第二、第三和第四位城市人口之和的比值。十一城市指数是指一国最大城市人口规模的 2 倍与第二至第十一位城市人口之和的比值。所有城市人口按降序排列，记第 i 位城市的人口为P_i，首位度为S_1，四城市指数为S_4，十一城市指数为S_{11}，则有：

$$S_1 = P_1/P_2 \qquad (1)$$

$$S_4 = P_1/(P_2 + P_3 + P_4) \qquad (2)$$

$$S_{11} = 2P_1/(P_2 + P_3 + \cdots\cdots + P_{11}) \qquad (3)$$

1953—2010 年中国城市首位度、四城市指数与十一城市指数见图 6 - 2。从图 6 - 2 可看出，1953—2010 年期间，中国城市首位度、四城市指数和十一城市指数大体上具有相同的变化趋势。1953 年城市首位度、四城市指数和十一城市指数都比较高，其中首位度大于 2，表明 1953 年中国首位城市的垄断性较强，城市人口分布差异较大。1964—2010 年城市首位度降到 1.4 以下，甚至在 1990 年首位度接近于 1，表明中国城市人口分布比较均衡。其中，2000—2010 年三个指数均略有下降，表明中国高等级的城市人口分布在朝均衡化方向发展。

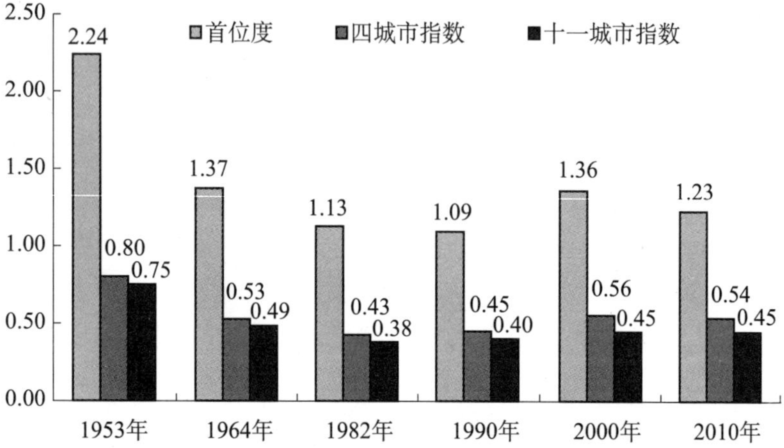

图 6－2　1953—2010 年中国城市首位度、四城市指数与十一城市指数

资料来源：根据历年全国人口普查资料计算整理。

2. 位序—规模分布模型分析

所有城市人口按降序排列，记第 i 位城市的人口为P_i，第 i 位城市的位序为R_i，K、q 为常数，如果城市规模分布满足 Zipf 分布，那么根据 Singer（1936）的研究，则有：

$$\ln R_i = \ln K - q \ln P_i \tag{4}$$

根据（4）式建立回归方程：

$$\ln R_i = \ln K - q \ln P_i + \varepsilon \tag{5}$$

将各年度的取自然对数的人口规模与城市位序数据绘制成散点图，如图 6－3 所示。从图 6－3 可看出，取自然对数后，城市位序与人口规模之间并不是线性关系。用 Eviews8. 0 对方程（5）进行拟合，结果发现：如果使用直接对方程（5）进行回归，尽管拟合优度较高，但是 D. W. 值几乎接近于 0，表明模型不稳定，存在严重的自相关问题。事实上，用多项式对城市位序和人口规模进行拟合，拟合度反而更高。一般用 5 次多项式能得到很好的拟合效果，结果如表6－6所示。由此可见，中国城市规模分布与经典的Zipf分布律有较大差异。

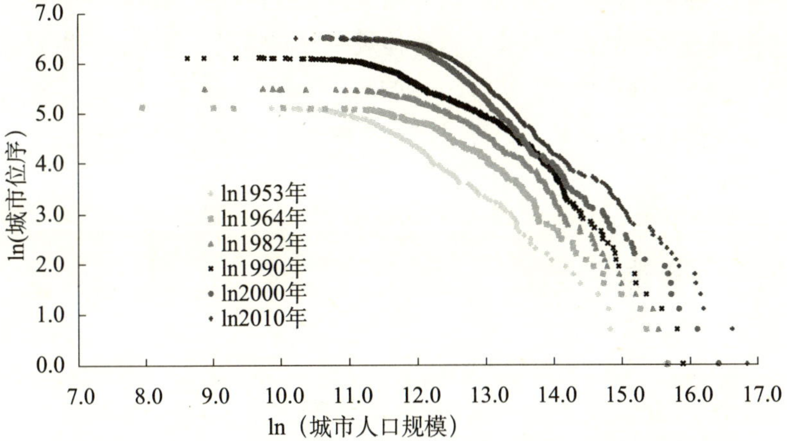

图6－3　1953—2010年中国城市人口位序与人口规模的关系

资料来源：根据历年全国人口普查资料计算整理。

表6－6　1953—2010年中国城市位序与人口规模的关系式

年份	估计方程	拟合优度
1953年	$y=0.0008x^5-0.0512x^4+1.3892x^3-19.086x^2+132.09x-360.34$	$R^2=0.9971$
1964年	$y=0.0009x^5-0.0487x^4+0.9942x^3-9.8027x^2+46.725x-81.011$	$R^2=0.9960$
1982年	$y=0.0005x^5-0.0257x^4+0.487x^3-4.1842x^2+15.366x-9.9573$	$R^2=0.9962$
1990年	$y=0.0013x^5-0.0791x^4+1.9283x^3-23.305x^2+139.93x-327.99$	$R^2=0.9951$
2000年	$y=-0.009x^5+0.5886x^4-15.331x^3+197.86x^2-1264.9x+3211.8$	$R^2=0.9989$
2010年	$y=-0.0079x^5+0.525x^4-13.846x^3+180.86x^2-1169.8x+3004.3$	$R^2=0.9977$

注：y、x分别表示取自然对数后的城市位序、城市人口规模。

资料来源：根据历年全国人口普查数据计算整理。

3. 城市人口规模分布的核密度估计

为考察城市对城镇人口的吸纳能力的整体印象，有必要进一步考察典型年份城市的城镇人口整体规模分布情况。这里，采用罗森布拉特—帕森核估计方法（Rosenblatt，1956；Parzen，1962），对代表性年份城市的城镇人口分布进行核密度估计。核密度估计方法择要介绍如下。

该方法通常选择一个正的、纵轴对称、积分为1的核函数 $K(\psi)$ 作为密度函数，满足：

$$\int_{-\infty}^{+\infty} K(\psi)\,d\psi = 1 \tag{6}$$

密度函数的核估计量 $\hat{f}(x)$ 可表示为：

$$\hat{f}(x) = \frac{1}{nh}\sum_{i=1}^{n} K\left(\frac{x_i - x}{h}\right) = \frac{1}{nh}\sum_{i=1}^{n} K(\psi_i) \tag{7}$$

$$\psi_i = \frac{x_i - x}{h} \tag{8}$$

其中，h 为窗宽，它是 n 的一个正函数 $h(n)$，$h \to 0$，当 $n \to \infty$ 时，$nh \to \infty$。

核函数 $K(\psi)$ 实质上是一个连续的权重函数。通过核密度估计，可以得到连续平滑的农村居民人均纯收入分布。根据一般经验法则，选择标准正态密度函数（高斯核）作为核函数，最优窗宽 $h = 1.059n^{0.2}\sigma$，n、σ 分别表示样本数、样本标准差。基于 Matlab 软件编程，分别对1953年、1964年、1982年、1990年、2000年、2010年城市的人口分布函数进行核密度估计，结果见图6－4。

从图6－4可看出，六个普查年份中国城市人口分布的核密度曲线呈现以下几个特征：一是曲线形状右偏（即左尾短、右尾长），在0～200万人规模的核密度较大。这说明，我国城市的人口规模分布主要集中于200万人以下的区间段。也就是说，200万人以上的城市只是少数，其分布密度明显趋小。二是动态来看，随着时间的推移，右尾变得越来越长。特别是相对 1990 年而言，2000 年、2010 年的右尾迅速拉长。这说明，1990—2000 年、2000—2010 年期间，大城市的数量迅速增加，城市规模急剧扩大。三是动态来看，曲线变得越来越扁平，峰值变得越来越小。这说明，城市人口规模的绝对差异不断扩大，不再密集分布在某个较小的人口规模区间段。据此初步判断，1990 年以来，200 万人以上人口规模城市的人口增长不断加快，对城镇人口的吸纳能力也提升较快。

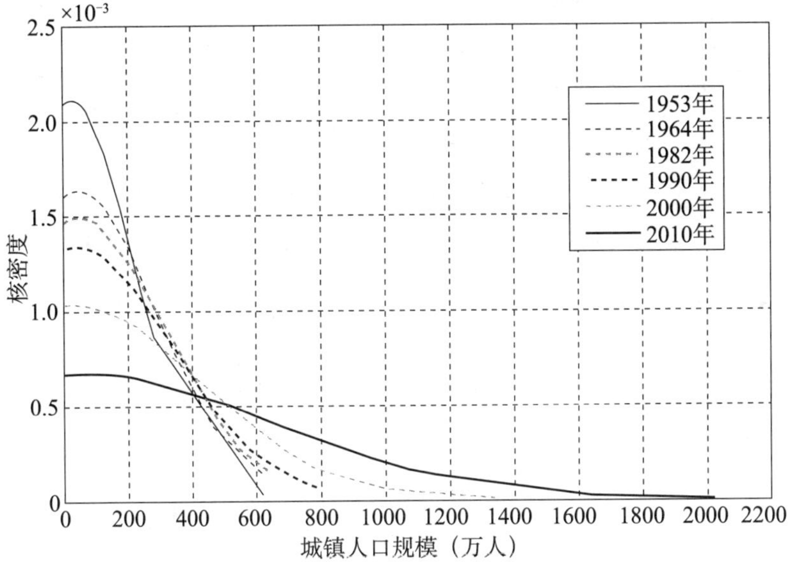

图 6－4　1953—2010 年中国城市人口规模的核密度估计（按城镇人口）

资料来源：根据历次人口普查分县资料计算绘制。

（二）分等级规模的城市人口吸纳能力

采用 2014 年《国务院关于调整城市规模划分标准的通知》的标准，按城区常住人口将城市分成 7 个等级：Ⅱ型小城市，小于 20 万；Ⅰ型小城市，20 万～50 万；中等城市，50 万～100 万；Ⅱ型大城市，100 万～300 万；Ⅰ型大城市，300 万～500 万；特大城市，500 万～1 000 万；超大城市，大于 1 000 万。

1. 分等级规模的城市数量结构变化

1953—2010 年中国分规模的城市数量及比重见表 6－7。整体上看，1953—2010 年期间，各等级规模的城市数量都有不同程度的增加，尤其是Ⅱ型大城市及以上等级的城市数量逐步增加（见表 6－7）。但Ⅱ型小城市的数量波动较大：1953—1964 年，Ⅱ型小城市数量不增反减，从 108 个减少到 53 个；1964—1982 年，Ⅱ型小城市数量缓慢增加，到 1982 年增加到 72 个；1982—1990 年Ⅱ型小城市数量急剧上升，增加到 232 个；1990 年以来，Ⅱ型小城市数量开始下降，特别是 2000 年以来加速下降。

表 6－7　1953—2010 年中国分规模的城市数量及比重

时期		Ⅱ型小城市	Ⅰ型小城市	中等城市	Ⅱ型大城市	Ⅰ型大城市	特大城市	超大城市	合计
城市个数（个）	1953 年	108	32	16	8	0	1	0	165
	1964 年	53	64	35	12	3	1	0	168
	1982 年	72	87	47	32	3	3	0	244
	1990 年	232	92	68	52	4	3	0	451
	2000 年	209	299	95	49	6	6	1	665
	2010 年	131	306	136	57	12	10	4	656
城市数量比重（%）	1953 年	65.5	19.4	9.7	4.8	0.0	0.6	0	100
	1964 年	31.5	38.1	20.8	7.1	1.8	0.6	0	100
	1982 年	29.5	35.7	19.3	13.1	1.2	1.2	0	100
	1990 年	51.4	20.4	15.1	11.5	0.9	0.7	0	100
	2000 年	31.4	45.0	14.3	7.4	0.9	0.9	0.2	100
	2010 年	20.0	46.6	20.7	8.7	1.8	1.5	0.6	100

资料来源：根据历年全国人口普查资料计算整理。

1953—2010 年中国城市数量规模结构见图 6－5。从图 6－5 可看出，1953 年和 1990 年分等级规模的中国城市数量呈现出金字塔型结构，从 20 万人口以下的Ⅱ型小城市到1 000万人口以上的超大城市，城市数量依次递减。1953 年呈现金字塔形结构反映了当时城市规模普遍偏小、高等级城市发展不足的现实。改革开放范围从农村扩大到城市后，Ⅱ型小城市快速涌现，形成了 1990 年的金字塔形结构。1964 年和 1982 年呈现出橄榄型结构，即“两头小、中间大”，高等级和低等级的城市数量较少，中等规模的城市数量较多，各等级之间的城市数量差异不太大。2000 年和 2010 年呈菱形结构，高等级的城市数量很少，中等规模的Ⅰ型小城市和中等城市的城市数量很多，最低等级的Ⅱ型小城市数量萎缩。菱形结构的形成，主要是由于自 20 世纪 90 年代中期后暂停设市工作，Ⅱ型小城市发生了自然晋级但不能得到建制镇后续梯队的及时补充所致。有学者通过比较中日城市规模结构发现，中国低等级的城市数量太少（孙久文、叶裕民，2003）。从这个意义来讲，迫切需要有序推进一批符合条件的建制镇升格为小城市。

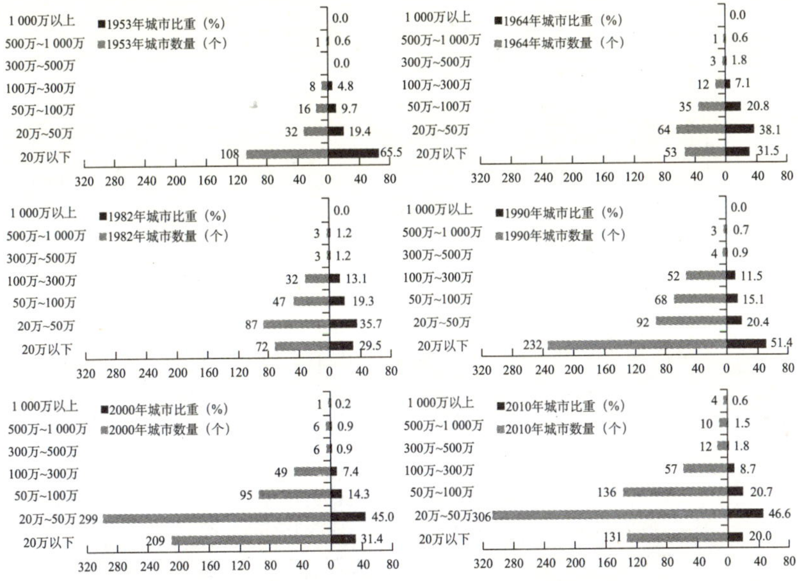

图 6－5　1953—2010 年中国城市数量规模结构

资料来源：根据历年全国人口普查资料计算整理。

2. 分等级规模的城市静态人口吸纳能力

1953—2010 年期间，各等级规模的城市吸纳城镇人口存量均有不同程度的增长。具体数据见表 6－8。特别是 1990 年以来，Ⅰ型大城市及以上等级的城镇人口数量呈现快速增长态势。1 000 万人口以上的超大城市人口从 2000 年的 1 346 万人增加到了 2010 年的 5 780 万人，增长了 3.29 倍。Ⅱ型小城市吸纳的城镇人口存量则波动较大，1953—1964 年城镇人口数量从 1 118 万人减少到 589 万人，减少了 47.3%；1964—1982 年城镇人口数量有所恢复；1982—1990 年人口迅速增加到2 612万人；此后增长缓慢，至 2000 年增长至 2 971 万人；2000—2010 年城镇人口数量急剧减少，减少了 37.7%。Ⅰ型小城市城镇人口数量持续增加，1990—2000 年期间增长最快，从 2 995 万人增长到 9 575 万人，增长了 2.20 倍，但 2000—2010 年城镇人口增长非常缓慢，未来Ⅰ型小城市城镇人口数量很可能会出现负增长的趋势。

表 6－8　1953—2010 年分规模的城市吸纳城镇人口存量及比重

时期		Ⅱ型小城市	Ⅰ型小城市	中等城市	Ⅱ型大城市	Ⅰ型大城市	特大城市	超大城市	合计
城镇人口存量（万人）	1953 年	1 118	958	1 097	1 482	0	620	0	5 275
	1964 年	589	1 999	2 579	2 012	1 222	642	0	9 043
	1982 年	870	2 796	3 321	4 792	1 040	1 706	0	14 525
	1990 年	2 612	2 995	4 821	8 083	1 577	2 128	0	22 217
	2000 年	2 971	9 575	6 421	7 936	2 315	4 362	1 346	34 926
	2010 年	1 850	9 999	9 440	9 408	4 254	6 908	5 780	47 639
城镇人口占比（%）	1953 年	21.2	18.2	20.8	28.1	0.0	11.8	0	100
	1964 年	6.5	22.1	28.5	22.2	13.5	7.1	0	100
	1982 年	6.0	19.2	22.9	33.0	7.2	11.7	0	100
	1990 年	11.8	13.5	21.7	36.4	7.1	9.6	0	100
	2000 年	8.5	27.4	18.4	22.7	6.6	12.5	3.9	100
	2010 年	3.9	21.0	19.8	19.7	8.9	14.5	12.1	100

注：1953 年、1964 年和 1982 年为城市总人口，1990 年为市镇人口之和，2000 年和 2010 年为城镇人口，1953 年、1964 年、1982 年的城市郊区范围很小，其市辖区范围内的总人口可认为近似等同城镇人口。

资料来源：根据历年全国人口普查资料计算整理。

从吸纳城镇人口存量的相对能力来看，1953—2010 年各等级规模城市的吸纳能力发生了多次变化。1953—2010 年中国城市人口规模结构见图 6－6。总体上看，中等规模的城市吸纳的城镇人口存量所占比重较高。1953 年所占份额最高的等级是 100 万～300 万人的Ⅱ型大城市，占 28.1%；1964 年则是 50 万～100 万人的中等城市，占 28.5%；1982 年是 100 万～300 万人的Ⅱ型大城市，占 33.0%；1990 年仍然是 100 万～300 万人的Ⅱ型大城市，占 36.4%；2000 年是 20 万～50 万人的Ⅰ型小城市，占 27.4%；2010 年仍然是 20 万～50 万人的Ⅰ型小城市，占 21.0%，但除了Ⅱ型小城市所占比重急剧缩小外，其他等级规模呈现均衡化趋势，特大城市和超大城市所占比重在快速提高。

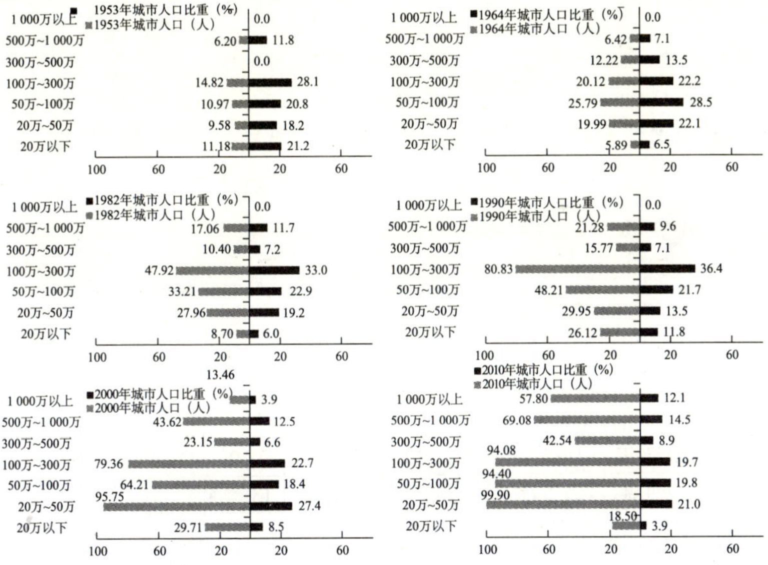

图 6－6　1953—2010 年中国城市人口规模结构

资料来源：根据历年全国人口普查资料计算整理。

3. 分等级规模的城市动态人口吸纳能力

从吸纳新增城镇人口来看，各规模等级的城市在不同时期所吸纳新增城镇人口数量差异较大。1953—2010年中国分规模的城市吸纳新增城镇人口情况见表6-9。1953—1964年Ⅱ型小城市、1964—1982年Ⅰ型大城市、1990—2000年Ⅱ型大城市、2000—2010年Ⅱ型小城市所吸纳的新增城镇人口数量是负的，其他时期各等级规模城市吸纳新增人口数量都是正的。1953—1964年，吸纳新增城镇人口能力最强的是中等城市，位居第二和第三的依次是Ⅰ型大城市、Ⅰ型小城市，这三个规模等级城市吸纳了99%的新增城镇人口。1964—1982年，吸纳新增城镇人口能力最强的是Ⅱ型大城市，位居第二和第三的依次是特大城市、Ⅰ型小城市，这三个规模等级城市吸纳了84.7%的新增城镇人口。1982—1990年，Ⅱ型大城市吸纳新增城镇人口能力最强，Ⅱ型小城市和中等城市的吸纳能力也较强，三者合计吸纳了新增城镇人口的84.9%。1990—2000年，Ⅰ型小城市表现出最强的吸纳能力，特大城市和中等城市也表现出较强的吸纳能力，三者合计吸纳了81.9%的新增城镇人口。2000—2010年，吸纳新增城镇人口能力最强的是超大城市，位居第二、第三的是中等城市、特大城市，三者合计吸纳了78.7%的新增城镇人口。

表6-9　1953—2010年中国分规模的城市吸纳新增城镇人口情况

时期		Ⅱ型小城市	Ⅰ型小城市	中等城市	Ⅱ型大城市	Ⅰ型大城市	特大城市	超大城市	合计
年均吸纳新增城镇人口（万人）	1953—1964年	-48	95	135	48	111	2	0	343
	1964—1982年	16	44	41	154	-10	59	0	305
	1982—1990年	218	25	187	411	67	53	0	961
	1990—2000年	36	658	160	-15	74	223	135	1 271
	2000—2010年	-112	42	302	147	194	255	443	1 271
吸纳新增城镇人口比重（%）	1953—1964年	-14.0	27.6	39.3	14.1	32.4	0.6	0.0	100
	1964—1982年	5.1	14.5	13.5	50.7	-3.3	19.4	0.0	100
	1982—1990年	22.7	2.6	19.5	42.8	7.0	5.5	0.0	100
	1990—2000年	2.8	51.8	12.6	-1.2	5.8	17.6	10.6	100
	2000—2010年	-8.8	3.3	23.7	11.6	15.3	20.0	34.9	100

资料来源：根据历年全国人口普查资料计算整理。

4. 分等级规模的城市人口吸纳弹性指数

1953—2010 年中国分等级的城市吸纳新增城镇人口弹性指数见表 6 - 10。从表 6 - 10 可看出，各规模等级城市在不同时期的吸纳新增城镇人口弹性指数差异较大。其中，Ⅱ型小城市的弹性指数除了在 1982—1990 年大于 1 之外，其他各个时期均小于 1，2000—2010 年甚至小于 - 1。Ⅱ型小城市的弹性指数波动较大，2000—2010 年弹性指数降至 0. 12。中等城市的弹性指数变化相对较小，2000—2010 年弹性指数略大于 1。Ⅱ型大城市的弹性指数变化较大，2000—2010 年弹性指数为 0. 51。Ⅰ型大城市的弹性指数近年来持续升高，2000—2010 年升至 2. 30。特大城市的弹性指数波动也比较大，但近 20 年以来持续大于 1。2000—2010 年超大城市的弹性指数高达 9. 05，展现出超强的吸纳能力。

表 6 - 10　1953—2010 年中国分等级的城市吸纳新增城镇人口弹性指数

时期	Ⅱ型小城市	Ⅰ型小城市	中等城市	Ⅱ型大城市	Ⅰ型大城市	特大城市	超大城市
1953—1964 年	-0. 66	1. 52	1. 89	0. 50		0. 05	
1964—1982 年	0. 79	0. 66	0. 47	2. 28	-0. 25	2. 73	
1982—1990 年	3. 78	0. 13	0. 85	1. 30	0. 97	0. 47	
1990—2000 年	0. 24	3. 84	0. 58	-0. 03	0. 82	1. 84	
2000—2010 年	-1. 04	0. 12	1. 29	0. 51	2. 30	1. 60	9. 05

资料来源：根据历年全国人口普查资料计算整理。

综上分析，未来，如果没有实行特别严格的控制大城市发展政策，由于城市规模的自然晋级，可能会出现Ⅱ型小城市和Ⅰ型小城市所占比重持续缩小，中等城市和Ⅱ型大城市所占比重基本保持稳定，Ⅰ型大城市、特大城市和超大城市所占比重进一步提高的趋势。

（三）分相对规模的城市人口吸纳能力

参照 2014 年《国务院关于调整城市规模划分标准的通知》的标准，分 7 个城市等级来考察城市人口吸纳能力，可以粗线条获知城市人口吸纳能力与城市绝对规模的关系。但这7个规模等级是人为设定的，并且规模等级数量是有限的，因此不能全面反映任意城市规模与城市人口吸纳能力的关系。实际上，还可以从相对规模等级角度来考察不同城市对城镇人口的吸纳能力，借助洛伦兹曲线可以考察任意规模最小（或最大）的m%的城市吸纳了多少个百分点的城镇人口。

绘制洛伦兹曲线有四个步骤：一是将城镇人口规模按升序排列；二是计算城市个数的累计份额及其对应的城镇人口累计份额；三是将两个累计份额数绘成散点图；四是用平滑曲线连接各散点合成洛伦兹曲线。1990—2010年中国城市人口分布的洛伦兹曲线见图6－7。1990—2010年中国分十等份城市对城镇人口的吸纳情况见表6－11。

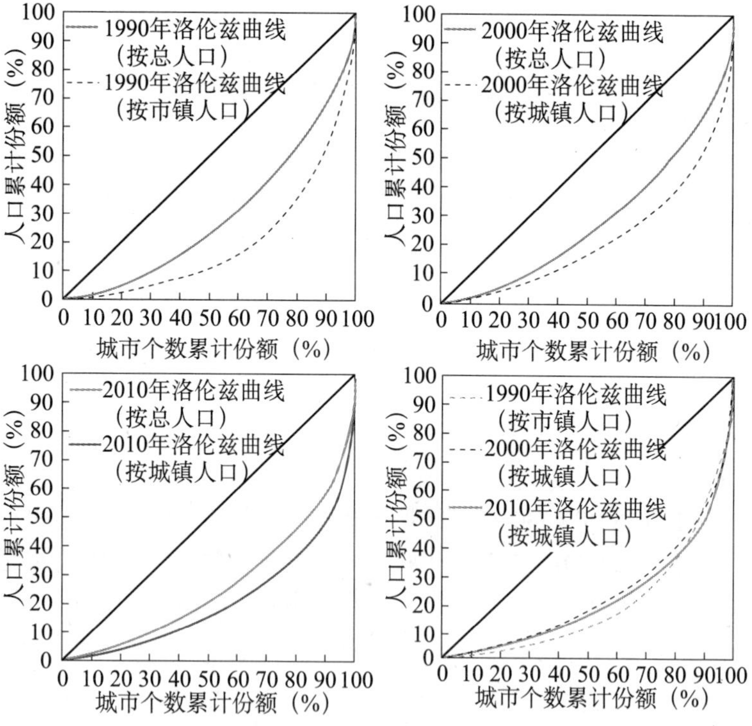

图6－7　1990—2010年中国城市人口分布的洛伦兹曲线

资料来源：根据《中国1990年人口普查分县资料》、《中国2000年人口普查分县资料》、《中国2010年人口普查分县资料》计算绘制。

表6-11　1990—2010年中国分十等份城市对城镇人口的吸纳情况

城市个数累计份额（%）	城镇人口累计份额（%）			城市个数累计份额（%）	城镇人口累计份额（%）		
	1990年	2000年	2010年		1990年	2000年	2010年
10	0.93	1.72	1.44	60	16.03	22.90	20.59
20	2.63	4.52	3.09	70	23.43	30.27	27.34
30	4.97	7.92	6.96	80	35.05	39.55	36.03
40	7.71	12.04	10.67	90	53.54	53.15	48.72
50	11.20	16.98	15.17	100	100	100	100

资料来源：根据《中国1990年人口普查分县资料》、《中国2000年人口普查分县资料》、《中国2010年人口普查分县资料》计算整理。

洛伦兹曲线距离45°线越近，即与45°线所围的面积越小，则表示城镇人口在各个城市之间的分布越均衡；若洛伦兹曲线与45°线完全重合，则表示城镇人口在各个城市之间是完全均匀分布的。洛伦兹曲线距离45°线越远，即与45°线所围的面积越大，则说明城镇人口在各个城市之间的分布越不均衡；若洛伦兹曲线与下三角形的直角边重合，则表示规模最大的城市吸纳了全部城镇人口。

从同一年份的洛伦兹曲线比较来看，1990年、2000年和2010年，按城镇人口绘制的洛伦兹曲线，比按城市全部人口绘制的洛伦兹曲线要更远离45°线（见图6-7）。相对城市总人口在各个城市的分布而言，城镇人口的分布更不均匀。以1990年为例，规模最小的60%的城市合计吸纳了31%的总人口，仅吸纳了16%的城镇人口；而规模最大的40%的城市吸纳了69%的总人口，却吸纳了84%的城镇人口（见表6-11）。可见，大城市吸纳城镇人口的“成色”更高，高等级规模的城市具有更高的城镇化率。

从不同年份的洛伦兹曲线比较来看，2010年的洛伦兹曲线（按城镇人口）比2000年的洛伦兹曲线（按城镇人口）更远离45°线。这表明，2000—2010年期间，城镇人口在各城市的分布越来越不均衡，低等级规模的城市所吸纳的城镇人口份额缩小，高等级规模的城市所吸纳的城镇人口份额增大。例如，2000年规模最小的90%的城市吸纳了 53.2% 的城镇人口，规模最大的 10% 的城市吸纳了 46.9% 的城镇人口。2010 年规模最小的 90% 的城市吸纳的城镇人口比重下降到 48.7%，规模最大的 10% 的城市吸纳的城镇人口比重上升至 51.2%（见表 6－11）。也就是说，2000—2010 年期间，相对规模较大的城市表现出更强的城镇人口吸纳能力，城镇人口趋于向相对规模等级较大的城市集中。

（四）分规模的城市人口吸纳能力预测

1. 中国城市规模等级与吸纳新增城镇人口能力正相关

在特定的研究时段，某些城市可能发生了规模等级自然晋级现象，由此造成相邻两个规模等级的城镇人口发生跳跃性变化。为克服这一问题，有必要探讨其城镇人口增长率与城市初始规模的关系。2000—2010 年中国城市的城镇人口增长率与基期规模的关系如图 6－8 所示。从图 6－8 可看出，2000—2010 年各城市的

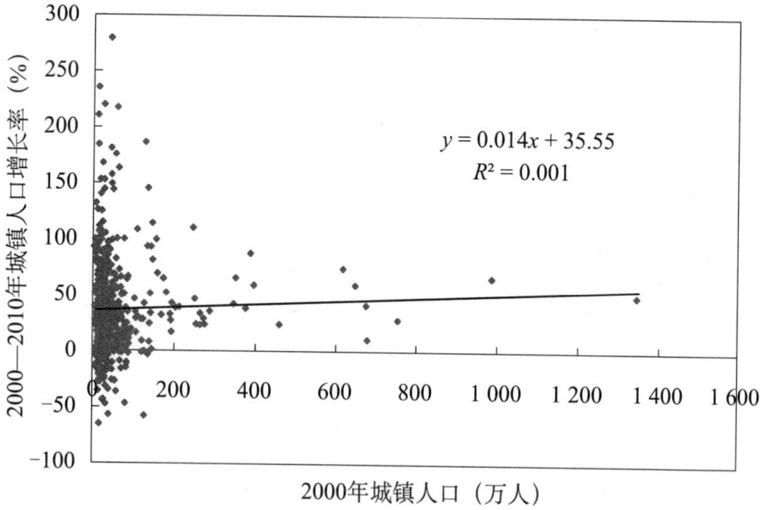

图 6－8　2000—2010 年中国城市的城镇人口增长率与基期规模的关系

资料来源：根据《中国 2000 年人口普查分县资料》、《中国 2010 年人口普查分县资料》计算绘制。

城镇人口增长率与2000年城镇人口仅存在非常微弱的正相关关系。仔细观察可发现，200万人以下规模城市的城镇人口增长率差异非常大，大多数城市的人口增长率为正，少数城市增长率为负，表明规模等级较小的城市容易出现两极分化的情况。而200万人以上规模城市的城镇人口增长率均为正，城镇人口持续稳定增加，但增长速度逐步收敛。

为进一步考察城市动态人口吸纳能力，将2000—2010年辖区范围保持稳定的城市选出来，分析吸纳新增城镇人口的比重与城市初始规模的关系，结果如图6－9所示。从图6－9可看出，各城市吸纳新增城镇人口的比重与初始人口规模呈现显著的正相关关系。记2000—2010年吸纳新增城镇人口的比重为y，2000年城镇人口规模为x，则有：$y = 0.0037x - 0.0388$，拟合优度为0.75。这表明，城市规模等级较大的城市，吸纳新增城镇人口能力越强。

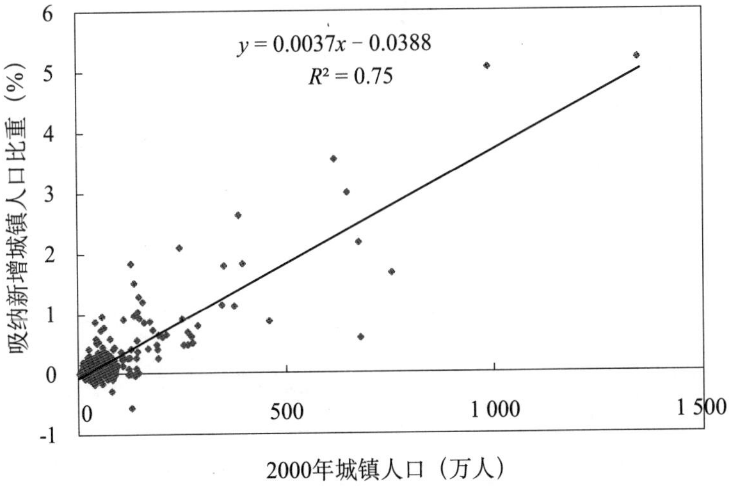

图6－9　2000—2010年中国城市吸纳新增城镇人口比重与基期规模的关系

资料来源：根据《中国2000年人口普查分县资料》、《中国2010年人口普查分县资料》计算绘制。

从图6-9反映的趋势来看，如果不考虑镇改市工作的影响，未来中国高等级规模的城市，吸纳新增城镇人口的能力更强，吸纳新增城镇人口数量及其比重将进一步上升，吸纳城镇人口存量及其比重也将持续上升；而低等级规模的城市，特别是小城市吸纳新增城镇人口的能力趋于下降，吸纳新增城镇人口的数量及其比重将持续下降，吸纳城镇人口的比重也将进一步下降。如果考虑镇改市工作，一批规模较大的建制镇升格为中小城市，那么中小城市吸纳新增城镇人口的比重下降的趋势将会减缓，甚至在短期可能逆转。但从长期来看，小城市对新增城镇人口的相对吸纳能力将趋于下降。

2. 百万以上规模城市的人口比重持续上升是世界性趋势

从世界情况来看，百万以上规模城市的人口占总人口的比重不断上升。1960—2015年全世界百万以上城市人口占总人口的比重变化情况见图6-10。如图6-10所示，这一比重从13.4%提高到22.6%，其中OECD国家从25.6%上升到36.1%，中等收入国家从9.9%上升

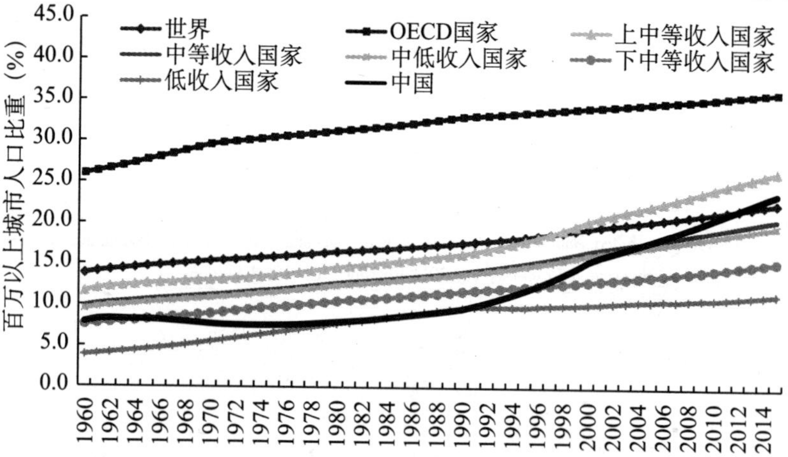

图6-10　1960—2015年世界百万以上城市人口占总人口比重

资料来源：World Bank（2016）. World Development Idicators［OL］. http：//data.worldbank.org/indicator.

到20.6%，低收入国家从3.7%上升到11.5%，中国从7.9%上升到23.7%，1990年以来这一比重加快上升。可见，百万以上规模城市的比重不断上升是普遍性趋势。

目前，中国已经进入到中等收入国家行列。参照高收入和中等收入国家的经验，在中国今后二十年的城镇化进程中，百万以上规模城市所占的人口比重也将持续上升，百万以上规模城市吸纳的城镇人口比重也将进一步上升。特别是在未来，中国将有一批城市将进入到世界前30名的城市名单中，到2020年将形成6个城市人口超过1 000万的超大城市，到2030年上海的城市规模将达3 000万。2010—2030年中国城市进入世界前30名人口情况见表6－12。

表6－12　2010—2030年中国城市进入世界前30名人口情况

单位：百万人

2010年			2015年			2020年			2025年			2030年		
排序	城市	人口	排序	城市	人口	排序	城市	人口	排序	城市	人口	排序	城市	人口
4	上海	19.98	3	上海	23.74	3	上海	27.14	3	上海	29.44	3	上海	30.75
10	北京	16.19	7	北京	20.38	4	北京	24.20	4	北京	26.49	5	北京	27.71
20	重庆	11.24	16	重庆	13.33	16	重庆	15.23	16	广州	16.74	16	广州	17.57
23	深圳	10.22	20	广州	12.46	17	广州	15.17	17	重庆	16.57	17	重庆	17.38
27	广州	9.62	24	天津	11.21	22	天津	12.82	21	天津	13.96	22	天津	14.66
28	天津	9.45	26	深圳	10.75	27	深圳	11.29	28	深圳	12.07	29	深圳	12.67

资料来源：United Nations：Department of Economic and Social Affairs，Population Division (2014). *World Urbanization Prospects*：The 2014 Revision，CD-ROM Edition.

3. 关于分等级规模的中国城市人口吸纳能力预测

联合国人口司（2014）对2010年人口30万以上的398个城市人口进行了预测，结合中国2014年《国务院关于调整城市规模划分标准的通知》，将各等级规模的城市吸纳的城镇人口存量数据进行整理，如表6－13所示。

表 6-13　2010—2030 年中国城市吸纳城镇人口存量情况

		绝对值（个、千人）					比重（%）				
		2010	2015	2020	2025	2030	2010	2015	2020	2025	2030
城市个数	30 万~50 万	158	138	103	78	56	43.6	34.7	25.9	19.6	14.1
	50 万~100 万	119	155	170	184	194	32.9	38.9	42.7	46.2	48.7
	100 万~300 万	58	70	87	95	105	16.0	17.6	21.9	23.9	26.4
	300 万~500 万	13	19	18	20	20	3.6	4.8	4.5	5.0	5.0
	500 万~1 000 万	10	10	14	15	16	2.8	2.5	3.5	3.8	4.0
	1 000 万以上	4	6	6	6	7	1.1	1.5	1.5	1.5	1.8
城镇人口	30 万~50 万	62 467	54 263	42 795	34 001	25 207	15.1	13.1	10.3	8.2	6.1
	50 万~100 万	82 745	105 051	116 971	130 722	139 237	19.9	25.3	28.2	31.5	33.6
	100 万~300 万	96 697	107 765	133 895	149 264	165 519	23.3	26.0	32.3	36.0	39.9
	300 万~500 万	46 558	70 346	69 213	79 946	80 596	11.2	17.0	16.7	19.3	19.4
	500 万~1 000 万	68 662	66 981	96 106	110 003	116 191	16.6	16.1	23.2	26.5	28.0
	1 000 万以上	57 636	91 874	105 849	115 273	130 844	13.9	22.2	25.5	27.8	31.5

资料来源：根据 United Nations，Department of Economic and Social Affairs，Population Division（2014）. *World Urbanization Prospects*：The 2014 Revision，CD-ROM Edition. 计算整理。

从表 6-13 看，2010—2030 年，30 万~50 万的Ⅰ型小城市的城镇人口数量呈现递减趋势，其他各等级规模的城镇人口存量将逐步增加，特别是百万人口规模以上的Ⅱ型大城市、Ⅰ型大城市、特大城市和超大城市的城镇人口存量增加较快。2010—2020 年期间，Ⅰ型小城市（30 万~50 万）、中等城市、Ⅱ型大城市、Ⅰ型大城市、特大城市和超大城市的城镇人口存量分别增长了 -31.5%、41.4%、38.5%、48.7%、40.0%、83.7%。2020—2030 年期间，Ⅰ型小城市（30 万~50 万）、中等城市、Ⅱ型大城市、Ⅰ型大城市、特大城市和超大城市的城镇人口存量分别增长了 -41.1%、19.0%、23.6%、16.4%、20.9%、23.6%。

2010—2030 年，30 万~50 万的Ⅰ型小城市的城镇人口比重呈现递减趋势，其他各等级规模的城镇人口比重将逐步增加，特别是百万人口规模以上的城市的城镇人口比重增加较快。2010—2020 年期间，Ⅰ型小城市（30 万~50 万）、中等城市、Ⅱ型大城市、Ⅰ型大城市、特大城市和超大城市的城镇人口比重分别增加了 0.40、-4.24、8.25、8.97、5.46、6.62 个百分点。2020—2030 年期间，

Ⅰ型小城市（30 万～50 万）、中等城市、Ⅱ型大城市、Ⅰ型大城市、特大城市和超大城市的城镇人口比重分别增加了 -4.24、5.37、7.62、2.74、4.84、6.03 个百分点。

当然，如果考虑一些特大镇升格为市以及 30 万人口规模以下城市的自然晋级情况，那么 30 万～50 万规模的Ⅰ型小城市吸纳的城镇人口存量及其比重下降的趋势会有所减缓。如果考虑到中国政府对超大城市的人口规模控制，超大城市所占城镇人口比重可能不会像联合国预测的那么高。例如，2015 年北京明确了“全国政治中心、文化中心、国际交往中心、科技创新中心”四个定位，目前正在强力推行疏解非首都功能政策，这会减缓城镇人口快速增长趋势。

综合来看，未来百万人口规模以上的城市人口吸纳能力将持续上升。Ⅱ型小城市和Ⅰ型小城市所占比重持续缩小，中等城市和Ⅱ型大城市所占比重基本保持稳定，Ⅰ型大城市、特大城市和超大城市所占比重进一步提高，预计七大规模等级吸纳城镇人口存量的比重将从 2010 年的 3.9∶21.0∶19.8∶19.7∶8.9∶14.5∶12.1 变动为 2030 年的 1.4∶7.3∶20.1∶23.9∶11.6∶16.8∶18.9。在中小城市内部可能会进一步分异，与大城市有效开展产业分工协作的中小城市的吸纳能力将会有所提升，而与大城市缺乏分工协作的中小城市的吸纳能力会进一步下降。

三、四大区域的城市人口吸纳能力

中国地域辽阔，城市发展的区域环境和基础条件存在较大差异，不同区域的城市在不同的历史时期表现出不同的人口吸纳能力。

（一）四大区域的城市数量变化

1990—2010 年中国四大区域的城市数量及其比重见表 6－14。如表 6－14 所示，1990—2000 年，四大区域的城市数量均有较大幅度增加。其中，东部地区城市数量从 142 个增加到 248 个，东北地区从 65 个增加到90个，中部地区从124个增加到168个，西部地区从120个增加到160个。2000—2010年各区域的城市数量变化不大，东部地区减少了17个，东北地区减少了1个，中部地区不变，西部地区增加了8个。

表6-14　1990—2010年中国四大区域的城市数量及其比重

		东部地区	东北地区	中部地区	西部地区	合计
城市数量（个）	1990年	142	65	124	120	451
	2000年	248	90	168	160	666
	2010年	231	89	168	168	656
城市数量比重（%）	1990年	31.5	14.4	27.5	26.6	100
	2000年	37.2	13.5	25.2	24.0	100
	2010年	35.2	13.6	25.6	25.6	100

资料来源：根据《中国人口普查分县资料》（1990年、2000年、2010年）计算整理。

1990—2000年，四大区域的城市数量比重发生了一些变化。其中，东部地区城市数量比重从31.5%增加到37.2%，增加了5.8个百分点；东北地区从14.4%下降到13.5%，稍降0.9个百分点；中部地区从27.5%下降到25.2%，下降了2.3个百分点；西部地区从26.6%下降到24.0%，下降了2.6个百分点。2000—2010年，四大区域的城市数量比重变化不大，东部地区、东北地区、中部地区和西部地区分别增加了-2.0、0.1、0.4、1.6个百分点。

（二）四大区域的城市静态人口吸纳能力

1990—2010年四大区域的城市吸纳的城镇人口存量从大到小依次是东部地区、中部地区、西部地区和东北地区。其中，东部地区城市吸纳的城镇人口存量明显大于其他地区，中部地区和西部地区城市吸纳的城镇人口存量差别不大。1990—2010年，四大区域城市吸纳的人口存量均有增加，其中东部地区从8 964万人增加到24 106万人，东北地区从3 743万人增加到5 298万人，中部地区从4 801万人增加到9 275万人，西部地区从4 709万人增加到8 961万人。

从趋势来看，东部地区城市吸纳的城镇人口存量比重持续增加，特别是1990—2000年由于东部地区城市率先发展，吸纳城镇人口比重从40.3%增加到48.0%，增加了7.7个百分点，2000—2010年进一步增加了2.6个百分点。东北地区城市吸纳的城镇人口比重持续下降，从1990年到2000年下降了3.7个百分点，从2000年到2010年又下降了2.0个百分点。中西部地区城市吸纳的城镇人口比重略有下降，1990—2010年期间分别下降了2.1个、2.4个百分点，但2000—2010年期间所占比重基本保持稳定。

1990—2010年中国四大区域城市吸纳的城镇人口存量及其比重见表6-15。

表6-15　1990—2010年中国四大区域城市吸纳的城镇人口存量及其比重

		东部地区	东北地区	中部地区	西部地区	合计
城镇人口存量（万人）	1990年	8 964	3 743	4 801	4 709	22 217
	2000年	16 772	4 578	7 030	6 547	34 927
	2010年	24 106	5 298	9 275	8 961	47 639
城镇人口比重（%）	1990年	40.3	16.8	21.6	21.2	100
	2000年	48.0	13.1	20.1	18.7	100
	2010年	50.6	11.1	19.5	18.8	100

资料来源：根据《中国人口普查分县资料》（1990年、2000年、2010年）计算整理。

（三）四大区域的城市动态人口吸纳能力

从吸纳城镇人口增量来看，1990—2000年、2000—2010年四大区域城市的吸纳能力发生了变化。1990—2000年东部地区、东北地区、中部地区、西部地区的城市年均吸纳新增城镇人口781万人、83万人、223万人、184万人，2000—2010年年均吸纳新增城镇人口733万人、72万人、225万人、241万人。可见，东部地区由于城市数量下降，吸纳新增城镇人口略有下降；东北地区城市数量减少了1个，但主要由于产业结构调整缓慢，创造的就业机会不足，从而使吸纳新增人口数量下降；中部地区吸纳新增城镇人口数量略有上升，而西部地区由于城市数量增加使得吸纳新增城镇人口数量则明显上升。

从吸纳新增城镇人口的比重来看，1990—2000 年和 2000—2010 年两个时期，东部地区城市的吸纳比重最高，表明新增城镇人口主要是由东部地区来吸纳，但比重从 61.4% 下降到 57.7%。东北地区城市的吸纳比重最低，并且从 1990—2000 年的 6.6% 下降到了 2000—2010 年的 5.7%，可见东北地区城市吸纳新增城镇人口能力较为有限。中部地区城市吸纳比重略有提升，基本保持在 17.5% 左右。西部地区城市的吸纳比重则从 14.5% 提高到了 19.0%，增加了 4.5 个百分点，表明西部大开发政策效应开始显现，西部地区的城市对新增城镇人口的相对吸纳能力不断提高。

1990—2010 年中国四大区域城市吸纳的新增城镇人口数量及其比重情况见表 6-16。

表 6-16　1990—2010 年中国四大区域城市吸纳的新增城镇人口数量及其比重

		东部地区	东北地区	中部地区	西部地区	合计
年均新增城镇人口（万人）	1990—2000 年	781	83	223	184	1 271
	2000—2010 年	733	72	224	241	1 271
新增城镇人口比重（%）	1990—2000 年	61.4	6.6	17.5	14.5	100
	2000—2010 年	57.7	5.7	17.7	19.0	100

资料来源：根据《中国人口普查分县资料》（1990 年、2000 年、2010 年）计算整理。

（四）四大区域的城市人口吸纳弹性指数

1990—2010 年中国四大区域的城市对城镇人口的吸纳弹性指数见图 6-11。从城镇人口吸纳弹性指数来看，1990—2000 年和 2000—2010 年两个时期，东部地区城市的吸纳弹性指数均大于 1。这意味着东部地区的城镇人口增长要快于全国。但东部地区的弹性指数从 1.52 下降到 1.20。这就是说，1990—2000 年全国城市吸纳的城镇人口每增加 1 个百分点，东部地区的城市吸纳的城镇人口就增加 1.52 个百分点，而到了 2000—2010 年，东部地区的城市吸纳的城镇人口仅增加

1.20 个百分点。东北地区和中部地区的城市的吸纳弹性指数一直低于 1，但 2000—2010 年的吸纳能力有所回升。西部地区的城市的吸纳弹性指数则有大幅提升，从 1990—2000 年的 0.68 提升到了 2000—2010 年的 1.01。这表明，2000—2010 年期间，西部地区的城市对新增城镇人口的吸纳能力明显提升。

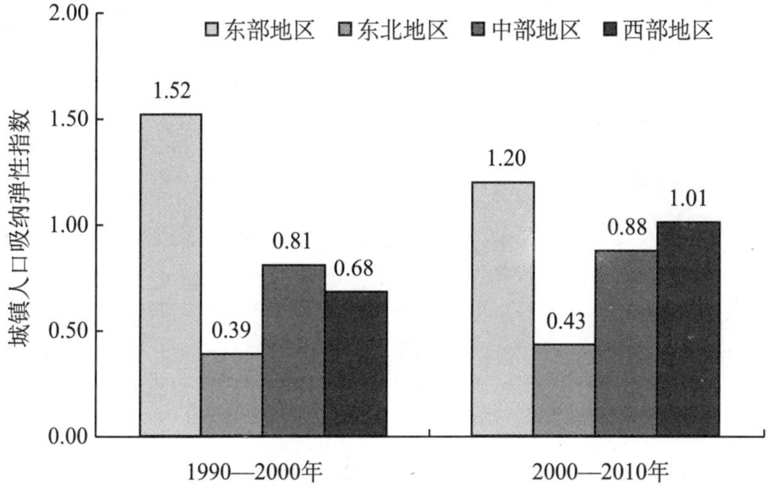

图 6－11　1990—2010 年中国四大区域的城市对城镇人口的吸纳弹性指数

资料来源：根据《中国人口普查分县资料》（1990、2000、2010 年）计算绘制。

综合来看，目前，中国城市吸纳的新增城镇人口主要由东部地区的城市来承担，但其吸纳新增城镇人口的比重将逐步降低；中西部地区的城市对新增城镇人口的相对吸纳能力将逐步提升，吸纳的城镇人口存量及其比重也将逐步上升；而东北地区的城市由于缺乏持续的产业支撑，其吸纳新增城镇人口的能力将进一步下降。

四、分省域的城市人口吸纳能力

中国省域差异较大，城市数量有多有少，城市发展基础和发展环境差异较大，不同省域的城市在不同时期吸纳城镇人口的能力差别较大。

（一）分省域的城市数量变化

1990—2010 年中国分省域的城市数量情况见图 6－12。1990—2000 年期间，广东、江苏、山东、浙江、河南、四川、湖北、辽宁等省份城市数量增加较多，其他省域的城市数量有不同程度的增加。2000—2010 年期间，各省域的城市数量变化很小，广东、江苏、浙江等省份有些县级市改为市辖区，使得城市数量略有减少。2010 年，城市数量超过 30 个的省域有 10 个，按降序排列依次是：山东、广东、江苏、河南、湖北、河北、浙江、四川、辽宁、黑龙江，这 10 个省占全国城市总数的 55.5%。

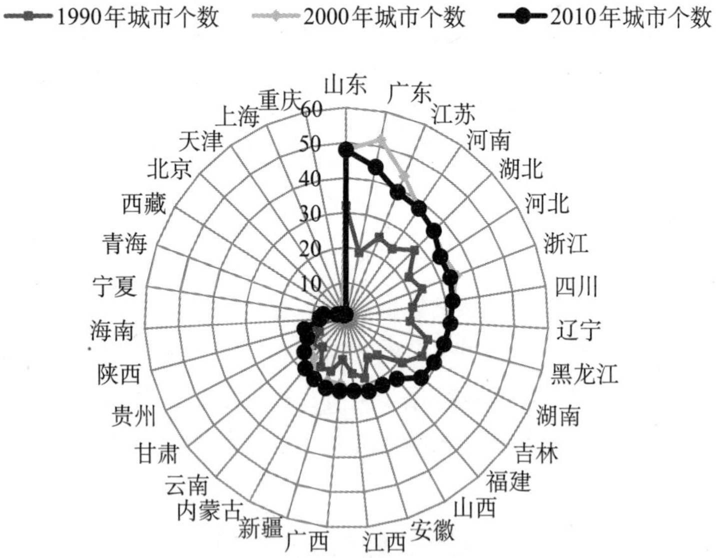

图 6－12　1990—2010 年中国分省域的城市数量

资料来源：根据《中国人口普查分县资料》（1990、2000、2010 年）计算绘制。

（二）分省域的城市静态人口吸纳能力

1990—2010 年中国分省域的城市吸纳的城镇人口存量情况见图 6－13。如图 6－13 所示，1990—2000 年，各省域的城市吸纳的城镇人口存量都有不同程度的增长。1990 年，中国各省域的城市吸纳的城镇人口存量较少。城市吸纳城镇人口存量最高的 8 个省份按降序排列依次是山东、辽宁、广东、四川、黑龙江、湖北、江苏、河南，其中最大的省域也不超过 2 000 万人。2000 年，城市吸纳城镇人口存量最高的 8 个省份按降序排列依次是广东、山东、江苏、辽宁、湖北、浙江、河南、黑龙江，其中，广东、山东、江苏、辽宁等 4 个省份的城市吸纳的城镇人口超过 2 000 万人。

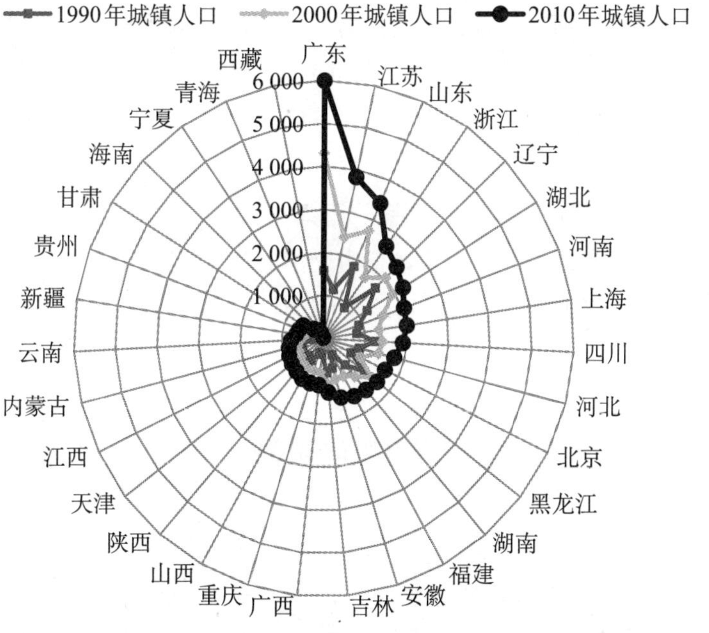

图 6－13　1990—2010 年中国分省域的城市吸纳的城镇人口存量（万人）

资料来源：根据《中国人口普查分县资料》（1990、2000、2010 年）计算绘制。

2000—2010 年，各省域的城市吸纳的城镇人口数量增长较快。2010 年，广东、江苏、山东、浙江、辽宁、湖北、河南、上海等 8 个省（市）的城市吸纳的城镇人口超过 2 000 万人，合计占全国城市吸纳城镇人口存量的 51.7%。城市吸纳城镇人口存量最少的 8 个省（区）按升序排列依次是：西藏、青海、宁夏、海南、甘肃、贵州、新疆、云南，合计 3 363 万，仅占全国城市吸纳城镇人口存量的 7.1%。

（三）分省域的城市动态人口吸纳能力

1990—2010 年中国分省域的城市吸纳的新增城镇人口数量见图 6－14。如图 6－14 所示，1990—2010 年期间，广东、江苏、山东、浙江、湖北、河南、福建、上海等 8 个省的城市吸纳的新增城镇人口数量超过 500 万，合计占全国城市吸纳新增城镇人口的 64.3%。其中，广东的城市吸纳新增城镇人口达 2 732 万，江苏达1 248万，山东为 897 万，浙江为 850 万。城市吸纳新增城镇人口最少的 8 个省份按升序排列依次是：西藏、青海、甘肃、宁夏、贵州、新疆、天津、江西，合计 411 万人，仅占全国的 3.2%。

2000—2010 年期间，广东、江苏、山东、浙江、湖北、河南、福建、上海等 8 个省城市吸纳新增城镇人口均超过 500 万，合计 7 116 万人，占全国城市吸纳的新增城镇人口的 56.0%。其中广东、江苏、浙江的城市吸纳的新增城镇人口分别达 1 685 万、1 424万、898 万，合计占全国城市的新增城镇人口的 32%。城市吸纳新增城镇人口最少的 8 个省份按升序排列依次是：西藏、青海、海南、宁夏、贵州、甘肃、黑龙江、吉林，合计 861 万人，仅占全国的 6.2%。值得注意的是，东北地区的黑龙江省和吉林省吸纳新增城镇人口能力明显下降，分别掉队到倒数第七名、倒数第八名。

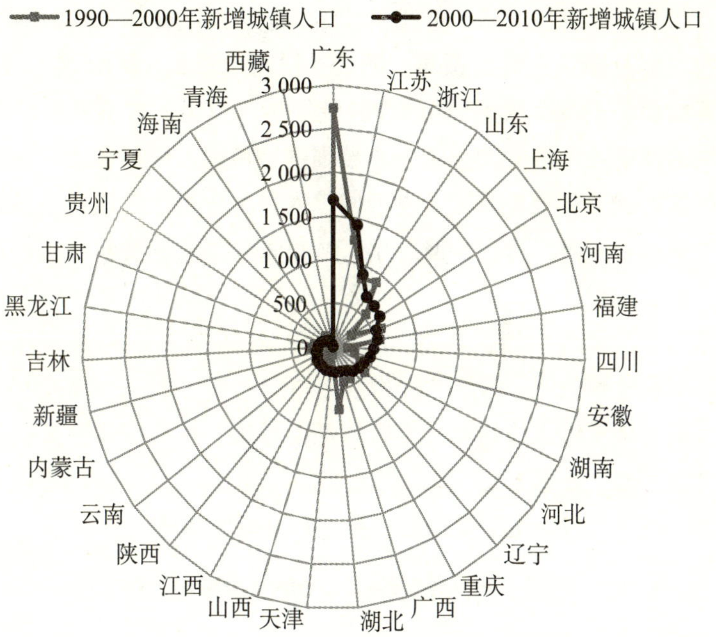

图6－14　1990—2010年中国分省域的城市吸纳的新增城镇人口数量（万人）

资料来源：根据《中国人口普查分县资料》（1990、2000、2010年）计算绘制。

（四）分省域的城市人口吸纳弹性指数

1990—2010年中国分省域的城市吸纳新增城镇人口的弹性指数情况见图6－15。如图6－15所示，1990—2000年，海南、广东、福建、重庆、广西、江苏、浙江、云南、河南、上海、湖北等11个省份的城市吸纳新增城镇人口的弹性指数大于1。其中，海南、广东、福建、重庆、广西等5个省的弹性指数大于2，江苏、浙江、云南等3个省的弹性指数大于1.5，显示出较强的城市人口吸纳能力。弹性指数最低的8个省份按升序排列依次是：甘肃、贵州、四川、天津、黑龙江、江西、辽宁、新疆，其弹性指数均不足0.4，表明城市人口吸纳能力较弱。

2000—2010年，宁夏、北京、江苏、福建、浙江、上海、安徽、新疆、云南、天津、重庆、江西、广东、海南、广西等15个省份的城市对城镇人口的吸纳弹性指数大于1。其中，宁夏、北京、江苏的吸纳弹性指数大于1.5，福建、浙江、上海、安徽、新疆的吸纳弹性指数大于1.25，显示出较强的城市人口吸纳能力。值得注意的是，新疆和宁夏的城市由于城镇人口基数小，吸纳新增城镇人口比重位居全国之后列，但近年来城镇人口增长速度较快，特别是宁夏的吸纳弹性指数高达2.2。天津在1990—2000年期间吸纳新增城镇人口的弹性指数仅0.27，但2000—2010年期间由于天津滨海新区开发进程加快，吸纳弹性指数提高到1.14。2000—2010年，城市吸纳新增城镇人口的弹性指数较低的城市，按升序排列依次是黑龙江、湖北、吉林、辽宁，其弹性指数均不足0.5。值得警惕的是，东北地区3个省份的吸纳弹性指数均在全国倒数行列。

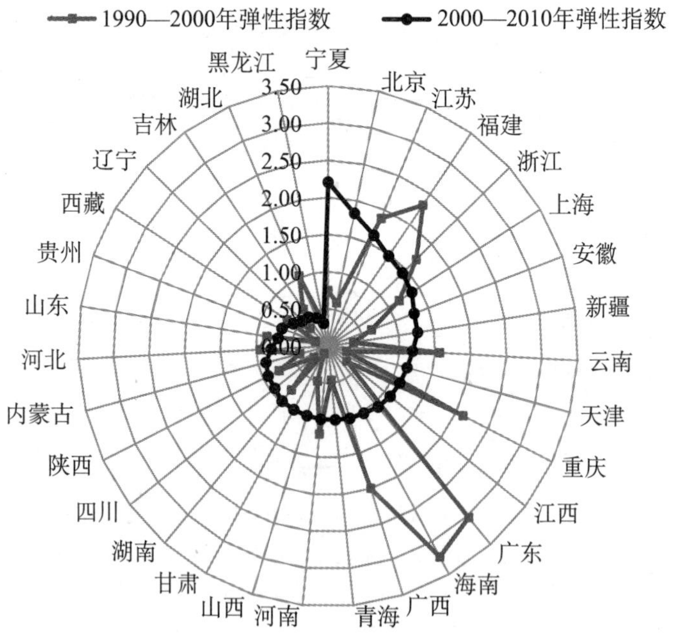

图6－15　1990—2010年中国分省域的城市吸纳新增城镇人口的弹性指数

资料来源：根据《中国人口普查分县资料》（1990、2000、2010年）计算绘制。

综合来看，目前，广东、江苏、山东、浙江、辽宁、湖北、河南、上海等 8 个省域的城市吸纳城镇人口存量较大，而新增城镇人口主要由广东、江苏、山东、浙江、湖北、河南、福建、上海等 8 个省域的城市吸纳，但从趋势看，宁夏、北京、江苏、福建、浙江、上海、安徽、新疆等 8 个省域的人口吸纳能力较强，未来吸纳新增城镇人口的数量及比重可能会进一步提升，而东北地区的黑龙江、吉林、辽宁等省份吸纳新增城镇人口能力将会持续下滑。

五、十大城市群的人口吸纳能力

一般来说，城市群内部的城市可以相互分工合作，形成一种基于产业链分工的群体竞争力，通常具有较强的产业支撑能力和人口吸纳能力，因而城市群是吸纳城镇人口的重要载体。

（一）十大城市群的地域范围及城市数量

关于十大城市群的地域范围划分，本书采用肖金成、袁朱（2009）的研究结果。由于有些城市在 1990 年之后才设立，2000 年和 2010 年的十大城市群中有些城市在 1990 年找不到统计数据，出于城市群空间范围的一致性考虑，仅分析 2000 年和 2010 年的数据。个别城市在 2000 年以后更名，统一调整为 2010 年的名称。数据来源为 2000 年和 2010 年的全国人口普查分县数据，地级及以上城市仅统计其市辖区范围内的城镇人口，县级市统计其全域范围内的城镇人口。各城市群内的地级及以上城市、县级市的数量，如表 6－17 所示。

表 6－17　中国十大城市群的地域范围及城市数量

城市群	地级及以上城市	县级市
长三角城市群	16 个：上海市、南京市、无锡市、常州市、苏州市、南通市、扬州市、镇江市、泰州市、杭州市、宁波市、嘉兴市、湖州市、绍兴市、舟山市、台州市	36 个：江阴市、宜兴市、溧阳市、金坛市、常熟市、张家港市、昆山市、吴江市、太仓市、启东市、如皋市、海门市、仪征市、高邮市、江都市、丹阳市、扬中市、句容市、兴化市、靖江市、泰兴市、姜堰市、建德市、富阳市、临安市、余姚市、慈溪市、奉化市、海宁市、平湖市、桐乡市、诸暨市、上虞市、嵊州市、温岭市、临海市
京津冀城市群	10 个：北京市、天津市、石家庄市、唐山市、秦皇岛市、保定市、张家口市、承德市、沧州市、廊坊市	17 个：辛集市、藁城市、晋州市、新乐市、鹿泉市、遵化市、迁安市、涿州市、定州市、安国市、高碑店市、泊头市、任丘市、黄骅市、河间市、霸州市、三河市
珠三角城市群	9 个：广州市、深圳市、珠海市、佛山市、江门市、肇庆市、惠州市、东莞市、中山市	4 个：增城市、从化市、高要市、四会市
山东半岛城市群	11 个：济南市、青岛市、淄博市、东营市、烟台市、潍坊市、泰安市、威海市、日照市、莱芜市、滨州市	23 个：章丘市、胶州市、即墨市、平度市、莱西市、龙口市、莱阳市、莱州市、蓬莱市、招远市、栖霞市、海阳市、青州市、诸城市、寿光市、安丘市、高密市、昌邑市、新泰市、肥城市、文登市、荣成市、乳山市
川渝城市群	15 个：重庆市、成都市、自贡市、泸州市、德阳市、绵阳市、遂宁市、内江市、乐山市、南充市、眉山市、宜宾市、广安市、雅安市、资阳市	10 个：都江堰市、彭州市、邛崃市、崇州市、广汉市、什邡市、绵竹市、峨眉山市、华蓥市、简阳市
辽中南城市群	10 个：沈阳市、大连市、鞍山市、抚顺市、本溪市、丹东市、营口市、辽阳市、盘锦市、铁岭市	12 个：新民市、瓦房店市、普兰店市、庄河市、海城市、东港市、凤城市、盖州市、大石桥市、灯塔市、调兵山市、开原市

续表

城市群	地级及以上城市	县级市
长江中游城市群	12个：九江市、信阳市、武汉市、黄石市、鄂州市、荆门市、孝感市、荆州市、黄冈市、咸宁市、随州市、岳阳市	18个：瑞昌市、大冶市、钟祥市、应城市、安陆市、汉川市、石首市、洪湖市、松滋市、麻城市、武穴市、赤壁市、广水市、仙桃市、潜江市、天门市、汨罗市、临湘市
中原城市群	8个：郑州市、开封市、洛阳市、平顶山市、新乡市、焦作市、许昌市、漯河市	14个：巩义市、荥阳市、新密市、新郑市、登封市、偃师市、舞钢市、卫辉市、辉县市、沁阳市、孟州市、禹州市、长葛市、济源市
海西城市群	6个：福州市、厦门市、莆田市、泉州市、漳州市、宁德市	8个：福清市、长乐市、石狮市、晋江市、南安市、龙海市、福安市、福鼎市
关中城市群	6个：西安市、铜川市、宝鸡市、咸阳市、渭南市、商洛市	3个：兴平市、韩城市、华阴市

资料来源：肖金成，袁朱．中国十大城市群［M］．北京：经济科学出版社，2009.

（二）十大城市群的城市静态人口吸纳能力

2000—2010年期间，十大城市群的城市对城镇人口的静态吸纳能力不断提升，其城镇人口存量情况见表6－18。2000年，中国十大城市群共有248座城市，占全国城市数量的37.2%；吸纳的城镇人口数量达19 117万人，占全国城市吸纳城镇人口数量的54.7%。2010年，十大城市群的城市共吸纳了城镇人口47 639万人，占全国城市吸纳的城镇人口的比重提高到58.9%，比2000年提高了4.2个百分点。

表6－18　2000—2010年中国十大城市群的城镇人口存量情况

单位：万人，%，百分点

城市群	2000年			2010年			2000—2010年	
	城镇人口平均规模	城镇人口	占全国比重	城镇人口平均规模	城镇人口	占全国比重	平均规模变化	比重变化
长三角城市群	82	4 254	12.18	132	6 883	14.45	51	2.27
京津冀城市群	102	2 745	7.86	149	4 013	8.42	47	0.57

续表

城市群	2000年			2010年			2000—2010年	
	城镇人口平均规模	城镇人口	占全国比重	城镇人口平均规模	城镇人口	占全国比重	平均规模变化	比重变化
珠三角城市群	183	2 375	6.80	335	4 358	9.15	153	2.35
山东半岛城市群	60	2 034	5.82	76	2 587	5.43	16	-0.39
川渝城市群	72	1 807	5.17	107	2 680	5.63	35	0.46
辽中南城市群	78	1 715	4.91	93	2 048	4.30	15	-0.61
长江中游城市群	59	1 777	5.09	66	1 993	4.18	7	-0.91
中原城市群	44	972	2.78	61	1 336	2.80	17	0.02
海西城市群	57	802	2.30	94	1 320	2.77	37	0.47
关中城市群	71	637	1.82	94	845	1.77	23	-0.05
十大城市群合计	77	19 117	54.73	113	28 064	58.91	36	4.17
全国城市	52	34 927	100	73	47 639	100	20	0

资料来源：根据《中国2000年人口普查分县资料》、《中国2010年人口普查分县资料》计算整理。

从平均规模来看，十大城市群的城市平均规模明显高于全国平均水平。2000年，十大城市群的平均规模比全国城市的平均规模高25万人，2010年则高出40万人。但十大城市群内部的平均规模差别较大。2000年珠三城市群的城镇人口平均规模达183万人，而中原城市群的平均规模仅44万人，前者是后者的4.13倍；2010年珠三角城市群平均规模达335万人，而中原城市群的平均规模仅为61万人，两者之商扩大到5.52倍。此外，长江中游城市群的平均规模也比较小，并且在2000—2010年期间平均规模仅增加7万人。而此期间珠三角、长三角、京津冀、海西城市群的平均规模分别增加了153万、51万、47万、37万。

从占全国城市吸纳城镇人口的比重来看，长三角城市群、珠三角城市群和京津冀城市群所占比重较大，2000年三大城市群占全国城市吸纳新增城镇人口总量的26.8%，2010年提升至32.0%。2000—2010年，海西城市群、川渝城市群的城市占全国城市吸纳新增城镇人口的比重也在提升，分别提高了0.47个、0.46个百分点。然而，山东半岛、辽中南、长江中游、关中城市群占全国城市吸纳新增城镇人口的比重均有所下降。

（三）十大城市群的城市动态人口吸纳能力

2000—2010 年中国十大城市群的城市吸纳新增城镇人口的数量及比重见图 6－16。从新增城镇人口看，2000—2010 年，十大城市群吸纳了8 930万新增城镇人口，占全国城市新增城镇人口的 70.2%。特别是长三角、珠三角、京津冀城市群在此期间分别吸纳了 2 629 万人、1 983 万人、1 269 万人，合计占全国城市新增城镇人口的 46.3%。此外，川渝城市群、山东半岛城市群、海西城市群分别吸纳新增城镇人口 872 万人、553 万人、518 万人，占全国城市吸纳新增城镇人口的比重均超过了 4%，合计 15.3%。

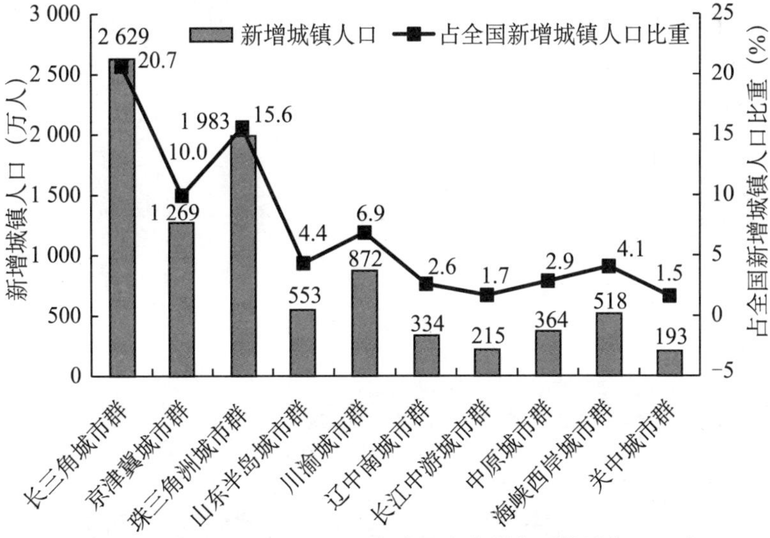

图 6－16　2000—2010 年中国十大城市群的城市吸纳新增城镇人口的数量及比重

资料来源：根据《中国 2000 年人口普查分县资料》、《中国 2010 年人口普查分县资料》计算绘制。

（四）十大城市群的城市人口吸纳弹性指数

2000—2010 年中国十大城市群城市对新增城镇人口的吸纳弹性指数见图 6－17。从吸纳弹性指数来看，2000—2010 年十大城市群对城镇人口的吸纳能力是比较强的。此期间，十大城市群的平均吸纳弹性指数为 1.28。也就是说，全国城市吸纳的城镇人口每增加 1 个百分点，十大城市群城市吸纳的城镇人口就增加 1.28 个百分点。

然而，十大城市群内部的吸纳弹性指数差异较大。珠三角、海西、长三角、川渝、京津冀、中原城市群的吸纳弹性指数均大于 1，高于全国平均水平。其中，珠三角、海西、长三角城市群的吸纳弹性指数分别为 2.29、1.77、1.70，显示出很强的人口吸纳能力。长三角、川渝、京津冀城市群的人口吸纳能力也比较强，吸纳弹性指数大于 1.25。中原城市群的吸纳弹性指数略高于 1，接近于全国平均水平。长江中游、辽中南、山东半岛、关中城市群的吸纳弹性指数均小于 1，城市人口吸纳能力较弱。特别是长江中游城市群的吸纳弹性指数仅为 0.33，辽中南城市群的吸纳弹性指数也只有 0.53。

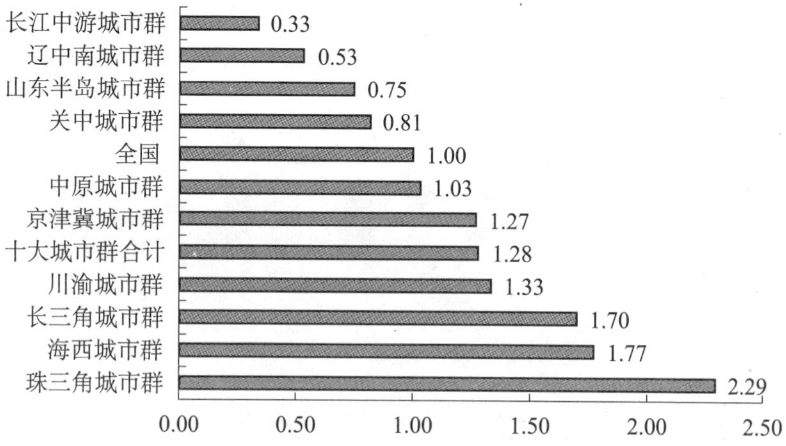

图 6－17　2000—2010 年中国十大城市群城市对新增城镇人口的吸纳弹性指数

资料来源：根据《中国 2000 年人口普查分县资料》、《中国 2010 年人口普查分县资料》计算绘制。

综合来看，十大城市群的城市具有较强的城市人口吸纳能力。特别是长三角、珠三角和京津冀三大城市群吸纳了全国城市城镇人口的32.0%，吸纳了全国城市新增城镇人口的46.3%，显示出超强的城市人口吸纳能力。从趋势来看，海西城市群和川渝城市群也具有较强的人口吸纳能力，未来吸纳新增城镇人口的数量及比重将会持续上升。长江中游城市群的资源环境承载空间较大，但尚需进一步增强产业支撑能力和公共服务水平，才能更好地提升城市人口吸纳能力。而辽中南城市群由于体制机制不灵活和重化工产业结构等原因，就业岗位创造能力持续减弱，城市人口吸纳能力将进一步减弱需引起重视。

第 7 章

中国建制镇的人口吸纳能力变迁

中国建制镇在城镇体系中处于最基层的位置，是城市发展的重要基础和后续梯队。中国建制镇数量众多，吸纳了大量城镇人口，2009 年中国 1.97 万个建制镇的镇区吸纳了 2.12 亿人口。因此，中国建制镇在快速推进城镇化进程中起着举足轻重的作用。本章基于中国建制统计资料数据，以 2 万个左右的建制镇为样本，主要从分规模、分区域、分省域等角度，详细考察建制镇对城镇人口的吸纳能力。

一、分规模的建制镇人口吸纳能力

（一）建制镇镇区人口数据来源与统计描述

近年来，国家统计局农村社会经济调查司编制了《中国建制镇统计资料》。该统计资料分建制镇对镇区人口、总人口、从业人员数、行政面积等指标进行了统计。这为分规模、分区域、分省域、分类别研究建制镇的人口吸纳能力提供了可行性。本章以《中国建制镇统计资料》（2005、2010）为数据来源，以近2万个建制镇为样本，这两个资料的数据前后相隔5年，可以进行纵向比较分析。

《中国建制镇统计资料2005》提供了2004年20418个建制镇的统计数据，剔除镇区人口数据为0或为空的建制镇后，剩下20 393个建制镇。《中国建制镇统计资料2010》提供了19 699个建制镇的统计数据。2004年和2009年中国建制镇镇区人口统计特征值如表7－1所示。2004年和2009年建制镇的镇区人口分别为1.84亿人和2.12亿人，总人口分别为7.49亿人、8.03亿人。

表7－1　2004年和2009年中国建制镇镇区人口统计特征值

统计特征	镇区人口		全镇总人口	
	2004年	2009年	2004年	2009年
样本数	20 393	19 699	20 406	19 699
求和（万人）	18 425	21 187	74 912	80 275
最大值（人）	724 094	552 440	724 094	554 530
最小值（人）	13	21	320	210
平均值（人）	9 035	10 756	36 950	40 751
中位数（人）	4 043	4 692	30 755	33 501
标准差	17 284	19 451	27 792	31 071

为了分析不同规模等级建制镇的人口吸纳能力，有必要先对建制镇的规模等级进行划分。在划分建制镇的规模等级时，需考虑以下几个因素：一是要精准反映建制镇的总体分布状况。在建制镇密集分布的区间段可多划分几个规模等级，在稀疏分布的区间段可少划分一些规模等级。二是要考虑设置建制镇的最低人口门槛。通常情况下（个别少数民族地区和边境地区等例外），中国设置建制的最低门槛标准就是2 000人。因此，2 000人是一个很重要的分界点。三是要考虑与城市规模等级划分标准的对接。当一些特大建制镇满足一定条件时，可能会升格成为小城市，甚至可能发展成中等城市。中国现行的城市等级规模划分标准中规定：Ⅱ型小城市小于20万，Ⅰ型小城市为20万～50万。因此人口20万是一个关键的分

界点。综合各因素，本书采用非等距分类方法，按镇区人口将建制镇划分成8个等级：小于0.2万、0.2万~0.5万、0.5万~1万、1万~2万、2万~5万、5万~10万、10万~20万、20万以上。

为考察中国建制镇的总体分布状况，将2004年和2009年建制镇的镇区人口绘制成核密度分布曲线，如图7-1所示。中国建制镇的核密度分布曲线呈现以下几个特征：一是曲线整体形状右偏（即左尾短，右尾长）。绝大多数建制镇密集分布在20万人口以下规模的区间段；而20万人口规模的建制镇仅是少数，其核密度值较小。二是从动态看曲线的峰值变小。这说明，建制镇内部的规模开始分异，不再集中分布在某个规模较小的区间。三是从动态看曲线的右尾缩短。这说明，此期间建制镇的最大规模不增反减，规模较大的建制镇，其规模有所缩小。四是两条曲线大约在人口规模15万和45万处存在两个交点。在15万规模以下区间，2009年的核密度曲线位于2004年的核密度曲线下方，表明2004—2009年期间15万以下建制镇的比重开始下降；而在15万~45万规模区间，2009年的核密度曲线位于2004年的上方，表明15万~45万规模的建制镇比重在增加。

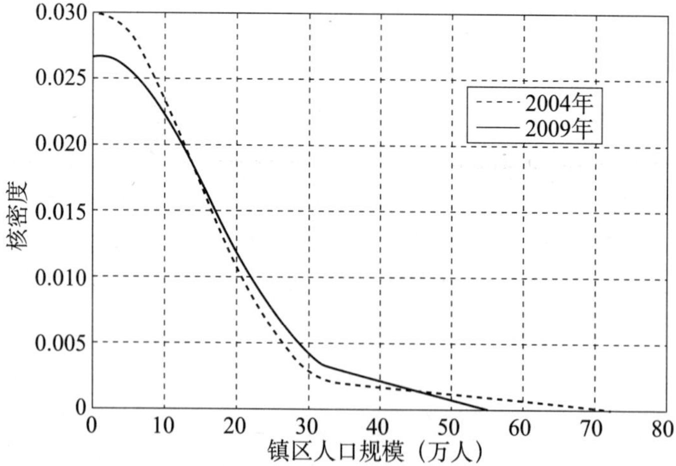

图7-1　2004年和2009年中国建制镇镇区人口分布的核密度估计

(二) 分等级规模的建制镇人口吸纳能力

1. 分等级规模的建制镇数量结构变化

中国建制镇主要分布在0.2万~0.5万、0.5万~1.0万、小于0.2万这三个规模等级。其中0.2万~0.5万规模的建制镇数量最多。这表明，中国建制镇规模普遍偏小。但从动态来看，低等级规模的建制镇数量在快速减少。其中，镇区人口规模小于0.2万人、0.2万~0.5万人的建制镇分别减少了783个、863个，合计降低了6.28个百分点；而0.5万~1万、1万~2万、2万~5万规模的建制镇数量共增加了750个，合计提高了5.16个百分点。2004—2009年中国建制镇个数情况见表7-2。

表7-2　2004—2009年中国建制镇个数

等级规模	建制镇个数（个）			比重（%）		
	2004年	2009年	变化	2004年	2009年	变化
小于0.2万	4 406	3 623	-783	21.6	18.4	-3.21
0.2万~0.5万	7 578	6 715	-863	37.2	34.1	-3.07
0.5万~1万	4 201	4 365	164	20.6	22.2	1.56
1万~2万	2 206	2 580	374	10.8	13.1	2.28
2万~5万	1 396	1 608	212	6.8	8.2	1.32
5万~10万	479	616	137	2.3	3.1	0.78
10万~20万	114	178	64	0.6	0.9	0.34
20万以上	13	14	1	0.1	0.1	0.01
合计	20 393	19 699	-694	100.0	100.0	0.00

2. 分等级规模的建制镇静态人口吸纳能力

2004—2009年，中国分等级规模的建制镇镇区人口分布相对均衡，具体情况见表7-4。小于0.2万的最低等级和20万以上的最高等级所吸纳的人口存量都比较小，2004年两者合计5%，2009年合计 4%。中间几个等级的人口分布相对均衡。所占比重最大的等级是 2 万 ~5 万规模等级，其次是 5 万 ~10 万规模等级。

表 7-3　2004 年和 2009 年分规模的中国建制镇镇区人口情况

等级规模	镇区人口（万人）		比重（%）		
	2004 年	2009 年	2004 年	2009 年	变化
小于 0.2 万	555	459	3.0	2.2	-0.85
0.2 万 ~0.5 万	2 508	2 238	13.6	10.6	-3.05
0.5 万 ~1 万	2 905	3 046	15.8	14.4	-1.39
1 万 ~2 万	3 059	3 587	16.6	16.9	0.33
2 万 ~5 万	4 254	4 932	23.1	23.3	0.19
5 万 ~10 万	3 308	4 213	18.0	19.9	1.93
10 万 ~20 万	1 462	2 338	7.9	11.0	3.10
20 万以上	375	374	2.0	1.8	-0.27
合计	18 425	21 187	100.0	100.0	0.00

从比重变化来看，2004—2009 年，镇区人口规模小于 1 万的 3 个等级和 20 万以上的等级所吸纳的镇区人口比重都在下降，合计下降了 5.55 个百分点。而比重上升最多的等级是 10 万 ~20 万规模等级，其次是 5 万 ~10 万规模等级。

3. 分等级规模的建制镇动态人口吸纳能力

2004—2009 年中国建制镇新增镇区人口及平均规模变动情况见表 7-4。2004—2009 年中国建制镇新增镇人口共计 2 763 万人，主要由 1 万 ~20 万规模等级的建制镇来吸纳。其中，5 万 ~10 万和 10 万 ~20 万规模等级的建制镇分别吸纳了将近 1/3 的新增镇区人口，2 万 ~5 万和 1 万 ~2 万规模等级的建制镇分别吸纳了 1/4、1/5 左右的新增镇区人口。规模等级较小的建制镇镇区人口不增反减，对吸纳新增镇区人口的贡献为负。其中小于 0.2 万的规模等级减少了 96 万人，而 0.2 万 ~0.5 万的规模等级减少了 269 万人，两者对吸纳新增镇区人口的贡献份额是 -13.2%。值得注意的是，2004—2009 年 20 万以上规模等级的建制镇数量净增加 1 个，但镇区人口却净减少了 1 万。

表 7－4　2004—2009 年中国建制镇新增镇区人口及平均规模变动

等级规模	新增镇区人口（万人）		平均规模（人）		
	2004—2009 年	比重（%）	2004 年	2009 年	变化
小于 0.2 万	－96	－3.5	1 259	1 266	6
0.2 万～0.5 万	－269	－9.8	3 309	3 333	24
0.5 万～1 万	142	5.1	6 914	6 979	65
1 万～2 万	529	19.1	13 865	13 904	39
2 万～5 万	678	24.5	30 473	30 671	198
5 万～10 万	905	32.8	69 058	68 389	－669
10 万～20 万	876	31.7	128 232	131 354	3 123
20 万以上	－1	0.0	288 249	267 156	－21 093
合计	2 763	100.0	9 035	10 756	1 721

总体上看，中国建制镇镇区人口规模普遍偏小，但成长较快，平均规模迅速扩大。2004 年中国建制镇镇区人口平均规模仅 9 035 人，其中 79% 的建制镇的镇区人口不足 1 万人，59% 的建制镇的镇区人口不足 5 000 人，22% 的建制镇的镇区人口不到 2000 人。至 2009 年，中国建制镇的镇区人口平均规模提高到 10 756 人，比 2004 年提高了 12%。

近年来，有一批建制镇已达到Ⅱ型小城市、Ⅰ型小城市的规模，甚至达到中等城市的规模。2004 年，镇区人口规模为 10 万～20 万的有 114 个，20 万以上的有 13 个。2009 年镇区人口规模为 10 万～20 万的达 178 个，增加了 64 个；20 万以上的达 14 个，增加了 1 个。一些人口规模较大、经济实力较强、城镇化水平较高的建制镇基本达到小城市的门槛，成为发展城市的后备军，待条件成熟时可望升格为建制市。

2004—2009 年，有一批建制镇镇区人口规模超过 20 万人，具体情况见表 7－5。从表 7－5 可发现三个特点：一是特大镇的空间分布严重不均衡，进一步向东部地区集中。2004 年，13 个超过 20 万人的建制镇中，9 个分布在广东，3 个分布在中西部地区。至 2009 年，镇区人口规模超过 20 万人的 14 个建制镇中，全部位于东部地区，特别是集中分布在长三角地区。二是特大镇的建制镇正常发展进程受阻，新的特大镇不断涌现。2004 年镇区人口超过 20 万的 13 个建制镇，仅有 3 个保留在 2009 年的名单中，2004—2009 年涌现出了 11 个新的镇区人口超过 20 万的建制镇。三是个别建制镇由于户籍制度改革滞后、受金融危机冲击等原因，人口吸纳能力趋于下降。最为典型的例子就是广东省东莞市的虎门镇。2004 年虎门镇的镇区人口达 72.4 万人，其中外来暂住人口 60.7 万人，是户籍人口 11.7 万人的 5.2 倍。大量外来暂住人口未及时有效地转化为本地户籍人口，受到外部金融危机冲击后，不少外来暂住人口又从虎门镇流出去。2009 年虎门镇的镇区人口下降到了 55.2 万人，比 2004 年少吸纳了 17.2 万人。近年来，东莞市开始着力解决新东莞人的落户问题，并在医疗保障、子女教育、公共交通等方面对新东莞人采取新的优惠政策。作为东莞市的经济重镇和人口大镇，虎门镇的人口吸纳能力也由此得到大幅提升。2011 年，东莞市虎门镇的常住人口回升到 64.1 万人。

表 7－5　2004 年和 2009 年中国镇区人口规模超过 20 万人的建制镇

2004 年				2009 年			
序号	省份	建制镇名称	镇区人口	序号	省份	建制镇名称	镇区人口
1	广东	东莞市虎门镇	724 094	1	广东	东莞市虎门镇	552 440
2	广东	东莞市东城区	319 209	2	广东	中山市小榄镇	316 266
3	广东	东莞市塘厦镇	307 760	3	江苏	常熟市虞山镇	300 458
4	广东	江门市新会区会城镇	298 157	4	江苏	江宁区秣陵街道	284 944
5	广东	东莞市常平镇	295 452	5	上海	宝山区大场镇	275 620
6	江苏	常熟市虞山镇	261 166	6	广东	东莞市大朗镇	244 307
7	广东	东莞市寮步镇	244 531	7	江苏	张家港市杨舍镇	233 875
8	广东	广州市花都区新华镇	235 785	8	江苏	江阴市澄江街道	229 265
9	广东	东莞市大朗镇	219 468	9	江苏	沭阳县沭城镇	228 562
10	广东	东莞市凤岗镇	219 294	10	山东	郯城县郯城镇	225 890

续表

2004 年				2009 年			
序号	省份	建制镇名称	镇区人口	序号	省份	建制镇名称	镇区人口
11	四川	射洪县太和镇	212 500	11	江苏	邳州市运河镇	224 242
12	河南	唐河县城关镇	208 827	12	上海	奉贤区南桥镇	219 317
13	河南	固始县城关镇	201 000	13	江苏	苏州市工业园区唯亭镇	202 857
				14	上海	浦东新区三林镇	202 143

4. 分等级规模的建制镇人口吸纳弹性指数

2004—2009 年中国建制镇各规模等级的人口吸纳弹性指数见图 7－2。从人口吸纳弹性指数来看，2004—2009 年，中国建制镇人口吸纳能力较强的规模等级集中在 10 万～20 万和 5 万～10 万两个等级。其中 10 万～20 万规模等级的人口吸纳弹性指数高达 4.00。也就是说，全国建制镇的镇区人口每增长 1 个百分点，那么 10 万～20 万规模等级的建制镇镇区人口就增长 4 个百分点。5 万～10 万的规模等级也表现出较强的吸纳能力，吸纳弹性指数为 1.82。0.5 万规模以下和 20 万以上规模的建制镇的人口吸纳弹性指数为负。尤其是小于 0.2 万规模的建制镇，全国镇区人口每增加 1 个百分点，该等级规模建制镇的镇区人口就减少 1.16 个百分点。

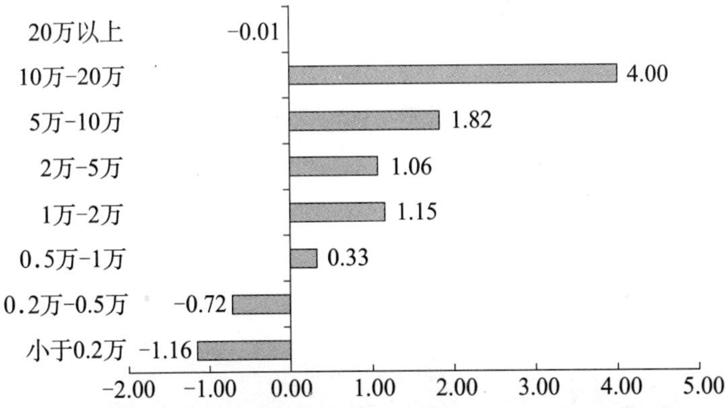

图 7－2　2004—2009 年中国建制镇各规模等级的人口吸纳弹性指数

综合来看，吸纳镇区人口存量主要靠2万~5万、5万~10万两个等级；吸纳镇区人口增量主要靠5万~10万、10万~20万、2万~5万三个等级。从未来趋势看，5万~10万、10万~20万具有较高的人口吸纳能力，是吸纳新增镇区人口的主要载体。

（三）分相对规模的建制镇人口吸纳能力

上述分析是基于人为设定的绝对规模等级划分的结果。这里，再从相对规模等级的角度进行考察。按人口升序排列，分别计算按建制镇个数累计的份额及其对应的镇区人口累计份额，然后描点绘制洛伦兹曲线。

2004年，按镇总人口绘制的洛伦兹曲线比较贴近45°线，而按镇区人口绘制的洛伦兹曲线比较远离45°线，具体见图7－3。这表

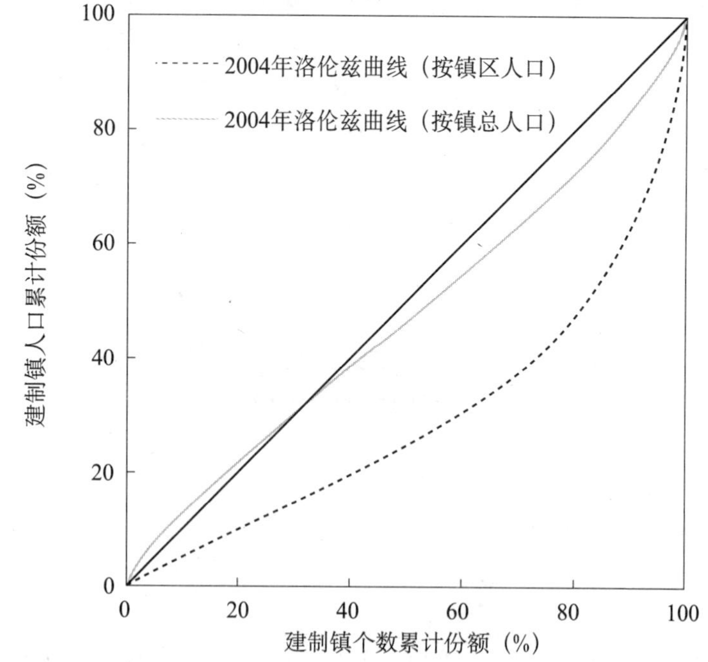

图7－3　2004年中国建制镇镇区人口分布的洛伦兹曲线

明，镇总人口在各个建制镇之间的分布相对均衡，而镇区人口在各个建制镇之间的分布则比较集中。通过比较分析，可看出镇区人口有向规模等级较大的建制镇集中的趋势。也就是说，相对规模较大的建制镇表现出较强的镇区人口吸纳能力。2009 年的情况与 2004 年的情况基本类似，具体见图 7－4，不再赘述。

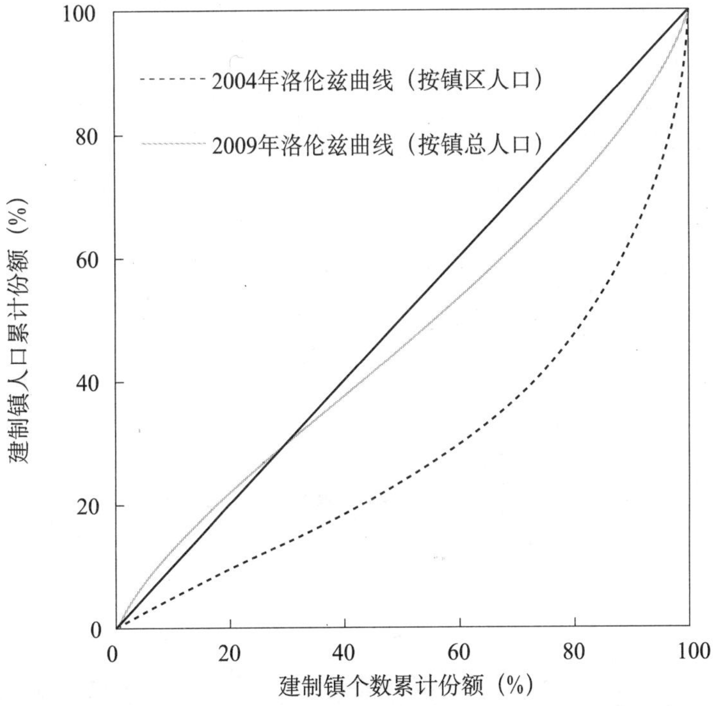

图 7－4　2009 年中国建制镇镇区人口分布的洛伦兹曲线

从不同年份比较来看，2004 年和 2009 年按镇区人口绘制的洛伦兹曲线，极度相似，几乎接近于重合，具体见图 7－5。这说明 2004—2009 年期间，镇区人口在不同建制镇之间的分布几乎没有多大变化。

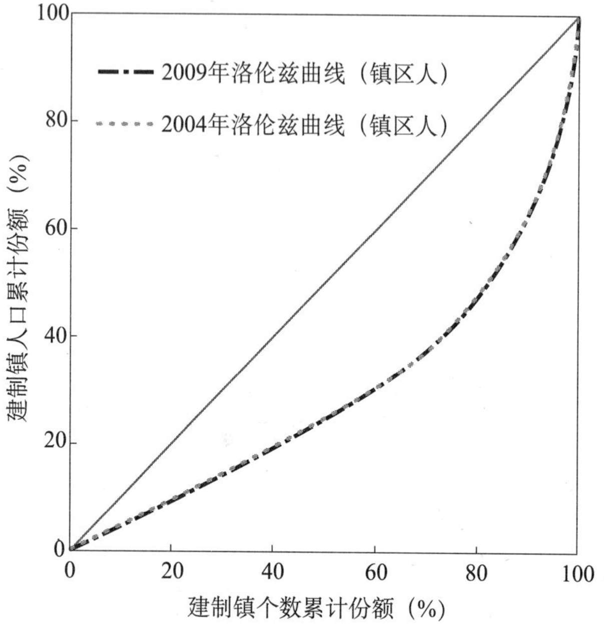

图 7-5　2004—2009 年中国建制镇镇区人口分布的洛伦兹曲线对比

二、四大区域的建制镇人口吸纳能力

（一）四大区域的建制镇数量变化

2004—2009 年中国四大区域建制镇数量及其变化情况见表 7-6。从表 7-6 可以发现，2004—2009 年东部地区和西部地区的建制镇数量较多，各占全国建制镇数量的 1/3 左右。中部地区的建制数量也不少，占全国建制镇总数的 1/4 左右。东北地区的建制镇数量最少，仅占全国建制镇总数的 7.5% 左右。

表 7-6　2004—2009 年中国四大区域建制镇数量变化

区域	建制镇个数（个）			比重（%）		
	2004 年	2009 年	变化	2004 年	2009 年	变化
东部地区	6 684	6 440	-244	32.8	32.7	-0.1
东北地区	1 588	1 443	-145	7.8	7.3	-0.5
中部地区	5 114	4 982	-132	25.1	25.3	0.2
西部地区	7 007	6 834	-173	34.4	34.7	0.3
合计	20 393	19 699	-694	100.0	100.0	0.0

2004—2009 年，四大区域的建制镇数量均有不同程度的减少，其中东部地区减少了 244 个，西部地区减少了 173 个，中部地区减少了 132 个，东北地区减少了 145 个。

从建制镇数量的比重变化来看，2004—2009 年，中西部地区建制镇的比重略有增加，而东部地区和东北地区的建制镇比重略有减少。

（二）四大区域建制镇的静态人口吸纳能力

2004 年和 2009 年中国四大区域建制镇镇区人口情况见表 7-7。2004 年，东部地区建制镇吸纳的镇区人口达 7 989 万人，占全国镇区人口的 43.4%；中西部地区吸纳的镇区人口相差不大，分别占全国镇区人口的 26.4%、23.5%；东北地区建制镇仅吸纳了 1 242 万人，占全国镇区人口的 6.7%。

2009 年，东部地区吸纳的镇区人口数量提高到 9 511 万人，占全国镇区人口的比重提高到 44.9%；西部地区吸纳的镇区人口数量几乎追赶上中部地区，所占比重提高了 0.9 个百分点；而东北地区和中部地区 2009 年吸纳的镇区人口比 2004 年也有不同程度的增加，但占全国的比重却略有下降。

表 7-7　2004 年和 2009 年中国四大区域建制镇镇区人口情况

	镇区人口（万人）		比重（%）		
	2004 年	2009 年	2004 年	2009 年	变化
东部地区	7 989	9 511	43.4	44.9	1.5
东北地区	1 242	1 255	6.7	5.9	-0.8
中部地区	4 869	5 255	26.4	24.8	-1.6
西部地区	4 324	5 166	23.5	24.4	0.9
合计	18 425	21 187	100.0	100.0	0.0

（三）四大区域建制镇的动态人口吸纳能力

2004—2009 年中国四大区域建制镇新增镇区人口及平均规模变动见表 7-8。在 2004—2009 年期间，全国新增镇区人口主要由东部地区的建制镇来吸纳。此期间，东部地区新增镇区人口 1 523 万人，占全国新增镇区人口的 55.1%。西部地区吸纳新增镇区人口 842 万，占全国新增镇区人口的 30.5%。但中部地区和东北地区建制镇的人口吸纳能力比较弱，只吸纳了新增镇区人口 385 万、13 万，仅占全国新增镇区人口的 13.9%、0.5%。

表 7-8　2004—2009 年中国四大区域建制镇新增镇区人口及平均规模变动

	新增镇区人口（万人）		平均规模（人）		
	2004—2009 年	比重（%）	2004 年	2009 年	变化
东部地区	1 523	55.1	11 952	14 769	2 817
东北地区	13	0.5	7 823	8 699	876
中部地区	385	13.9	9 521	10 547	1 026
西部地区	842	30.5	6 172	7 560	1 388

2004 年的镇区人口平均规模，东部地区 > 中部地区 > 东北地区 > 西部地区。其中，东部地区建制镇的镇区人口平均规模为 11 952人，比西部地区的平均规模大 94%。从动态来看，东部地区的镇区人口平均规模扩张比最快，西部居其次，中部地区和东北地区则扩张较慢。2004—2009 年，东部地区建制镇平均镇区人口规模

增加了2 817人，西部地区平均增加了1 388人，中部地区和东北地区的平均规模分别增加1 026人和876人。

(四) 四大区域建制镇的人口吸纳弹性指数

2004—2009年中国四大区域的镇区人口吸纳弹性指数见图7－6。从人口吸纳弹性指数来看，2004—2009年东部地区建制镇的人口吸纳能力最强，西部地区居次，中部地区再次，东北地区最弱。此期间，东部地区建制镇的人口吸纳弹性指数高达1.27。也就是说，全国建制镇镇区人口提高1个百分点，东部地区建制镇镇区人口就提高1.27个百分点。西部地区建制镇的人口吸纳弹性指数为1.30，表明具有较强的吸纳能力。中部地区和东北地区建制镇的人口吸纳弹性指数均低于1。特别是东北地区建制镇的人口吸纳弹性指数只有0.07，建制镇发展处于严重萎缩状态。之所以出现这种情况，最直接的原因是东部地区县域经济和镇域经济发展活跃，创造的就业机会较多，因而建制镇对人口的吸纳能力强。而东北地区作为老工业基地，经济体制改革相对滞后，作为经济主体的国有企业主要布局在大城市，建制镇发展缺乏产业支撑，创造的就业机会少，导致镇区人口吸纳能力弱。

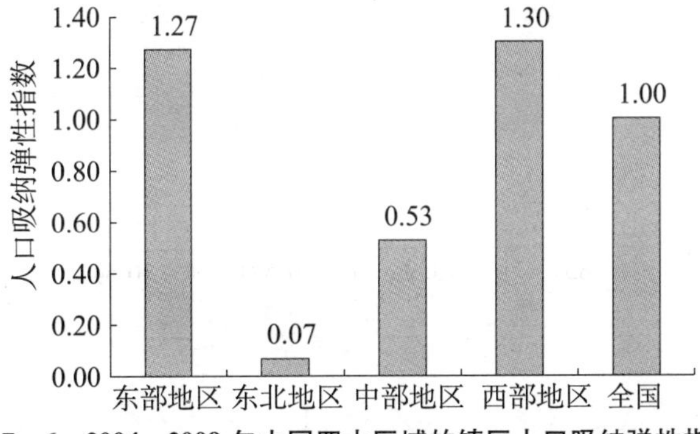

图7－6　2004—2009年中国四大区域的镇区人口吸纳弹性指数

综合来看，东部地区建制镇具有很强的人口吸纳能力，2004—2009年以33%左右的建制镇数量，吸纳了45%的镇区人口存量和55%的镇区人口增量。从趋势来看，西部地区的建制镇也具有一定的人口吸纳潜力。东北地区的建制镇对新增镇区人口的吸纳能力较弱，并且可能出现持续减弱趋势。

三、分省域的建制镇人口吸纳能力

（一）分省域的建制镇数量变化

2009 年各省份建制镇数量差异较大。建制镇数量超过 800 个的省份有河南、安徽、山西、江苏、河北、湖南、广东、山东、四川，其中，湖南、广东、山东和四川的建制镇数量超过 1 000 个。宁夏、上海、天津、青海、西藏、北京、海南等建制镇数量不足 200 个。2004—2009 年，大多数省份的建制镇数量基本保持不变或略有减少。但此期间，广东、湖北、辽宁、江苏、四川、内蒙古、安徽等省数量减少超过 60 个，其中广东、湖北、辽宁减少了 110 多个。建制镇数量增加超过 10 个的省份只有江西、河南、青海、河北，其中河北增加了 54 个。2004—2009 年中国各省建制镇数量变化情况见图 7－7。

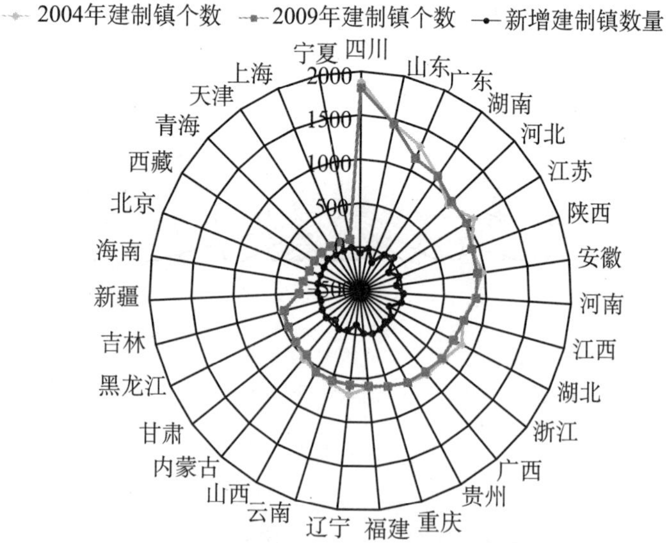

图 7－7　2004—2009 年中国各省建制镇数量变动

（二）分省域的建制镇静态人口吸纳能力

2009 年各省建制镇镇区人口数量差别也很大。镇区人口数量超过 1 000 万的省份有江苏、山东、广东、四川、河北、河南、湖南，其中江苏和山东的镇区人口超过 2100 万。青海、西藏、宁夏、天津的镇区人口则不足 100 万。2004—2009 年，广东、湖北、吉林、天津的建制镇镇区人口出现了负增长，其中广东和湖北的镇区人口分别下降了 475 万人、192 万人。其他省份的镇区人口均有不同程度的增长，其中安徽、重庆、河北、江苏、山东镇区人口增长超过 200 万人。2004—2009 年中国各省建制镇镇区人口变动情况见图 7－8。

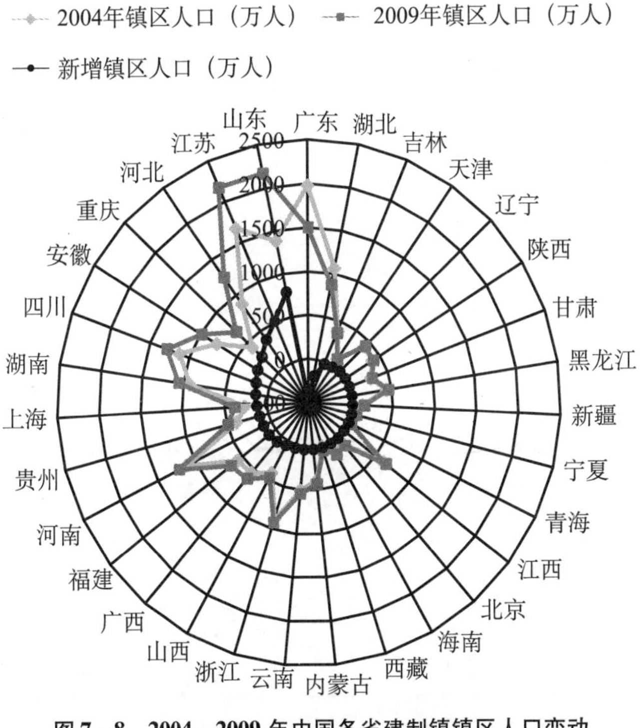

图 7－8　2004—2009 年中国各省建制镇镇区人口变动

（三）分省域的建制镇动态人口吸纳能力

2004—2009 年，中国新增镇区人口主要由山东、江苏、河北、重庆、安徽、四川、湖南、上海等省份来吸纳。这八个省份合计吸纳了全国 90% 的新增镇区人口。特别是山东、江苏、河北占全国新增镇区人口的比重分别高达 28.9%、18.9%、13.8%。而广东、湖北、吉林和天津由于镇区人口出现了负增长，对全国新增镇区人口的贡献份额分别是 -17.7%、-7.1%、-0.77%、-0.30%。

中国各省建制镇镇区人口平均规模的差别也很大，具体情况见图 7-9。2009 年上海市平均每个建制镇的镇区人口达到了37 821 人，而陕西省的平均规模仅有 4 271 人，前者是后者的 8.86 倍。2009 年镇区人口平均规模超过 12 000 人的还有河北、浙江、广东、河南、山东、江苏，平均规模不足 5 000 人的还有青海、西藏。

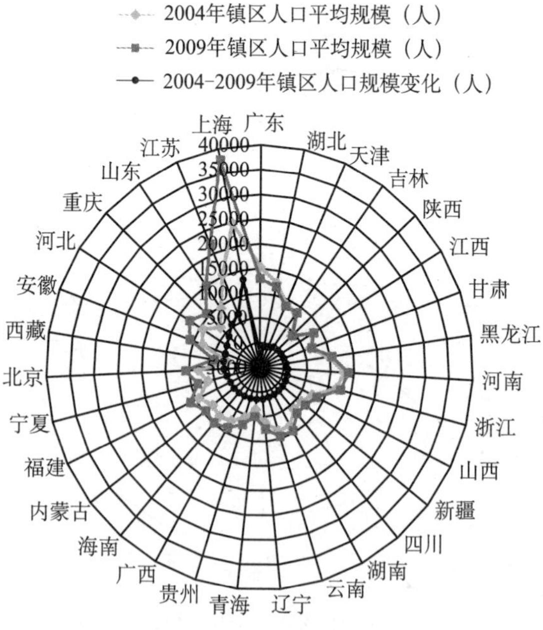

图 7-9　2004—2009 年中国各省建制镇镇区人口平均规模变动

2004—2009年，广东、湖北、天津的建制镇镇区人口平均规模出现了负增长，分别减少2 218人、709人、392人。其他省的镇区人口平均规模均有不同程度的正增长。其中宁夏、北京、西藏、安徽、河北、重庆、山东、江苏和上海的平均规模增长超过了2 000人，特别是山东、江苏和上海的平均规模的增长量超过了5 000人。

（四）分省域的建制镇人口吸纳弹性指数

从镇区人口吸纳弹性指数来看，2004—2009年期间有15个省份的镇区人口吸纳弹性指数小于1，具体参见图7－10。这意味着有一半左右的省份的镇区人口增长速度低于全国平均增长速度。其中广东、湖北、天津、吉林的镇区人口吸纳能力绝对下降，镇区人口出现了负增长，其吸纳弹性指数均小于0。另有16个省份的镇区人口吸纳弹性指数大于1，其中海南、贵州、安徽、北京、江苏、宁夏、河北的人口吸纳弹性指数在1.5~3.0之间，而上海、山东、重庆、青海、西藏的人口吸纳弹性指数大于3.0。特别是青海、西藏由于其镇区人口基数小，但在2004—2009年期间镇区人口规模急剧

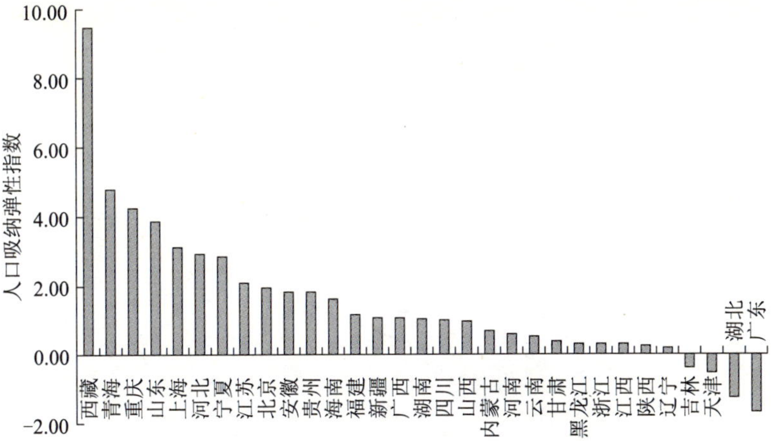

图7－10　2004—2009年中国各省镇区人口吸纳弹性指数

扩大，其人口吸纳弹性指数超过了4.5。

四、建制镇人口吸纳能力与就业机会的关系

持续的产业支撑和稳定的就业机会，是吸引乡村人口进入到城市和建制镇的重要影响因素。为了考察就业机会与人口吸纳能力的关系，以2004年和2009年近2万个建制镇为样本，将就业人数与镇区人口数绘制成相关图，如图7－11、图7－12、图7－13所示。

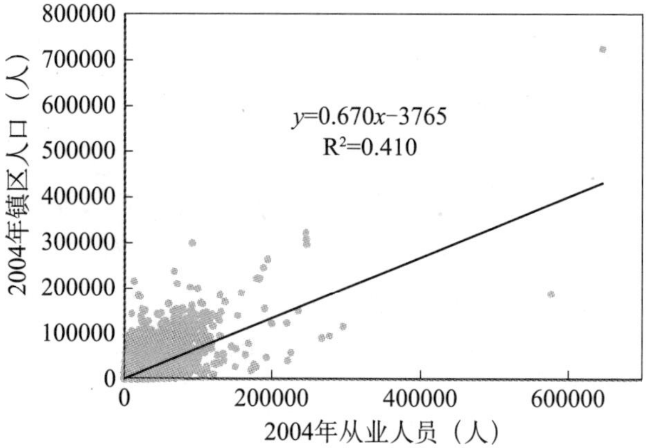

图7－11　2004年中国镇区人口与从业人员的关系

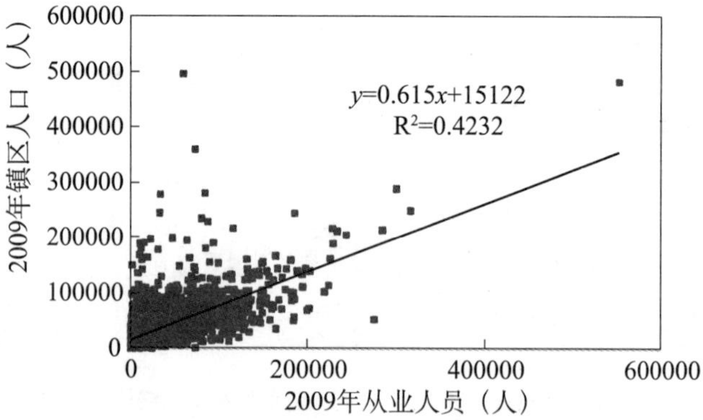

图7－12　2009年镇区人口与从业人员的关系

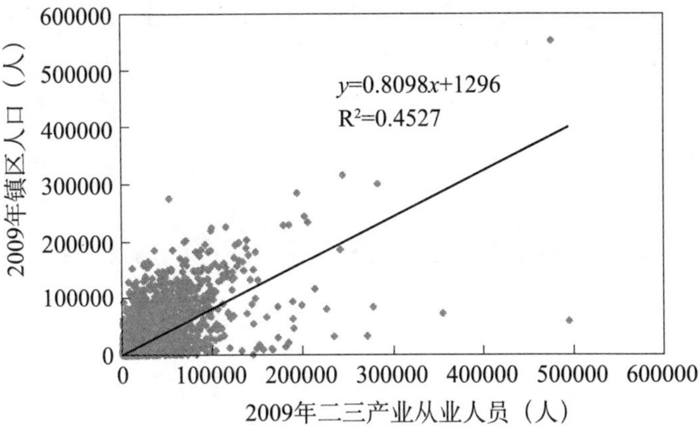

图 7－13　2009 年镇区人口与二、三产业从业人员的关系

从图 7－11、图 7－12、图 7－13 中，可看出镇区人口与从业人数、镇区人口与二、三产业从业人数存在显著的正相关关系。记镇区人口为 y，从业人数为 x，则有：

以 2004 年建制镇数据为样本，镇区人口与从业人数存在关系式：$y = 0.6704x - 3766$，$R^2 = 0.4101$。

以 2009 年建制镇数据为样本，镇区人口与从业人数存在关系式：$y = 0.6156x + 15122$，$R^2 = 0.4232$。

以 2009 年建制镇数据为样本，镇区人口与二、三产业从业人数存在关系式：$y = 0.8098x + 1296$，$R^2 = 0.4527$。

这启示我们，要提高建制镇的人口吸纳能力，就要有持续的产业支撑，不断地创造新的就业机会，从而吸引和容纳更多的人口在建制镇里长期生活，实现安居乐业。

第8章

中国城市人口吸纳效率

研究城市人口吸纳能力，不仅要考察城市所吸纳的城镇人口数量，而且要考虑城市在吸纳城镇人口过程中的效率和质量。人口吸纳效率和城镇化质量是评判城市人口吸纳能力的两个重要标准。只有兼顾城市人口吸纳效率和城镇化质量，才能确保城市在吸纳城镇人口过程中具有可持续性，才能实现人口、资源、环境、经济、社会各个系统间的良性互动。本章着重对中国城市人口吸纳效率进行分析。

一、城市人口吸纳能力的评判标准

一个城市吸纳多少城镇人口才算合理？这是一个涉及城市人口吸纳能力的价值判断的问题。当城镇人口可以基于个体理性完全自由流动或者城市样本比较多时，在某个时点吸纳了大量的城镇人口或者在某个时段吸纳了大量的新增城镇人口，可以认为是体现了较强的人口吸纳能力。但对某个具体城市而言，由于一些历史性因素、政策因素、成功幻觉因素、个体理性与集体理性的冲突等原因，可能会在一定时期吸纳了过多的人口，进而引发了一系列的社会经济与环境问题。城市吸纳的人口数量，一旦超出了经济系统、社会系统、资源系统、环境系统的可承受边界，就可能影响整个城市系统的正常运行。例如，国内外有些城市出现了交通拥挤、失业率高企、犯罪率攀升、资源短缺、环境恶化等问题。然而，城市吸纳的人口过少，也会带来一些不良后果。如果城市吸纳的人口过少，布局过于分散，公用基础设施和公共服务缺乏规模效益，也可能带来资源浪费和环境污染问题。

准确识别一个城市吸纳的人口数量是否超出了城市人口吸纳能力的正常边界，是一个较为复杂的问题。影响城市人口吸纳能力的因素是多方面的，城市人口吸纳能力不仅涉及人口系统，也涉及经济系统、社会系统、生态环境系统、基础设施系统。因此，很难用单一的标准或单一的指标来确定城市人口吸纳能力的边界，必须从多个维度，采取综合评价指标体系才能够胜任对城市人口吸纳能力的合理性分析。笔者认为，不妨从城市人口吸纳效率以及城镇化质量两个角度来考察城市人口吸纳能力的合理性标准。

首先，城市人口吸纳效率是评价城市人口吸纳能力的一个重要标准。对城市人口吸纳能力进行合理性分析，实质上就是要确定城市人口吸纳能力的合理边界。城市在吸纳一定数量的新增城镇人口时，要尽可能地减少相应的资源、环境等方面的成本代价；或者在给定一定数量的公共服务、固定资本、环境资本等投入时，要吸纳尽可能多的城镇人口。实际上，这就是城市人口的吸纳效率问题。如果人口吸纳效率较高，那么说明吸纳的城镇人口数量尚在城市人口吸纳能力的合理边界范围内，未来还有一定的人口吸纳潜力。如果吸纳效率很低，那么意味着已接近于或超出了合理边界，未来的人口吸纳潜力较小。

其次，城镇化质量也是评价城市人口吸纳能力的一个重要标准。城镇化的核心是人的城镇化。一个城市吸纳了一定数量的乡村人口进城，其结果好不好，关键还要看城镇化质量好不好。如果吸纳过多的人口，导致城镇化人口质量、经济质量、社会质量和空间质量低下，那么说明超出了城市人口吸纳能力的合理边界。如果城市吸纳的人口数量适中，城镇化质量保持较高水平，那么未来还有一定的人口吸纳潜力。一般说来，如果一个城市的城镇化质量较高，而城镇化水平还比较低，那么它就可以成为未来吸纳新增城镇人口的重要载体。如果一个城市的城镇化水平较高，而城镇化质量比较低，那么未来需要及时调整经济社会发展战略或者调整人口发展战略，使城市吸纳的人口数量保持在吸纳能力的合理边界范围内。

二、中国城市人口吸纳效率的 DEA 模型

为综合测度中国城市人口吸纳效率，笔者采用数据包络分析（DEA）方法，以 2010 年中国 286 个地级及以上城市为样本，对城市吸纳人口的综合技术效率、纯技术效率和规模效率进行定量化分析。

（一）数据包络分析（DEA）的模型设定

数据包络分析（Data Envelopment Analysis），简称 DEA 方法。在存在多种投入、多种产出的情况下，考察多个决策单位（DMU）之间的相对效率时，就可以使用 DEA 方法。DEA 方法是一种非参数的统计估计方法。其基本思路是基于决策单位（DMU）的投入—产出数据以及数学规划模型，构建一个包含若干个 DMU 的处于相对有效的生产前沿面，然后测算某个给定 DMU 相对于该生产前沿面的效率水平。判断 DMU 是否为 DEA 有效，本质上是判断 DMU 是

否位于生产可能集的生产前沿面上（魏权龄，2012）。

数据包络分析包括固定规模收益的 CCR 模型、可变规模收益的 BCC 模型、递增规模收益的 IRS 模型和递减规模收益的 DRS 模型等等。其中，Charnes、Cooper & Rhode（1978）开发的第一代 DEA 模型——CCR 模型，只能处理具有不变规模报酬特征的 DMU 的效率评估问题。Banker、Charnes & Cooper（1984）开发的 BCC 模型，则可用于分析可变规模报酬的生产技术。根据研究需要，笔者采用数据包络分析方法（DEA）中的 BCC 模型。有关 BCC 模型详情可参见魏权龄（2012）的研究，这里择要介绍如下：

假设有 n 个决策单位 DMU，都有 m 种投入和 q 种产出，记 x_{ij}、y_{rj} 分别表示 DMU_j 的第 i 种投入量、第 r 种产出量，$X_j=(x_{1j}, x_{2j}, \cdots, x_{mj})^T$、$Y_j=(y_{1j}, y_{2j}, \cdots, y_{qj})^T$ 分别表示 DMU_j 的投入向量、产出向量，$v=(v_1, v_2, \cdots, v_m)^T$、$u=(u_1, u_2, \cdots, u_q)^T$ 分别表示投入权向量、产出权向量。定义 $h_j = u^TY_j/v^TX_j = \sum_{r=1}^{q}u_ry_{rj}/\sum_{i=1}^{m}v_ix_{ij}$ 为 DMU_j 的相对效率评价指数，通过取适当的权系数 u 和 v，使得 $h_j\leqslant 1$，并且尽可能使其取得最大值。

上述问题，通过一定的数学变换，加上相应的约束条件，可转化为线性规划问题。其中 BCC 模型可表示为：

$$
(D_{BCC}^{I})\begin{cases}\min\theta \\ \sum_{j=1}^{n}X_j\lambda_j + s^- = \theta X_0 \\ \sum_{j=1}^{n}Y_j\lambda_j - s^+ = Y \\ \sum_{j=1}^{n}\lambda_j = 1 \\ \lambda_j \geqslant 0,\ j=1,2,\cdots n \\ s^+\geqslant 0,\ s^-\geqslant 0,\ \theta\text{不限制}\end{cases}
$$

一般来说，上式可用 DEAP2.1 等软件寻求最优解，可算出可变规模收益条件下的综合技术效率、纯技术效率、规模效率、投入要素冗余度等。设综合技术效率为 crste、纯技术效率为 vrste、规模效率为 scale，则三者之间数量关系可表示为：crste = vrste * scale。

（二）城市人口吸纳效率 DEA 模型的指标选择

模型设定为 DEA 方法中的 BCC 模型之后，关键是要选好合适的投入指标和产出指标。

（1）产出指标的选择。考察城市人口吸纳效率，就是要考察城市为了吸纳一定数量的城镇人口或达到一定的城镇化水平，而付出了多少的劳动力、资本、土地、能源资源、环境资源等方面的投入。因此，产出指标必须含与城镇人口相关的指标，或者直接采用城镇人口这个指标，或者将城镇人口转化为相对指标，用城镇化率来作为代理变量。值得注意的是，各种要素投入后的产出成果可能不只是人口城镇化的结果——城镇人口的增加或人口城镇化率的提高，还可能会带来其他方面的结果，比如在经济方面会带来地区生产总值的增加，在环境方面也会产出环境污染物。然而，环境污染物对于人类来说通常是负效用的，直接把环境污染物作为产出不太符合生活常识。为此，不妨转换思路，引入环境资源的概念。实际上，环境污染物的产生就是对环境资源的消耗。对于环境污染物这个指标，可以不把它当成环境负产出来处理，而把它视为环境资源的正投入来处理。

（2）投入指标的选择。关于投入指标，很自然地会想到资本、劳动力、土地、能源、水资源等方面的投入，这里不再赘述。

综合考虑城市人口吸纳效率的内涵以及数据的可获得性，从能源消耗、水资源消耗、环境资源消耗、资本投入、劳动力投入、土地投入等方面选择城市人口吸纳效率的投入指标，从经济产出和城镇化产出等方面选择产出指标，具体指标如表 8－1 所示。

表8-1　城市人口吸纳效率评价的指标选择

投入指标	产出指标
能源消耗：市辖区用电量； 水资源消耗：市辖区供水量； 环境资源消耗：全市 SO_2 排放量； 资本投入：市辖区固定资产投资总额； 劳动力投入：城镇单位、私营和个体企业从业人数； 土地投入：建成区面积	经济产出：地区生产总值； 城镇化产出：城镇人口

资料来源：作者整理。

由于选择的投入和产出指标，不仅包括经济方面的指标，而且还包括社会、环境等方面的指标，因此这里测算的城市人口吸纳效率实际是包含了经济效率、社会效率和生态效率在内的综合效率。

三、中国城市人口吸纳效率的结果分析

基于DEAP 2.1软件，输入中国2010年的286个地级及以上城市（拉萨市因数据不全，故未列入）的投入变量与产出变量的数据，将模型设定为数据包络分析（DEA）的BCC模型，就可测算出各城市对城镇人口的吸纳效率。

（一）中国城市人口吸纳效率的总体状况

中国2010年的286个地级及以上城市的城市人口吸纳效率如表8-2所示。

表8-2　2010年地级及以上城市人口吸纳效率

城市	crste	vrste	scale	规模报酬	城市	crste	vrste	scale	规模报酬
北京市	1	1	1	—	天津市	0.911	1	0.911	drs
石家庄市	0.589	0.687	0.856	drs	唐山市	0.523	0.531	0.985	drs

续表

城市	crste	vrste	scale	规模报酬	城市	crste	vrste	scale	规模报酬
秦皇岛市	0.621	0.625	0.994	irs	邯郸市	0.488	0.523	0.934	drs
邢台市	0.561	0.564	0.996	irs	保定市	0.592	0.594	0.997	irs
张家口市	0.689	0.695	0.991	irs	承德市	0.538	0.553	0.974	irs
沧州市	0.766	0.767	0.998	drs	廊坊市	0.632	0.635	0.995	irs
衡水市	0.597	0.639	0.933	irs	太原市	0.642	0.698	0.921	drs
大同市	0.62	0.705	0.88	drs	阳泉市	0.525	0.543	0.966	irs
长治市	0.558	0.607	0.919	irs	晋城市	0.849	0.877	0.968	drs
朔州市	0.978	0.996	0.982	irs	晋中市	0.734	0.743	0.988	irs
运城市	0.702	0.705	0.996	drs	忻州市	0.611	0.664	0.921	irs
临汾市	0.904	0.907	0.996	irs	吕梁市	0.955	1	0.955	irs
呼和浩特市	0.722	0.723	0.999	irs	包头市	0.67	0.689	0.972	drs
乌海市	0.409	0.463	0.882	irs	赤峰市	0.645	0.65	0.993	irs
通辽市	0.471	0.538	0.876	irs	鄂尔多斯市	1	1	1	—
呼伦贝尔市	0.847	0.923	0.918	irs	巴彦淖尔市	0.837	0.839	0.998	drs
乌兰察布市	0.691	0.754	0.917	irs	沈阳市	1	1	1	—
大连市	0.891	0.902	0.988	drs	鞍山市	0.582	0.585	0.995	drs
抚顺市	0.47	0.482	0.974	drs	本溪市	0.472	0.495	0.953	irs
丹东市	0.677	0.716	0.945	drs	锦州市	0.567	0.574	0.988	drs
营口市	0.417	0.426	0.979	drs	阜新市	0.463	0.47	0.985	drs
辽阳市	0.416	0.453	0.919	irs	盘锦市	0.774	0.798	0.97	irs
铁岭市	0.653	0.654	0.999	drs	朝阳市	0.702	0.714	0.983	irs
葫芦岛市	0.602	0.604	0.995	irs	长春市	0.882	0.907	0.973	drs
吉林市	0.629	0.63	0.999	—	四平市	0.77	0.77	1	—
辽源市	0.817	0.836	0.977	drs	通化市	0.616	0.66	0.933	irs
白山市	0.766	0.786	0.974	irs	松原市	1	1	1	—
白城市	0.876	0.924	0.949	irs	哈尔滨市	0.96	1	0.96	drs
齐齐哈尔市	0.777	0.889	0.874	drs	鸡西市	0.714	0.724	0.987	irs

续表

城市	crste	vrste	scale	规模报酬	城市	crste	vrste	scale	规模报酬
鹤岗市	0. 619	0. 631	0. 981	irs	双鸭山市	0. 777	0. 789	0. 985	irs
大庆市	1	1	1	—	伊春市	0. 853	0. 86	0. 992	drs
佳木斯市	1	1	1	—	七台河市	0. 637	0. 648	0. 984	irs
牡丹江市	0. 548	0. 552	0. 992	irs	黑河市	0. 649	0. 999	0. 649	irs
绥化市	1	1	1	—	上海市	0. 979	1	0. 979	drs
南京市	0. 699	0. 74	0. 944	drs	无锡市	0. 749	0. 75	0. 998	drs
徐州市	0. 718	0. 728	0. 986	drs	常州市	0. 755	0. 767	0. 983	irs
苏州市	0. 756	0. 831	0. 91	drs	南通市	0. 733	0. 739	0. 992	irs
连云港市	0. 568	0. 571	0. 994	irs	淮安市	0. 63	0. 632	0. 998	irs
盐城市	0. 831	0. 865	0. 96	drs	扬州市	0. 865	0. 872	0. 991	irs
镇江市	0. 545	0. 559	0. 973	irs	泰州市	0. 763	0. 763	0. 999	—
宿迁市	0. 654	0. 662	0. 987	drs	杭州市	0. 801	0. 812	0. 987	drs
宁波市	0. 736	0. 753	0. 978	drs	温州市	0. 884	0. 907	0. 976	drs
嘉兴市	0. 482	0. 484	0. 996	irs	湖州市	0. 566	0. 577	0. 981	irs
绍兴市	0. 486	0. 501	0. 969	irs	金华市	0. 734	0. 738	0. 994	drs
衢州市	0. 446	0. 516	0. 864	irs	舟山市	0. 809	0. 811	0. 998	drs
台州市	0. 793	0. 793	1	—	丽水市	0. 636	0. 794	0. 802	irs
合肥市	1	1	1	—	芜湖市	0. 683	0. 689	0. 992	irs
蚌埠市	0. 583	0. 584	0. 999	irs	淮南市	0. 587	0. 633	0. 928	drs
马鞍山市	0. 438	0. 453	0. 968	irs	淮北市	0. 618	0. 654	0. 945	drs
铜陵市	0. 521	0. 599	0. 87	irs	安庆市	0. 598	0. 614	0. 974	irs
黄山市	0. 836	1	0. 836	irs	滁州市	0. 563	0. 594	0. 948	irs
阜阳市	0. 762	0. 769	0. 991	drs	宿州市	0. 863	0. 874	0. 988	irs
巢湖市	0. 559	0. 612	0. 914	irs	六安市	0. 834	0. 839	0. 993	drs
亳州市	0. 916	0. 939	0. 976	irs	池州市	0. 497	0. 528	0. 941	irs
宣城市	0. 635	0. 68	0. 933	irs	福州市	0. 695	0. 834	0. 834	drs
厦门市	0. 775	0. 803	0. 966	drs	莆田市	1	1	1	—
三明市	0. 452	0. 627	0. 721	irs	泉州市	0. 695	0. 7	0. 994	drs
漳州市	0. 734	0. 739	0. 993	irs	南平市	0. 499	0. 65	0. 768	irs
龙岩市	0. 71	0. 756	0. 939	irs	宁德市	0. 776	1	0. 776	irs
南昌市	0. 759	0. 77	0. 986	drs	景德镇市	0. 542	0. 552	0. 981	irs
萍乡市	0. 56	0. 575	0. 975	irs	九江市	0. 555	0. 572	0. 971	irs

续表

城市	crste	vrste	scale	规模报酬	城市	crste	vrste	scale	规模报酬
新余市	0.762	0.773	0.986	irs	鹰潭市	0.628	0.829	0.757	irs
赣州市	0.729	0.736	0.991	irs	吉安市	0.61	0.657	0.93	irs
宜春市	0.617	0.629	0.981	irs	抚州市	0.623	0.623	0.999	—
上饶市	0.688	0.69	0.997	drs	济南市	0.947	0.982	0.964	drs
青岛市	0.939	0.987	0.952	drs	淄博市	0.643	0.665	0.967	drs
枣庄市	0.671	0.699	0.96	drs	东营市	1	1	1	—
烟台市	0.967	1	0.967	drs	潍坊市	0.557	0.597	0.933	drs
济宁市	0.549	0.551	0.998	drs	泰安市	0.804	0.84	0.957	drs
威海市	0.628	0.642	0.977	drs	日照市	0.854	0.857	0.997	drs
莱芜市	0.78	0.781	0.999	—	临沂市	0.517	0.542	0.954	drs
德州市	0.547	0.582	0.94	irs	聊城市	0.691	0.698	0.989	irs
滨州市	0.44	0.497	0.884	irs	菏泽市	0.545	0.554	0.984	irs
郑州市	0.537	0.618	0.87	drs	开封市	0.584	0.589	0.991	irs
洛阳市	0.639	0.656	0.974	drs	平顶山市	0.999	1	0.999	irs
安阳市	0.512	0.541	0.946	irs	鹤壁市	0.489	0.503	0.972	irs
新乡市	0.628	0.642	0.978	drs	焦作市	0.493	0.493	0.999	—
濮阳市	0.517	0.539	0.96	irs	许昌市	0.599	0.625	0.958	irs
漯河市	0.783	0.813	0.963	irs	三门峡市	0.639	0.698	0.915	irs
南阳市	0.598	0.6	0.996	drs	商丘市	0.527	0.529	0.996	irs
信阳市	0.612	0.625	0.98	drs	周口市	0.561	0.604	0.928	irs
驻马店市	0.553	0.582	0.95	irs	武汉市	0.846	1	0.846	drs
黄石市	0.462	0.482	0.958	irs	十堰市	0.722	0.737	0.98	irs
宜昌市	0.63	0.631	0.998	drs	襄阳市	0.853	0.914	0.934	drs
鄂州市	0.468	0.498	0.94	irs	荆门市	0.537	0.603	0.89	irs
孝感市	0.734	0.764	0.961	drs	荆州市	0.607	0.623	0.975	drs
黄冈市	0.569	0.577	0.985	irs	咸宁市	0.475	0.521	0.912	irs
随州市	0.689	0.729	0.945	irs	长沙市	1	1	1	—
株洲市	0.532	0.533	0.998	irs	湘潭市	0.454	0.46	0.988	irs
衡阳市	0.565	0.565	1	—	邵阳市	0.766	0.768	0.997	drs
岳阳市	0.815	0.83	0.982	irs	常德市	1	1	1	—
张家界市	0.771	0.905	0.852	irs	益阳市	0.765	0.767	0.997	drs
郴州市	0.496	0.502	0.988	irs	永州市	0.628	0.644	0.975	irs

续表

城市	crste	vrste	scale	规模报酬	城市	crste	vrste	scale	规模报酬
怀化市	0. 686	0. 732	0. 937	irs	娄底市	0. 489	0. 532	0. 92	irs
广州市	1	1	1	—	韶关市	0. 605	0. 61	0. 992	drs
深圳市	1	1	1	—	珠海市	0. 726	0. 742	0. 979	irs
汕头市	1	1	1	—	佛山市	1	1	1	—
江门市	0. 765	0. 768	0. 997	irs	湛江市	1	1	1	—
茂名市	1	1	1	—	肇庆市	0. 61	0. 639	0. 954	irs
惠州市	0. 62	0. 622	0. 997	drs	梅州市	0. 829	0. 952	0. 871	irs
汕尾市	0. 816	1	0. 816	irs	河源市	0. 639	0. 762	0. 839	irs
阳江市	0. 708	0. 747	0. 948	irs	清远市	0. 47	0. 475	0. 99	irs
东莞市	1	1	1	—	中山市	1	1	1	—
潮州市	1	1	1	—	揭阳市	0. 778	0. 807	0. 964	irs
云浮市	0. 51	0. 796	0. 64	irs	南宁市	0. 693	0. 826	0. 839	drs
柳州市	0. 611	0. 635	0. 962	drs	桂林市	0. 723	0. 749	0. 966	drs
梧州市	0. 582	0. 636	0. 915	irs	北海市	0. 769	0. 779	0. 987	irs
防城港市	0. 721	0. 793	0. 91	irs	钦州市	0. 72	0. 746	0. 965	irs
贵港市	0. 563	0. 592	0. 952	irs	玉林市	0. 661	0. 67	0. 987	irs
百色市	0. 306	0. 753	0. 407	irs	贺州市	0. 697	0. 697	1	—
河池市	0. 451	0. 794	0. 568	irs	来宾市	0. 584	0. 621	0. 941	irs
崇左市	0. 569	0. 939	0. 606	irs	海口市	1	1	1	—
三亚市	1	1	1	—	重庆市	0. 61	1	0. 61	drs
成都市	0. 907	0. 984	0. 922	drs	自贡市	0. 722	0. 731	0. 988	irs
攀枝花市	0. 464	0. 509	0. 912	irs	泸州市	0. 614	0. 614	1	—
德阳市	0. 629	0. 643	0. 977	irs	绵阳市	0. 614	0. 677	0. 907	drs
广元市	0. 513	0. 514	0. 999	drs	遂宁市	0. 811	0. 815	0. 995	irs
内江市	1	1	1	—	乐山市	0. 638	0. 648	0. 984	drs
南充市	0. 935	0. 972	0. 962	drs	眉山市	0. 61	0. 696	0. 877	irs
宜宾市	0. 897	0. 907	0. 989	irs	广安市	0. 855	0. 884	0. 968	drs
达州市	0. 61	0. 698	0. 874	irs	雅安市	0. 608	0. 848	0. 717	irs
巴中市	1	1	1	—	资阳市	0. 897	0. 906	0. 99	irs
贵阳市	0. 551	0. 669	0. 823	drs	六盘水市	1	1	1	—
遵义市	0. 816	0. 822	0. 993	drs	安顺市	1	1	1	—
昆明市	0. 679	0. 901	0. 754	drs	曲靖市	0. 641	0. 708	0. 905	irs

续表

城市	crste	vrste	scale	规模报酬	城市	crste	vrste	scale	规模报酬
玉溪市	1	1	1	—	保山市	0.744	0.899	0.828	irs
昭通市	0.779	0.885	0.879	irs	丽江市	0.634	1	0.634	irs
思茅市	0.52	0.727	0.716	irs	临沧市	0.558	1	0.558	irs
西安市	0.827	1	0.827	drs	铜川市	0.982	0.988	0.994	drs
宝鸡市	0.701	0.702	0.999	drs	咸阳市	0.932	1	0.932	drs
渭南市	0.639	0.676	0.945	drs	延安市	0.76	0.766	0.992	irs
汉中市	0.701	0.739	0.948	irs	榆林市	0.961	1	0.961	drs
安康市	0.804	0.951	0.845	irs	商洛市	0.731	0.911	0.803	irs
兰州市	0.573	0.619	0.925	drs	嘉峪关市	0.678	1	0.678	irs
金昌市	0.481	0.833	0.577	irs	白银市	0.409	0.572	0.714	irs
天水市	0.784	0.789	0.994	irs	武威市	0.795	0.925	0.86	irs
张掖市	0.691	0.907	0.762	irs	平凉市	0.815	0.851	0.957	irs
酒泉市	0.729	0.87	0.837	irs	庆阳市	1	1	1	—
定西市	1	1	1	—	陇南市	1	1	1	—
西宁市	0.626	0.629	0.996	drs	银川市	0.735	0.76	0.967	drs
石嘴山市	0.486	0.506	0.961	irs	吴忠市	0.547	0.741	0.739	irs
固原市	0.648	0.917	0.707	irs	中卫市	1	1	1	—
乌鲁木齐市	0.78	0.877	0.889	drs	克拉玛依市	1	1	1	—

注：irs 表示规模报酬递增，“—”表示规模报酬不变，drs 表示规模报酬递减。

以城市人口吸纳效率为横坐标、人口吸纳效率核密度为纵坐标，绘制中国地级及以上城市 2010 年的核密度分布曲线，如图 8－1所示。

总体来看，综合技术效率的核密度曲线表现整体形状扁平匀称、峰值不突出、开口宽等特征。286 个地级及以上城市的综合技术效率值的区间跨度较大，最低值仅 0.306，最高值为 1.0。这说明不同城市之间的综合技术效率的绝对差异比较大。纯技术效率的核密度曲线特征与综合技术效率的特征基本相似。各城市间的纯技术效率的差异较大。而规模效率的核密度曲线则呈现出整体形状左偏特征，即左尾长、右尾短，峰值高耸，特别是区间［0.8，1.0］的

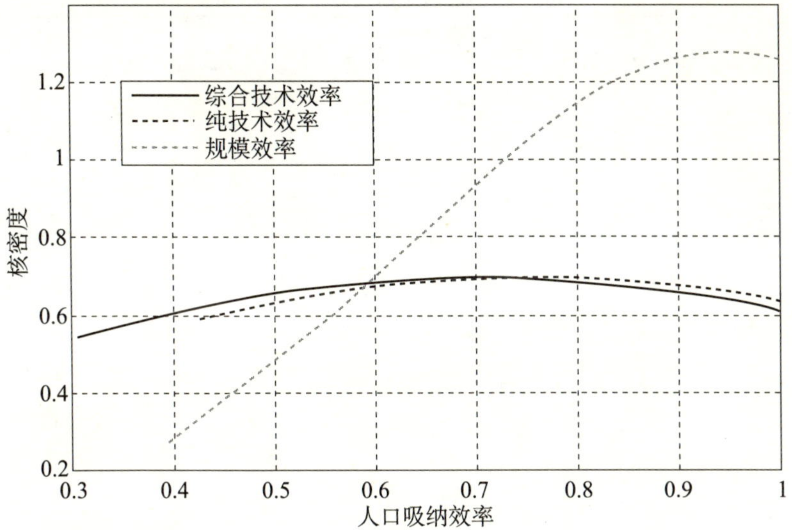

图 8－1　2010 年中国地级及以上城市人口吸纳效率的核密度估计

核密度曲线位于较高水平。这说明，大多数城市的规模效率处于较高水平，少数城市的规模效率处于较低水平。

为进一步考察各城市的人口吸纳效率的差异，下面将各城市的人口吸纳效率值划分成四个等级，定义［0，0.6］为低效率区间，(0.6，0.8］为中等效率区间，(0.8，0.9］为较高效率区间，(0.9，1.0］为高效率区间。中国 2010 年 286 个地级及以上城市的人口吸纳效率等级如表 8－3 所示。2010 年中国地级及以上城市的人口吸纳规模效率的等级分布相对集中。绝大多数城市的规模效率都落在高效率区间（0.9，1.0］，该区间的城市有 235 个，占全体地级及以上城市的 82.2%；而在区间（0.8，0.9］、(0.6，0.8］、［0，0.6］的城市分别只有 30 个、17 个、4 个。纯技术效率在四个区间（从高到低排列）的城市分别有 76 个、31 个、120 个、59 个。综合技术效率在四个区间（从高到低排列）的城市分别有 49 个、31 个、123 个、83 个。可见综合技术效率的分布与纯技术效率的分布更接近。

表 8-3　2010 年中国地级及以上城市人口吸纳效率的区间

效率类型	城市数量（个）				比重（%）			
	低效率	中等效率	较高效率	高效率	低效率	中等效率	较高效率	高效率
纯技术效率	59	120	31	76	20.6	42.0	10.8	26.6
规模效率	4	17	30	235	1.4	5.9	10.5	82.2
综合技术效率	83	123	31	49	29.0	43.0	10.8	17.1

由于综合技术效率 = 纯技术效率 * 规模效率，对 crste = vrste * scale 两边取对数，则有：lncrste = lnvrste + lnscale。由此可见，综合技术效率的差异可分解成纯技术效率的差异和规模效率的差异。而从图 8-1 和表 8-3 可看出，各城市之间的规模效率差异较小，纯技术效率的差异较大，因此各城市之间的综合技术效率的差异主要取决于纯技术效率的差异。

（二）分规模等级的城市人口吸纳效率

分规模等级看，各规模等级城市吸纳人口的规模效率表现为倒“U”型特征（见图 8-2）：人口规模 50 万~100 万的中等城市吸纳效率最高；从中等城市到人口规模 I 型小城市、Ⅱ型小城市，规模效率依次递减；从中等城市到Ⅱ型大城市、I 型大城市、特大城市、超大城市，规模效率依次递减，但降低的幅度比较小。

分规模等级的纯技术效率呈现出“U”型特征：中等城市的纯技术效率最低，城市规模越向两头，则纯技术效率越高。在小城市一头，主要由于生态效率较高而表现出较高的纯技术效率；在超大城市一头，主要由于经济效率较高而表现出较高的纯技术效率。

分规模等级的综合技术效率呈现反“L”型。Ⅱ型小城市、I 型小城市、中等城市的综合技术效率差别不大，平均值都不超过 0.7；而从Ⅱ型大城市、I 型大城市、特大城市到超大城市，综合技术效率逐步上升，平均分别达到 0.72、0.83、0.90、0.90。

分规模等级的各类城市吸纳城镇人口的规模报酬，如表 8-4 所

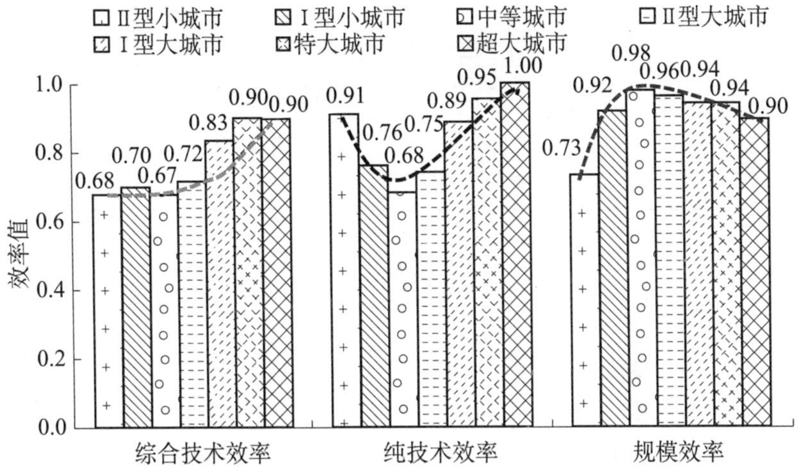

图 8－2　2010 年中国分规模等级的地级及以上城市人口吸纳效率

示。73.3% 的Ⅱ型小城市、76.7% 的Ⅰ型小城市、58.8% 的中等城市处于报酬递增阶段，这说明大多数中小城市规模还不够大，如果进一步扩大城市人口规模可以达到更高的人口吸纳效率。Ⅰ型大城市、特大城市和超大城市都没有处于规模报酬递增的。62.3% 的Ⅱ型大城市、83.3% 的Ⅰ型大城市、60.0% 的特大城市和 50.0% 超大城市已处于报酬递减阶段。在理论上，对处于报酬递减阶段的城市，随着城市人口规模的进一步扩大，城市吸纳效率将逐步降低。但在实际中，由于城市数量被严格控制，由于中小城市的自然晋级而减缓了大城市规模报酬递减的趋势。

表 8－4　2010 年中国分规模等级的地级及以上城市吸纳人口的规模报酬

规模等级	城市个数（个）			城市比重（%）		
	报酬递增	报酬不变	报酬递减	报酬递增	报酬不变	报酬递减
Ⅱ型小城市	11	4	0	73.3	26.7	0.0
Ⅰ型小城市	69	9	12	76.7	10.0	13.3
中等城市	60	12	30	58.8	11.8	29.4
Ⅱ型大城市	10	10	33	18.9	18.9	62.3
Ⅰ型大城市	0	2	10	0.0	16.7	83.3

续表

规模等级	城市个数（个）			城市比重（%）		
	报酬递增	报酬不变	报酬递减	报酬递增	报酬不变	报酬递减
特大城市	0	4	6	0.0	40.0	60.0
超大城市	0	2	2	0.0	50.0	50.0
合计	150	43	93	52.4	15.0	32.5

（三）四大区域的城市人口吸纳效率

分区域来看，各区域的城市对吸纳城镇人口的纯技术效率的排序依次是：西部地区 > 东部地区 > 东北地区 > 中部地区（见图 8-3）。其中，西部地区由于产业结构等原因，人均能源消耗量相对较少，人均环境污染排放量也相对较少，因而具有较高的人口吸纳纯技术效率。

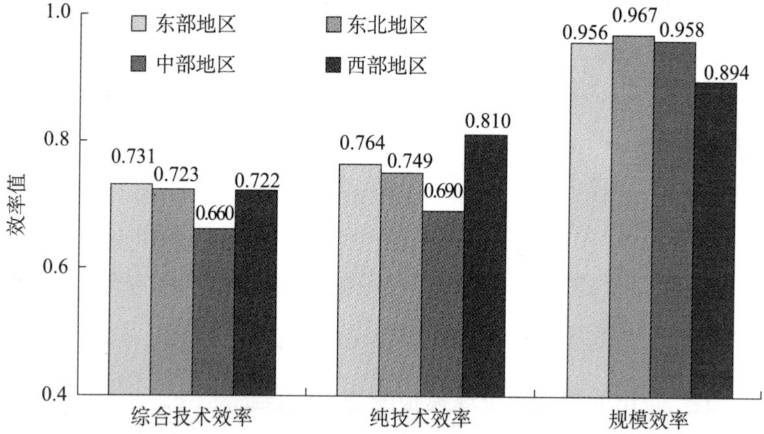

图 8-3　2010 年中国分四大区域的地级及以上城市人口吸纳效率

四大区域的城市对吸纳城镇人口的规模效率排序为：东北地区 > 中部地区 > 东部地区 > 西部地区。其中，西部地区的人口吸纳规模效率最低。值得指出的是，东部地区的部分城市规模已经偏大，吸纳城镇人口的平均规模效率反而不如东北地区。

四大区域的城市吸纳城镇人口的综合技术效率排序为：东部地区>东北地区>西部地区>中部地区。其中，东部地区城市的综合技术效率均值最高，东北地区与西部地区比较接近，而中部地区的综合技术效率则明显偏低。

从规模报酬来看，四大区域的城市吸纳城镇人口的规模报酬差异较大，具体情况见表8-5。其中2010年东部地区87个地级及以上城市中，42.5%的城市处于规模报酬递增阶段，19.5%的城市处于规模报酬不变阶段，37.9%的城市处于规模报酬递减阶段。东北地区与东部地区的情况大致相同，处于规模报酬递增的城市仅占41.2%，处于报酬不变和报酬递减的城市的比重高达58.8%。而中西部地区，超过半数以上的城市的规模偏小，尚处于报酬递增阶段。特别是中部地区65.4%的城市仍处于报酬递增阶段。这些处于报酬递增阶段的城市，其人口吸纳效率将随着城市人口规模的扩大而进一步提升，在未来具有较大的人口吸纳潜力。

表8-5 2010年中国分四大区域的地级及以上城市吸纳人口的规模报酬

区域	城市个数（个）			城市比重（%）		
	报酬递增	报酬不变	报酬递减	报酬递增	报酬不变	报酬递减
东部地区	37	17	33	42.5	19.5	37.9
东北地区	14	7	13	41.2	20.6	38.2
中部地区	53	6	22	65.4	7.4	27.2
西部地区	46	13	25	54.8	15.5	29.8
合计	150	43	93	52.4	15.0	32.5

值得指出的是，处于规模报酬递减阶段的城市，并不一定意味着它们对城镇人口的吸纳效率比处于规模报酬递增阶段的城市的吸纳效率更低。2010年中国按规模报酬阶段划分的地级及以上城市的人口吸纳效率见表8-6。从表8-6可看出，处于规模报酬不变阶段的城市具有最高的规模效率和纯技术效率，因而也具有最高的综合技术效率。而处于规模报酬递减阶段的城市具有中等的规模效率和纯技术效率，因而具有中等的综合技术效率。而处于规模报酬递

增阶段的城市具有最低的规模效率和纯技术效率，因而具有最低的综合技术效率。这意味着，部分处于规模报酬递减的城市依然还有进一步吸纳新增城镇人口的空间，只要它们的人口吸纳效率高于部分处于规模报酬递增阶段的城市的吸纳效率。

表 8－6　2010 年中国按规模报酬阶段划分的地级及以上城市的人口吸纳效率

规模报酬划分	城市个数	综合技术效率（算术平均值）	纯技术效率（算术平均值）	规模效率（算术平均值）
规模报酬递增阶段	150	0.638 4	0.705 1	0.914 4
规模报酬不变阶段	43	0.923 9	0.923 9	0.999 9
规模报酬递减阶段	93	0.718 1	0.756 4	0.952 9

第9章

中国城镇化质量综合评价

城镇化质量是分析城市人口吸纳能力合理性边界的另一个重要标准。在国内，叶裕民（2001）较早开启了城镇化质量定量评价研究。近年来，有关城镇化质量评价研究的文献明显增多。不少学者构建了综合评价指标体系，采用层次分析法、因子分析法、熵值法等多种方法，分别对全国、省域、地级市、县级市等不同空间尺度的城镇化质量进行了综合评价，取得了丰富的成果。但学术界对城镇化质量内涵的理解尚未形成共识，指标体系尚不完善，当前亟须加强评价标准的适用性、评价结果的可比性，必须在基础理论和评价方法上进一步深入研究（郭叶波、魏后凯，2013）。本章着重分析城镇化质量与城市人口吸纳能力的关系。

一、城镇化质量的本质内涵

城镇化质量与城镇化数量相对应，是反映城镇化优劣程度的一个综合概念，包括在城镇化进程中各组成要素的发展质量、推进效率和协调程度，它是城镇化各构成要素和所涉及领域质量的集合（郭叶波，2013）。

首先，城镇化质量是与城镇化数量相对应的一个概念。在城镇化进程中，城镇化数量表现在城镇数量、城镇规模、城镇化速度、人口城镇化率等方面；而城镇化质量反映的是既定城镇化数量情况下所能满足城乡居民生产、生活和生态需求的优劣程度。

其次，从本质内涵上讲，城镇化质量包括城镇自身的发展质量、城镇化推进的效率和城乡协调发展程度三个方面。其中，城镇自身发展质量是城镇化质量的核心内容；城镇化推进效率，是城镇化质量的基础和前提；而公平协调的城乡关系则是城镇化质量的重要保障。综合评价城镇化质量，既要考虑城镇化带来的规模经济效益、收入增长效应、人力资本效应、环境效益、就业效益等诸多好处，又要考虑推进城镇化所付出的劳动、资本、土地、能源、资源、环境等成本代价；既要考虑城镇化推进的效率问题，也要考虑城镇化进程中产生的公平问题。因此，城镇化质量是过程与结果的统一，是效率与公平的统一。

再次，从空间载体来看，城镇化质量既包括城镇化核心载体（主要指城镇化地区）的发展质量，也包括城镇化域面载体（主要指乡村）的发展质量，还包括两者之间的协调互动关系。

最后，从构成要素看，城镇化质量又可分为人口城镇化质量、经济城镇化质量、社会城镇化质量和空间城镇化质量。其中，人口城镇化质量，是以外来农民工的市民化、城市郊区农民的市民化以及原住市民的再市民化，低成本、高效、有序推进，城乡人口均衡发展为表征；经济城镇化质量，以城乡产业结构和布局不断优化、经济集聚高效发展、低碳绿色发展为表征；社会城镇化质量，以就业医疗养老住房等有保障、基本公共服务健全、社会和谐为表征；空间城镇化质量，以生产空间集约高效、生活空间宜居适度、生态空间山清水秀为表征。

二、城镇化质量的指标体系与评价方法

基于对城镇化质量本质内涵的认识，在城镇化质量综合评价中，不仅要考察城市发展质量，还要考察城乡协调程度；不仅要考察城镇化带来的文明成果，还要考察为此付出社会、经济、环境等方面的代价。为此，遵循代表性、系统性、可操作性原则，可从城市自身发展质量、城镇化推进效率、城乡协调程度等三个方面，构建城镇化质量综合评价指标体系（郭叶波，2013），如表 9 - 1 所示。

表 9 - 1　城镇化质量评价指标体系

一级指标（权重%）	二级指标（权重%）	三级指标		指标类型
		指 标	权重（%）	
城市发展质量指数（40）	经济发展质量（30）	全市人均 GDP	20	正向
		全市非农产业比重	20	正向
		城镇居民人均可支配收入	20	正向
		全市人均可支配收入占 GDP 比重[1]	20	正向
		市辖区人均地方财政一般预算内收入	20	正向
	社会发展质量（35）	城镇恩格尔系数	25	逆向
		城镇登记失业人员比重[2]	25	逆向
		科教文卫：		
		市辖区人均财政科技支出	6	正向
		市辖区人均财政教育支出	6	正向
		市辖区百人公共图书馆藏书	6	正向
		全市千人拥有病床位数	7	正向
		基础设施：		
		市辖区万人拥有公交车辆数	8	正向
		市辖区万人互联网用户数	8	正向
		市辖区人均生活用水量	9	适中

续表

一级指标（权重%）	二级指标（权重%）	三级指标		指标类型
		指 标	权重（%）	
城市发展质量指数（40）	空间发展质量（35）	生活：		
		市辖区居住用地占城市建设用地面积比重	17	适中
		市辖区人均居住面积	18	适中
		生产：		
		市辖区人均道路与交通面积	18	适中
		工业用地占城市建设用地面积比重	17	适中
		生态：		
		建成区绿化覆盖率	7	正向
		生活垃圾无害化处理率	7	正向
		城镇生活污水处理率	8	正向
		工业固体废物综合利用率	8	正向
城镇化效率指数（30）	经济社会效率（50）	单位劳动力实现的 GDP	25	正向
		单位固定资产投资实现的 GDP	25	正向
		单位建成区面积实现的 GDP	25	正向
		单位建成区面积吸纳的城镇人口数量	25	正向
	生态环境效率（50）	单位 GDP 的耗电量	33	逆向
		单位 GDP 的耗水量	33	逆向
		单位 GDP 的 SO_2 排放量	34	逆向
城乡协调指数（30）	收入消费协调（50）	城乡居民收入差异系数	50	逆向
		城乡恩格尔系数差值	50	适中
	公共服务协调（50）	市辖区与全市中小学师生比的比值	33	适中
		市辖区与全市人均公共图书馆藏书的比值	33	逆向
		市辖区与全市人均床位数之比	34	逆向

注：[1] 人均可支配收入由城乡居民收入加权平均合成，具体公式为：人均可支配收入 = 城镇居民人均可支配收入 * 城镇化率 + 农村居民人均纯收入 * （1 - 城镇化率）。[2] 城镇登记失业人员比重为城镇登记失业人数/（单位就业人数 + 私营与个体就业人数）。

资料来源：郭叶波. 城镇化质量的本质内涵与评价指标体系［J］. 学习与实践，2013（3）.

对城镇化质量评价，有定性和定量研究两大类。在定量评价方法上，有单一指标评价和多指标综合评价两种类型。多个指标综合评价方法，又可分为乘法模型和加法模型。前者认为各个指标缺一不可（吴殿廷，2003），将多个指标以乘法形式合成一个综合指数；后者认为各个指标存在线性可替代性（李林，2007），将多个指标以加法形式合成一个综合指数。无论乘法模型还是加法模型，都会面临一个难题——指标赋权。一般说来，指标赋权方法大体可归纳为主观赋权、客观赋权两类。其中，主观赋权是基于对指标相对重要性的主观判断赋权，包括直接赋权、德尔菲法、层次分析法；客观赋权是基于指标本身的信息量或者基于样本差异赋权，包括熵值法、主成分分析法和因子分析法、聚类分析等。主观赋权法和客观赋权法各有优劣，前者主要凭借专家经验，但由于各自知识背景不同，难免存在主观随意性；而后者回避了主观随意性，但仅凭借样本差异驱动赋权有时又无法反映指标之间的相对重要性（郭叶波、魏后凯，2013）。

在综合比较各种方法的基础上，本书最终采用基于专家打分的主观赋权的方法。相关数据标准化处理方法说明如下：对于正向指标，标准化值 = 实际值/目标参考值，当实际值大于目标参考值时，令标准化值 = 1；对于逆向指标，标准化值 = 目标参考值/实际值，当实际值小于目标参考值时，令标准化值 = 1；对于适中型指标，采用阶段阈值法。其中，目标参考值的选择方法：正向指标取样本最大值，逆向指标取样本最小值，适中指标根据国际经验和国家相关规定选择标准值。样本最值的选择先考察该指标的前 10 位整体分布情况，如果分布相对集中，则直接取最值；如果分布比较分散，则视具体情况进行调整。

需要指出的是，正向指标和逆向指标的标准化处理相对简单，而适中型指标的标准化相对复杂。这里，以人均生活用水量为例来说明适中型指标的标准化处理方法。首先，必须确认人均生活用水量是一个适中性指标，该指标数值低于一定标准太多则意味着供水基础设施落后，不能满足城镇居民的基本生活需要；但高于一定标准太多则意味着生活用水浪费严重。其次，必须寻找一个适合中国国情的参考标准。根据国际专家测算，平均每人每天需要 100 升淡水（折合每年 36.5 立方米），才能保持良好健康所需要的最低个人生活用水（Falkenmark，1992）；而部分发达国家人均生活用水量达 88 立方米（陈志恺，2000）。2010 年中国地级及以上城市市辖区人均生活用水量的均值为 38.3 立方米，最小值为 1.46 立方米，最大值为 198 立方米，标准差为 23.4 立方米。考虑到中国 2/3 的城市处于缺水状态的实际情况，不能盲目攀比发达国家。在世界通行的最低个人生活用水标准的基础上，加上中国城市人均生活用水一个标准差，即以人均年用水量 60 立方米作为最优标准。考虑中国城市用水实际情况，并参照国际通行准则和部分发达国家标准，采用阶段阈值法来设计中国城市人均生活用水量指标的标准化公式。当该指标处于区间［0，36.5）时，标准化值 =0.6 －0.6 ×（36.5 －实际值）/36.5；当该指标处于区间［36.5，60］时，标准化值 =0.6 +0.4 ×（实际值 －36.5）/（60 －36.5）；当该指标处于区间（60，88］时，标准化值 =0.8 +0.2 ×（88 －实际值）/（88 －60）；当该指标处于区间（60，88］时，标准化值 =0.8 +0.2 ×（88 －实际值）/（88 －60）；当该指标处区间（88，+∞）时，标准化值 =0.8 －（实际值 －88）/实际值。

三、中国 286 个城市的城镇化质量评价的结果分析

（一）中国城镇化质量总体状况

采用 2010 年 286 个地级及以上城市（拉萨市除外）的数据进行评价。数据来源为全国第六次人口普查数据、各省统计年鉴、《中国城市统计年鉴》、《中国城市建设统计年鉴》、各城市统计公

报、各城市“十一五”和“十二五”规划等。个别缺失数据，通过内插法、外推法以及相关城市比例法等方法补全。通过数据的无量纲化处理、标准化处理，并综合使用阶段阈值法、线性加权法等方法，得出城镇化质量指数，如表 9－2 所示。

表 9－2　2010 年中国地级及以上城市的城镇化率与城镇化质量指数

城市	城镇化率	质量指数	城市	城镇化率	质量指数	城市	城镇化率	质量指数
北京	86.0	0.752	天津	79.5	0.645	石家庄	48.6	0.507
唐山	53.4	0.547	秦皇岛	47.2	0.540	邯郸	45.2	0.445
邢台	41.0	0.466	保定	35.9	0.459	张家口	44.0	0.430
承德	38.6	0.391	沧州	42.0	0.517	廊坊	47.3	0.496
衡水	38.2	0.425	太原	82.5	0.520	大同	54.9	0.454
阳泉	60.0	0.466	长治	41.8	0.443	晋城	51.0	0.476
朔州	46.3	0.500	晋中	44.1	0.468	运城	37.6	0.408
忻州	37.9	0.434	临汾	40.8	0.464	吕梁	37.9	0.460
呼和浩特	61.0	0.522	包头	77.9	0.555	乌海	94.1	0.537
赤峰	40.0	0.445	通辽	40.3	0.460	鄂尔多斯	67.8	0.553
呼伦贝尔	66.6	0.430	巴彦淖尔	45.9	0.487	乌兰察布	37.2	0.321
沈阳	77.1	0.604	大连	74.4	0.627	鞍山	67.2	0.499
抚顺	71.7	0.494	本溪	74.3	0.526	丹东	60.3	0.474
锦州	47.9	0.490	营口	58.9	0.531	阜新	52.5	0.437
辽阳	55.9	0.430	盘锦	65.9	0.572	铁岭	42.2	0.476
朝阳	38.1	0.465	葫芦岛	41.5	0.434	长春	50.0	0.530
吉林	48.7	0.505	四平	91.0	0.469	辽源	55.9	0.465
通化	54.2	0.471	白山	68.0	0.481	松原	40.0	0.530
白城	37.6	0.440	哈尔滨	44.7	0.520	齐齐哈尔	43.0	0.415
鸡西	63.5	0.438	鹤岗	80.6	0.457	双鸭山	63.0	0.446
大庆	50.0	0.591	伊春	95.0	0.424	佳木斯	49.4	0.451
七台河	57.9	0.462	牡丹江	57.3	0.502	黑河	35.4	0.439
绥化	26.3	0.429	上海	89.3	0.723	南京	77.9	0.638
无锡	70.3	0.634	徐州	53.2	0.525	常州	63.2	0.636
苏州	70.0	0.650	南通	55.8	0.578	连云港	51.8	0.473
淮安	50.8	0.543	盐城	52.0	0.509	扬州	56.8	0.575
镇江	62.0	0.576	泰州	55.6	0.542	宿迁	48.3	0.508

续表

城市	城镇化率	质量指数	城市	城镇化率	质量指数	城市	城镇化率	质量指数
杭州	73.3	0.622	宁波	68.3	0.594	温州	66.0	0.540
嘉兴	53.3	0.592	湖州	52.9	0.569	绍兴	58.6	0.530
金华	59.0	0.563	衢州	44.1	0.497	舟山	63.6	0.626
台州	55.5	0.594	丽水	48.4	0.505	合肥	68.5	0.554
芜湖	65.6	0.563	蚌埠	45.0	0.447	淮南	62.9	0.482
马鞍山	69.1	0.550	淮北	54.5	0.446	铜陵	73.5	0.542
安庆	36.8	0.400	黄山	41.1	0.530	滁州	41.6	0.470
阜阳	31.9	0.452	宿州	31.4	0.458	巢湖	40.8	0.407
六安	35.9	0.407	亳州	29.1	0.475	池州	44.5	0.491
宣城	43.3	0.502	福州	62.0	0.542	厦门	88.3	0.653
莆田	50.8	0.608	三明	51.1	0.442	泉州	58.4	0.534
漳州	46.7	0.520	南平	50.7	0.491	龙岩	45.0	0.499
宁德	47.9	0.499	南昌	66.0	0.485	景德镇	56.4	0.441
萍乡	58.7	0.498	九江	41.7	0.472	新余	61.2	0.544
鹰潭	47.5	0.442	赣州	37.1	0.443	吉安	37.2	0.482
宜春	35.0	0.421	抚州	37.0	0.457	上饶	41.9	0.404
济南	28.7	0.611	青岛	37.2	0.622	淄博	56.9	0.576
枣庄	65.2	0.526	东营	56.3	0.626	烟台	50.3	0.572
潍坊	48.3	0.546	济宁	68.4	0.498	泰安	65.9	0.495
威海	48.8	0.522	日照	64.7	0.525	莱芜	54.0	0.544
临沂	69.2	0.483	德州	70.5	0.437	聊城	69.0	0.379
滨州	68.1	0.507	菏泽	78.7	0.472	郑州	63.6	0.512
开封	41.2	0.441	洛阳	44.3	0.484	平顶山	43.4	0.447
安阳	41.1	0.477	鹤壁	48.1	0.462	新乡	41.1	0.497
焦作	47.1	0.476	濮阳	31.5	0.438	许昌	39.1	0.449
漯河	39.2	0.511	三门峡	44.3	0.454	南阳	33.0	0.416
商丘	29.8	0.412	信阳	34.4	0.418	周口	29.7	0.406
驻马店	29.8	0.401	武汉	71.3	0.585	黄石	53.0	0.430
十堰	41.0	0.489	宜昌	48.0	0.495	襄阳	48.5	0.446
鄂州	58.0	0.456	荆门	45.5	0.408	孝感	41.5	0.400
荆州	45.0	0.424	黄冈	35.7	0.425	咸宁	31.8	0.488
随州	41.0	0.460	长沙	67.7	0.607	株洲	55.5	0.506

续表

城市	城镇化率	质量指数	城市	城镇化率	质量指数	城市	城镇化率	质量指数
湘潭	50.1	0.449	衡阳	44.5	0.413	邵阳	32.8	0.394
岳阳	46.0	0.544	常德	38.9	0.527	张家界	36.2	0.453
益阳	39.9	0.461	郴州	41.7	0.409	永州	35.4	0.430
怀化	36.1	0.365	娄底	35.0	0.394	广州	83.8	0.648
韶关	52.5	0.438	深圳	100.0	0.776	珠海	87.7	0.594
汕头	68.5	0.611	佛山	94.1	0.689	江门	62.3	0.515
湛江	36.7	0.501	茂名	35.1	0.504	肇庆	42.4	0.492
惠州	61.8	0.518	梅州	43.0	0.483	汕尾	54.2	0.496
河源	40.0	0.472	阳江	46.8	0.454	清远	47.5	0.473
东莞	88.5	0.673	中山	87.8	0.677	潮州	62.8	0.460
揭阳	47.3	0.386	云浮	37.0	0.417	南宁	48.0	0.474
柳州	51.3	0.451	桂林	39.0	0.470	梧州	46.0	0.372
北海	51.3	0.470	防城港	46.0	0.486	钦州	35.5	0.434
贵港	39.2	0.442	玉林	38.5	0.414	百色	33.5	0.409
贺州	35.3	0.415	河池	33.0	0.378	来宾	35.2	0.452
崇左	34.0	0.475	海口	60.3	0.611	三亚	56.5	0.575
重庆	53.0	0.467	成都	65.5	0.615	自贡	41.0	0.459
攀枝花	60.1	0.491	泸州	38.8	0.414	德阳	39.9	0.495
绵阳	39.9	0.483	广元	33.0	0.468	遂宁	38.4	0.497
内江	39.4	0.453	乐山	39.5	0.469	南充	35.9	0.457
眉山	34.1	0.436	宜宾	38.0	0.465	广安	29.1	0.458
达州	32.7	0.385	雅安	34.6	0.394	巴中	29.3	0.495
资阳	32.7	0.439	贵阳	68.1	0.515	六盘水	28.7	0.419
遵义	35.0	0.417	安顺	30.0	0.422	昆明	63.6	0.470
曲靖	35.5	0.472	玉溪	37.8	0.582	保山	22.3	0.417
昭通	20.4	0.387	丽江	27.3	0.424	思茅	30.2	0.391
临沧	29.1	0.338	西安	68.8	0.576	铜川	61.0	0.532
宝鸡	45.0	0.468	咸阳	44.0	0.470	渭南	32.0	0.478
延安	45.0	0.469	汉中	39.6	0.411	榆林	42.0	0.525
安康	35.0	0.433	商洛	36.0	0.439	兰州	76.3	0.499
嘉峪关	93.3	0.518	金昌	62.1	0.471	白银	39.5	0.390
天水	28.4	0.424	武威	27.6	0.460	张掖	34.8	0.444

续表

城市	城镇化率	质量指数	城市	城镇化率	质量指数	城市	城镇化率	质量指数
平凉	29.1	0.469	酒泉	50.1	0.528	庆阳	23.8	0.473
定西	23.4	0.426	陇南	19.7	0.437	西宁	63.7	0.449
银川	60.2	0.541	石嘴山	59.6	0.423	吴忠	44.0	0.435
固原	31.0	0.440	中卫	51.3	0.513	乌鲁木齐	60.2	0.618
克拉玛依	99.6	0.705						

注：由于数据可获得性原因，本图只含286个地级及以上城市，不含拉萨市。

资料来源：魏后凯，王业强，苏红键，郭叶波．中国286个地级及以上城市城镇化质量大排名［J］．中国经济周刊，2013（9）．

提高城镇化质量是推进城镇化进程的题中应有之义。为此，特地考察城镇化率与城镇化质量之间的关系，2010年中国地级及以上城市的城镇化率与城镇化质量的关系如图9－1所示。从图9－1可看出，2010年中国地级及以上城市的城镇化质量指数与人口城镇化率存在较为显著的正相关关系。记城镇化质量指数为y，人口城镇化率为x，则两者的关系式为：$y=0.0029x+0.3436$。其中，拟合优度R^2为0.4209。这说明，整体而言，中国城镇化质量与城镇化水平是同向提高的。

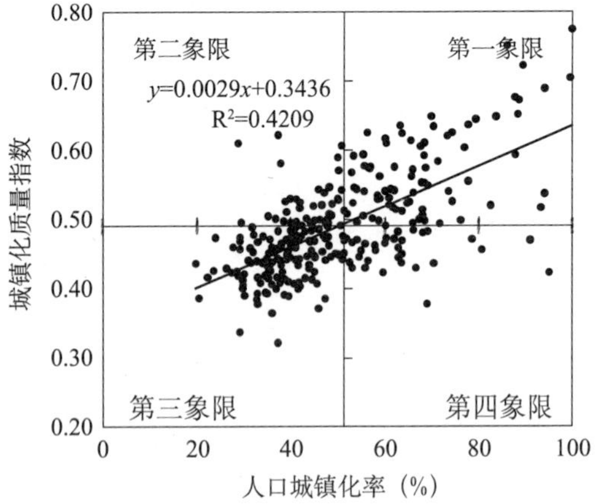

图9－1　2010年中国地级及以上城市的城镇化率与城镇化质量的关系

以全国城镇化率、城镇化质量的平均值为原点，绘制城镇化率与城镇化质量散点图，如图9－1所示。其中，第一象限为高高组合，表示城镇化率和城镇化质量均高于全国平均水平；第二象限为低高组合，表示城镇化率低于全国平均水平而城镇化质量高于全国平均水平；第三象限为低低组合，表示城镇化率和城镇化质量均低于全国平均水平；第四象限为高低组合，表示城镇化率高于全国平均水平而城镇化质量低于全国平均水平。2010年中国地级及以上城市的城镇化率和城镇化质量的组合点主要分布在第一象限和第三象限，而第二象限、第四象限的组合点分布较少。其中，第一象限的高高组合、第三象限的低低组合分别有80个、130个，合计占全国地级及以上城市的73.4%；第二象限的低高组合、第四象限的高低组合分别有41个、35个，合计占26.6%。

（二）分规模等级的城镇化质量

为考察城市人口吸纳能力的合理性边界，特地考察城镇人口规模与城镇化质量的关系。2010年中国地级及以上城市的城市人口规模与城镇化质量关系见图9－2。从图9－2可看出，2010年中国地级及以上城市的城镇人口规模与城镇化质量存在半对数关系。记城镇化质量指数为y，城镇人口规模为x，则两者的关系式为：$y = 0.052\ln x + 0.2666$。其中，拟合优度R^2为0.4331。这说明，整体而言，中国城镇化质量与城镇人口规模是同向提高的。也就是说，中国在推进城镇化进程中，随着城市吸纳的人口数量增加，总体而言城镇化质量是在提高的。中国大城市吸纳了不少城镇人口存量，但总体上仍处于城市人口吸纳能力的合理边界范围内，中国并没有出现像一些拉美国家那样的过度城镇化问题。

分等级规模来看，中国2010年地级及以上城市的城镇化质量随着城市规模等级的提高而提高，具体见图9－3。各等级规模的城镇化质量指数分别是：Ⅱ型小城市0.433，Ⅰ型小城市0.459，中等城

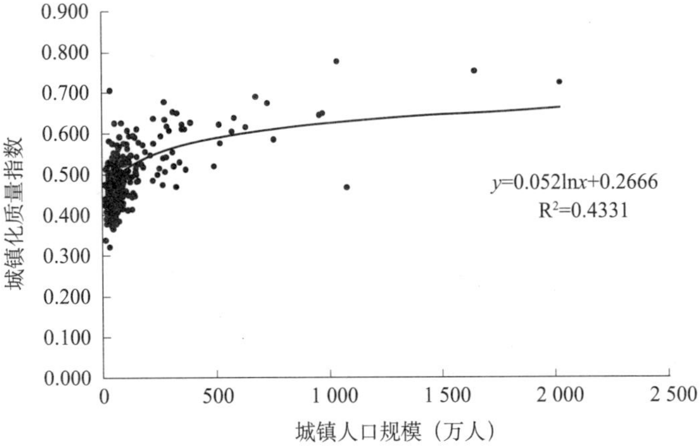

图 9－2　2010 年中国地级及以上城市的城市人口规模与城镇化质量的关系

市 0.475，Ⅱ型大城市 0.530，Ⅰ型大城市 0.573，特大城市 0.629，超大城市 0.680。

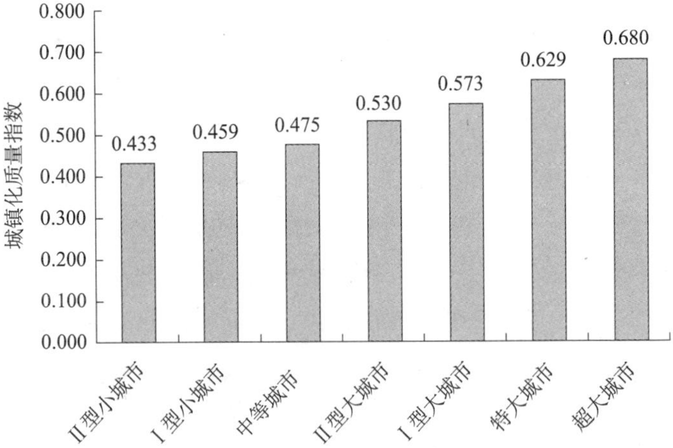

图 9－3　2010 年中国分规模等级的地级及以上城市的城镇化质量

（三）分四大区域的城镇化质量

城镇化质量指数排前 10 名的城市（降序排列）依次是深圳市、

北京市、上海市、克拉玛依市、佛山市、中山市、东莞市、厦门市、苏州市、广州市；第11名至第20名的城市依次是天津市、南京市、常州市、无锡市、大连市、东营市、舟山市、青岛市、杭州市、乌鲁木齐市。其中，前10名的城市有9个位于东部地区，特别是广东省有5个城市进入前10名。第11名至第20名的城市也有8个位于东部地区，仅1个位于东北地区，1个位于西部地区。

城镇化质量指数排名最后20名的城市（升序排列）依次是乌兰察布市、临沧市、怀化市、梧州市、河池市、聊城市、达州市、揭阳市、昭通市、白银市、普洱市、承德市、邵阳市、娄底市、雅安市、安庆市、孝感市、驻马店市、上饶市、周口市。这些城镇化质量比较低的城市主要分布于中西部地区，仅少数分布于东部地区。

平均来看，四大区域的城镇化质量指数分别为：东部地区为0.542，东北地区为0.486，中部地区为0.463，西部地区为0.464（见图9-4）。可见，东部地区城市的城镇化质量最高，东北地区次之，而中西部地区的城镇化质量较低。

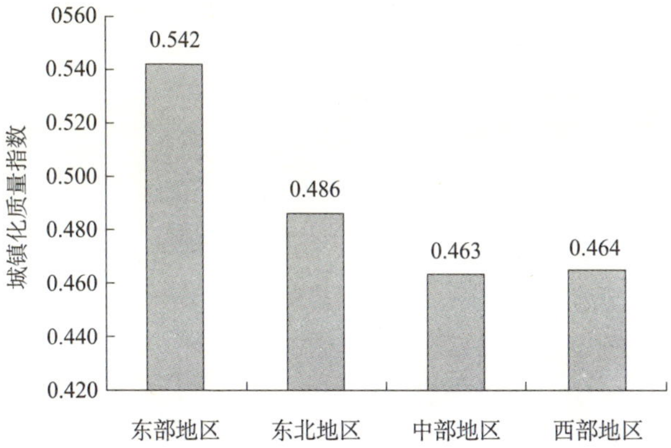

图9-4 2010年中国分四大区域的地级及以上城市的城镇化质量

2010年中国地级及以上城市的城镇化水平与质量组合的地区分布情况见表9-3。从表9-3可看出，第一象限的高高组合城市主要分布在东部地区，而第三象限的低低组合城市主要分布在中西部地区。第二象限的低高组合以及第四象限的高低组合，则零散分布在中西部地区和东北地区。其中，东部地区的高高组合有44个，占全国的55%；低高组合也主要分布在东部地区，为21个，占全国的51.2%；低低组合则主要分布在中部地区和西部地区，两者共分布有108个，占全国的83%；高低组合则主要分布在东北地区，为12个，占全国的34%。其中，城镇化率高于全国平均水平而城镇化质量低于全国平均水平的高低组合，未来的城市人口吸纳能力将会受到一定限制，必须引起重视。

表9－3　2010年中国地级及以上城市的城镇化水平与质量组合的地区分布

城镇化水平与质量组合	东部地区	东北地区	中部地区	西部地区	全国
高高组合	44	8	11	17	80
低高组合	21	5	9	6	41
低低组合	13	9	53	55	130
高低组合	7	12	8	8	35
合计	85	34	81	86	286

第10章

主要结论与对策思考

围绕人的城镇化这个新型城镇化核心问题，本研究提出了城市人口吸纳能力的本质内涵、度量方法和形成机理模型，构建了城市人口吸纳能力的理论分析框架，分规模、分区域、分省域、分城市群对中国城市和建制镇的人口吸纳能力进行了实证分析，对中国城市人口吸纳效率和城镇化质量也进行了评价分析。本章主要总结和深化研究得到的主要认识、结论性观点和启示，在此基础上提出若干政策建议，并明确未来进一步深化研究的重点和方向。

一、主要结论

基于对城市人口吸纳能力的历史与现状的分析，本研究对中国城市吸纳人口的未来趋势进行判断。主要回答以下几个问题：到中国城镇化基本完成之时，还需要吸纳多少新增城镇人口？未来新增的城镇人口，主要由谁来吸纳？未来新增的城镇人口，在哪里吸纳？围绕这些重要问题，本研究得出了一些结论。

（1）城市人口吸纳能力有着丰富的理论内涵。所谓城市人口吸纳能力，是指在城镇化进程中，某城市通过内生化集聚机制创造较多的就业机会和提供较好的公共服务等主要途径，对周边乡村、其他城市和小城镇的人口形成持续稳定的吸引力并容纳该城市原有人口和新增人口长期安居乐业的能力。城市人口吸纳能力具有动态性、潜在性、相对性、阶段性等属性。通过测算城市人口存量及其份额、人口增量及其份额、人口吸纳弹性指数、人口吸纳效率、城镇化质量指数等指标，可以对城市人口吸纳能力进行度量。影响城市人口吸纳能力的因素是多方面的，包括经济因素、自然因素、技术因素、政策因素、文化因素等。

（2）未来 15 年内中国需吸纳约 2.44 亿新增城镇人口。当前，中国正处于城镇化中期的后半阶段，未来城镇化进程将持续快速推进但速度将逐步下降。2015 年中国已有城镇人口 7.71 亿人。预计到 2030 年前后中国将基本完成城镇化，城镇化率达 70%，总人口峰值达 14.5 亿人，城镇人口达 10.15 亿人，2016—2030 年期间中国各类城市和建制镇尚需吸纳新增城镇人口约 2.44 亿人。与发达国家相比，中国各类城市和建制镇要在较短期内吸纳如此庞大的新增城镇人口数量，任务十分艰巨。要走好中国特色的新型城镇化道路，各级城市政府必须高度重视和妥善解决城市和建制镇的人口吸纳能力问题。

（3）不同时期市镇的人口吸纳能力存在较大差异，未来新增城镇人口主要由城市来吸纳。从市镇整体吸纳能力看，1982 年以前中国城市和建制镇对城镇人口的吸纳能力有限，1982 年以后城市和建制镇对城镇人口的吸纳能力不断提高。分市镇看，1990 年以前新增城镇人口主要由城市吸纳，1990—2010 年期间建制镇的人口吸纳能力大幅提升，几乎与城市的人口吸纳能力平分秋色，但 2010—2014 年期间建制镇的吸纳能力明显下降，仅吸纳了 34.8% 的新增城镇人口。如果 2016—2030 年期间建制吸纳新增城镇人口的比重为 30%，城市吸纳新增城镇人口的比重为 70%，那么到 2030 年前后，中国城市将吸纳新增城镇人口 1.71 亿人，吸纳城镇人口存量 6.27 亿人，占总城镇人口的 62%，建制镇将吸纳新增城镇人口 0.73 亿人，吸纳城镇人口存量 3.67 亿人，占总城镇人口的 38%。

（4）不同规模等级市镇的人口吸纳能力差别较大，未来百万人口规模以上的城市人口吸纳能力将持续上升。总体而言，规模等级较高的城市具有较高的人口吸纳弹性指数、人口吸纳效率和城镇化质量指数。未来，Ⅱ型小城市和Ⅰ型小城市所占比重持续缩小，中等城市和Ⅱ型大城市所占比重基本保持稳定，Ⅰ型大城市、特大城市和超大城市所占比重进一步提高，预计七大规模等级城市吸纳城镇人口存量的比重将从 2010 年的 3.9∶21.0∶19.8∶19.7∶8.9∶14.5∶12.1 变动为 2030 年的 1.4∶7.3∶20.1∶23.9∶11.6∶16.8∶18.9。在中小城市内部可能会进一步分异，与大城市有效开展产业分工协作的中小城市的吸纳能力将会有所提升，而与大城市缺乏分工协作的中小城市的吸纳能力会进一步下降。目前，建制镇镇区人口存量主要靠 2 万 ~5 万、5 万 ~10 万两个规模等级吸纳，未来 5 万 ~10 万、10 万 ~20 万的建制镇是吸纳新增镇区人口的主要载体。随着“镇改市”工作的有序推进，建制镇的人口吸纳能力将加快下降，中小城市的人口吸纳比重缩小趋势会减缓，但不能从根本上改变缩小趋势。

（5）不同区域市镇的人口吸纳能力具有较大差别，东部地区三大城市群和中西部地区某些城市和建制镇将成为吸纳新增城镇人口的重要载体。目前，东部地区的城市和建制镇吸纳了最大数量的城镇人口，但吸纳新增城镇人口的弹性指数逐步回落；随着投资和产业向中西部地区加快转移，中西部的某些城市和建制镇的人口吸纳能力将进一步强化；东北地区的城市和建制镇的人口吸纳能力将持续下降，必须引起高度重视。未来城市群将成为吸纳新增城镇人口的重要空间载体，尤其是珠三角城市群、长三角城市群、京津冀城市群具有很强的人口吸纳能力，海西城市群和川渝城市群也具有较强的人口吸纳能力。

（6）人口吸纳效率和城镇化质量是评判城市人口吸纳能力合理性的两个重要标准。总体上，中国城市吸纳人口的综合技术效率、城镇化质量与城市人口规模呈正相关关系，城市吸纳的人口数量尚在吸纳能力合理边界范围内，不存在拉美国家的过度城镇化问题。未来，城镇化率较低、人口吸纳效率较高、城镇化质量较高的城市，将成为最有潜力的吸纳新增城镇人口的载体。

二、对策思考

到 2030 年，中国尚需吸纳约 2.44 亿的新增城镇人口。相比发达国家，中国各类城市和建制镇要在这么短的时间内，吸纳如此庞大的新增城镇人口，这无疑是一项任务非常艰巨、意义特别重大的工程。为此，必须深化城镇化健康发展体制机制改革，充分发挥各类城市和建制镇的各自优势，增强城镇化的就业岗位创造效应和公共服务提升效应，不断提升城市和建制镇对新增城镇人口的吸纳能力。

第一，加快有序推进镇改市和县改市工作。自 20 世纪 90 年代中期以来，中国基本暂停建制市设立工作，使得城市规模结构从金字塔形结构向菱形结构演变，可能会带来不良后果。一方面，中小城市“后继无人”，中小城市升格为大城市后出现了缺乏后续梯队的现象，削弱了城镇体系的基层基础，阻碍了大中小城市之间的体系化合理分工。另一方面，一批特大建制镇和县城“出头无日”，不少建制镇和县城在人口规模上已达到小城市、中等城市的标准，但未能获得与其人口规模和经济地位相匹配的用地指标和财政事权，限制了城镇化的就业岗位创造效应和公共服务提升效应的正常发挥，影响了就业吸纳和人口集聚功能的优化提升。特别是广东、浙江、江苏等省份的不少县和建制镇，对升格为市有着强烈的需求。为此，建议加快重启设市工作进程，完善设市标准，适当增加城市数量，优先将人口规模和人口密度较大、经济发展活跃、人口吸纳能力较强的建制镇和县升格为市，同时规划建设一批特大型镇级市和特色小镇，为县城和建制镇的发展扫除障碍，不断强化城镇体系的基层基础。

第二，全面深化城镇化健康发展体制机制改革。要按照党的十八届三中全会的决策部署，全面深化城镇化健康发展体制机制改革，为优化提升城市人口吸纳能力注入新的制度活力。加快城乡户籍制度改革，逐步推广居住证制度，有序将符合一定条件的流动人口及时落户城市和建制镇，推动实现流动人口与市民同权。建立完善事权和支出责任相适应的制度，对吸纳人口多、经济实力强的镇，赋予同人口和经济规模相适应的管理权。完善城市基础设施和基本公共服务规划建设投入机制，要按城市常住人口而不是按本地户籍人口，对市政基础设施和基本公共服务进行科学合理规划。有序推动城市教育券等制度试点，鼓励城市政府间围绕基本公共服务开展竞争，不断提升基础教育等公共服务能力。全面推动依法治国、依法治市，及时清理不合时宜的地方性政策法规，废止只要“人手”不要“人口”的歧视性政策，加强城市治理体系和治理能力现代化建设。

第三，分级分区域优化提升城市人口吸纳能力。总体上看，中国的小城市和建制镇数量众多，具有一定的资源环境承载力，但缺乏持续的产业支撑能力，而大中型城市的就业创造能力较强，但面临的资源环境约束渐趋刚性。为此，要以城市群为空间依托载体，统筹城镇产业发展与人口合理布局，优化大中小城市和建制镇的功能分工。小城市和建制镇要积极参与基于城市群的产业链分工合作，加快发展特色产业，推动专业化集聚，不断强化就业岗位创造效应，提升基础设施和基本公共服务水平。大城市要加快产业结构转型升级，优化空间结构，充分发挥规模效应和集聚效应，着力提升资源环境利用效率，实现城镇化水平与城镇化质量同步提升。东部地区的城市和建制镇要着力解决资源环境问题，中西部地区的城市和建制镇要着力提高可持续的产业支撑能力，东北地区的城市和建制镇则要通过深化国企改革等增强内生发展动力，不断提升城市人口吸纳能力，促进区域人口均衡发展。

第四，加强城市人口吸纳能力的统计监测工作。当前，中国关于分城市的人口、经济、环境等方面的数据较少，这对深入研究城市人口吸纳能力产生了诸多不利影响。为此，有关部门要进一步完善城镇人口统计调查制度，尤其是要加强对分城市市辖区城镇人口等基础数据的调查统计，及时发布分城市的城镇人口、就业人口、流动人口等动态数据。各级城市和建制镇政府要定期组织评估城市人口吸纳效率和城镇化质量，建立城镇人口吸纳能力预警机制，根据评估结果及时调整人口发展战略和经济社会发展政策，从而为优化提升城市人口吸纳能力奠定科学基础。

三、研究展望

本研究在梳理有关城市人口承载力研究、中国城镇化道路之争、就业吸纳能力等方面文献的基础上，界定了城市人口吸纳能力的本质内涵，构建了城市人口吸纳能力的形成机理模型，提出了分析城市人口吸纳能力的理论框架，并以全国六次人口普查分县资料、中国建制镇统计资料等为数据来源，以650多个城市、近2万个建制镇为分析样本，综合采用线性回归、非参数核密度估计、数据包络分析（DEA）、综合指标体系评价等方法，尝试对中国城市和建制镇吸纳城镇人口的现状与趋势进行分析，初步得出了一些富有启示性的研究结论。

然而，城市人口吸纳能力研究是一个具有复杂性、综合性、前沿性的重大理论与现实问题。本研究仅仅是围绕一些重点问题开展了一些基础性工作，尚有不少问题需要进一步深化讨论。今后还可以在以下方面进一步研究探讨。

一是深入关于城市内生化集聚机制的理论研究。在资料数据允许的情况下，着重分析城镇化的就业岗位创造效应、公共服务提升效应等，打开城市人口吸纳能力形成机理的黑箱，同时加强对城市和建制镇人口吸纳能力的影响因素进行计量分析，进一步强化城市人口吸纳能力研究的理论基础。

二是拓展关于城市人口吸纳能力的分类研究。城市人口吸纳能力是一个系统性问题，可以多个角度开展一系列的研究。按吸纳人口的主体，可将城市划分为资源型城市、旅游城市、重工业城市等类型，也可划分为综合型城市和专业型城市，还可划分为平原城市、山区城市、丘陵城市、高原城市等类型。通过比较分析不同类型的城市吸纳人口的差异，可能会发现不同类别城市吸纳人口的规律及特征。按吸纳人口的对象，可将人口划分为农业人口与非农业人口、流动人口与户籍人口、经济活动人口与非经济活动人口等类型，甚至可以按人口的年龄结构、文化程度、性别等进行分类，研究城市和建制镇吸纳不同类别人口的差异，从中发现一些新的规律和趋势。

三是拓展城市人口吸纳能力与其他经济社会问题的关系研究。不妨借鉴人口学、地理学、城市学、经济学、社会学等跨学科理论，将城市人口吸纳能力研究与其他学科领域的热点问题联系起来研究。例如，研究城市人口吸纳能力与社会失业率的关系、城市人口吸纳能力与城市犯罪的关系、城市人口吸纳能力与城市房价地价变动的关系。这些应用性研究将为中国城市管理工作提供新的理论视角和政策工具。

参考文献

［1］阿瑟·奥沙利文．城市经济学［M］，周京奎译．北京：北京大学出版社，2008.

［2］安虎森．区域经济学通论［M］，北京：经济科学出版社，2004.

［3］蔡翼飞．中国人口与产业分布不匹配及其影响因素研究［D］，中国社会科学院研究生院，2010.

［4］陈才，李文华．世界经济地理［M］．北京：北京师范大学出版社，1999.

［5］陈卫．中国未来人口发展趋势：2005—2050 年［J］．人口研究，2006（4）.

［6］陈志恺．人口、经济和水资源的关系［J］．水利规划设计，2000（3）.

［7］成静．基于投入产出法的产业结构与就业吸纳能力关系分析［D］．兰州大学，2010.

［8］程开明．中国城市化与经济增长的统计研究［D］．浙江工商大学，2008.

［9］费孝通．及早重视小城镇的环境污染问题［J］．水土保持通

报，1984（2）.

［10］费孝通．论中国小城镇的发展［J］．中国农村经济，1996（3）.

［11］费孝通．我看到的中国农村工业化和城镇化道路［J］．浙江社会科学，1998（4）.

［12］费孝通．小城镇的发展在中国的社会意义［J］．瞭望周刊，1984（32）.

［13］费孝通．小城镇的问题还远远没有解决好［J］．农村工作通讯，2004（2）.

［14］冯乐．北京市经济人口容量研究［D］．首都经济贸易大学，2009.

［15］傅晓明．论提高整体素质、增强吸纳能力与武汉城市圈人力资源整合问题的关系［J］．湖北经济学院学报（人文社会科学版），2011（7）.

［16］高春亮，魏后凯．中国城镇化趋势预测研究［J］．当代经济科学，2013（4）.

［17］高鸿鹰，武康平．集聚效应、集聚效率与城市规模分布变化［J］．统计研究，2007（3）.

［18］高佩义．关于我国城镇化道路问题的探讨［J］．经济科学，1991（2）.

［19］高珮义．中外城市化比较分析［J］．天津社会科学，1990（4）.

［20］辜胜阻，刘传江．人口流动与农村城镇化战略管理［M］．武汉：华中理工大学出版社，2000.

［21］顾朝林．论中国建制镇发展、地域差异及空间演化——兼与“中国反城市化论”者商榷［J］．地理科学，1995（3）.

［22］郭秀锐，毛显强，冉圣宏．国内环境承载力研究进展［J］．中国人口·资源与环境，2000（S1）.

［23］郭秀云．城市人口发展与风险控制问题研究［M］．上海：上

海人民出版社，2010.

［24］郭叶波．城镇化质量的本质内涵与评价指标体系［J］．学习与实践，2013（3）.

［25］郭叶波，魏后凯．中国城镇化质量评价研究述评［J］．中国社会科学院研究生院学报，2013（2）.

［26］郭叶波，魏后凯，袁晓勐．中国进入城市型社会面临的十大挑战［J］．中州学刊，2013（1）.

［27］韩俊．推进农民工市民化提高人口城镇化水平［J］．理论视野，2010（9）.

［28］胡国华．肩负未来的小城镇——人口分布趋势漫谈［J］．瞭望，1982（2）.

［29］胡锦涛．坚定不移沿着中国特色社会主义道路前进，为全面建成小康社会而奋斗［R］．中国共产党第十八次代表大会报告，2012-11-08.

［30］胡英．中国城镇、农村人口发展趋势预测［J］．中国人口科学，1997（6）.

［31］胡兆量．大城市的超前发展及其对策［J］．北京大学学报（哲学社会科学版），1986（1）.

［32］黄赋．试论农业劳动力转移的城市吸纳战略——兼与部分同志商榷［J］．农村经济与社会，1993（1）.

［33］黄祖辉．我国农业劳动力转移的启示、前景及对策思路［J］．中国农村经济，1991（8）.

［34］贾绍凤．开放条件下的区域人口承载力［J］．市场与人口分析，2000（6）.

［35］简新华，黄锟．中国城镇化水平和速度的实证分析与预测［J］．经济研究，2010（3）.

［36］解保华，陈光辉，孙嘉琳．基于Leslie矩阵模型的中国人口总量与年龄结构预测［J］．广东商学院学报，2010（3）.

［37］金大勤．“人口城市化”与建设小城镇［J］．经济管理，

1981 (5).

[38] 孔令锋. 上海市生产性服务业就业吸纳能力实证研究[J]. 人口与经济，2011 (2).

[39] 李国平，陈秀欣. 京津冀都市圈人口增长特征及其解释 [J]. 地理研究，2009 (1).

[40] 李林. 中国城市化质量差异与其影响因素研究 [D]. 中国农业大学，2007.

[41] 李南，胡华清. 基于随机方法的中国人口预测与规划 [J]. 系统工程理论方法应用，1998 (1).

[42] 李南，李树茁. 区域人口城镇化问题研究 [M]. 上海：华东师范大学出版社，1996.

[43] 李强，张海辉. 中国城市布局与人口高密度社会 [J]. 战略与管理，2004 (3).

[44] 李青阳. 陕西省人口空间结构与人口集聚格局分析 [J]. 西北大学，2009.

[45] 李铁. 城镇化改革路径 [J]. 中国投资，2013 (1).

[46] 李振福. 城市交通系统的人口承载力研究 [J]. 北京交通大学学报（社会科学版），2004 (4).

[47] 李仲生. 发达国家的人口变动与经济发展 [M]. 北京：清华大学出版社，2011.

[48] 刘军，孙学工. 中国经济增长对劳动力的吸纳能力是否在减弱 [J]. 中国劳动科学，1995 (12).

[49] 刘美平. 马克思主义人口城市化理论 [J]. 人口学刊，2002 (3).

[50] 刘永亮. 中国城市规模经济的动态分析 [J]. 经济学动态，2009 (7).

[51] 刘永亮，王丽民. 中国最优城市规模实证研究 [J]. 商业时代，2010 (16).

[52] 刘云刚，陈月英. 我国城市化面临的人口压力及其对策 [J].

中国人口·资源与环境，2000（S2）.

［53］罗宏翔．小城镇是目前我国新增城镇人口的最大吸纳者［J］．西南交通大学学报（社会科学版），2001（2）.

［54］马克思，恩格斯．马克思恩格斯全集．第8卷：46卷［M］，北京：人民出版社，1995.

［55］门可佩，曾卫．中国未来50年人口发展预测研究［J］．数量经济技术经济研究，2004（3）.

［56］门可佩，官琳琳，尹逊震．基于两种新型灰色模型的中国人口预测［J］．经济地理，2007（6）.

［57］牛凤瑞．城市学概论［M］．北京：中国社会科学出版社，2008.

［58］蒲善新．中国建制镇的形成与展望（二）［J］．村镇建设，1998（1）.

［59］齐美东，戴梦宇，郑焱焱．“全面放开二孩”政策对中国人口出生率的冲击与趋势探讨［J］．中国人口·资源与环境，2016（9）.

［60］秦中春．中国未来人口变化的三大转折点预测——基于年龄移算人口预测模型的分析［J］．区域经济评论，2013（5）.

［61］曲格平．中国人口与环境问题的挑战及对策［J］．中国人口·资源与环境，1991（1）.

［62］饶会林．试论城市规模效益［J］．中国社会科学，1989（3）.

［63］时慧娜．中国城市化的人力资本效应研究［D］．中国社会科学院研究生院，2011.

［64］孙久文，叶裕民．区域经济学教程［M］．北京：中国人民大学出版社，2003.

［65］孙莉，吕斌，胡军．中原城市群城市承载力评价研究［J］．地域研究与开发，2008（3）.

［66］谭岚．杭州城市化发展对就业增长的促进［J］．经济论坛，2008（12）.

[67] 陶然."城市人口承载力"应重新认识[N],新京报,2010-9-4(B04).

[68] 田明.中国就业结构转变与城市化[M].北京:科学出版社,2008.

[69] 田野,李平.中国城市就业吸纳能力及其影响因素研究[J].西部论坛,2014(2).

[70] 童大焕.城市人口承载力的理论失误[OL].(2010-09-08).人民网.http://city. sz. net. cn/city/2010-09/08/content_244-4352. htm.

[71] 童玉芬.北京市水资源人口承载力的动态模拟与分析[J].中国人口·资源与环境,2010(9).

[72] 王春光.大城市在我国社会经济发展中的地位和作用[J].经济研究参考,1996(2).

[73] 王放.市镇设置标准及城镇人口统计口径对中国城市化发展的影响[J].人口与发展,2011(2).

[74] 王立鹤.大城市与小城镇吸纳外来人口能力与效率的比较分析——以江苏省为例[D].南京农业大学,2004.

[75] 王玫.中国工业和城市的地理分布:工业与城镇发展的协调性研究[M]//陈甬军,陈爱民.中国城市化:实证分析与对策研究.厦门:厦门大学出版社,2002.

[76] 王小鲁.城市化与经济增长[J].经济社会体制比较,2002(1).

[77] 王小鲁.中国城市化路径与城市规模的经济学分析[J].经济研究,2010(10).

[78] 王小鲁,夏小林.优化城市规模　推动经济增长[J].经济研究,1999(9).

[79] 王英姿.对城乡一体化发展预期下小城镇人口吸纳"反"牵引的思考[J].小城镇建设,2009(12).

[80] 魏后凯.东亚国家城镇化模式及其得失[N].人民日报,2013-01-20:005.

[81] 魏后凯. 多元化. 中国特色的城镇化道路 [N]. 中国社会科学报，2010-09-16：008.

[82] 魏后凯. 区域经济发展的新格局 [M]. 昆明：云南人民出版社，1995.

[83] 魏后凯. 我国城镇化战略调整思路 [J]. 中国经贸导刊，2011 (7).

[84] 魏后凯. 我国的农村工业化与城镇化问题 [J]. 财经问题研究，1993 (9).

[85] 魏后凯. 我国镇域经济科学发展研究 [J]. 江海学刊，2010 (2).

[86] 魏后凯. 现代区域经济学 [M]. 北京：经济管理出版社，2006.

[87] 魏后凯. 中国城镇化进程中两极化倾向与规模格局重构 [J]. 中国工业经济，2014 (3).

[88] 魏后凯. 走中国特色的新型城镇化道路 [M]. 北京：社会科学文献出版社，2014.

[89] 魏后凯，王业强，苏红键，郭叶波. 中国286个地级及以上城市城镇化质量大排名 [J]. 中国经济周刊，2013 (9).

[90] 魏后凯，王业强，苏红键，郭叶波. 中国城镇化质量综合评价报告 [J]. 经济研究参考，2013 (31).

[91] 魏后凯，袁晓勐，郭叶波，等. 中国迈向城市时代的绿色繁荣之路 [M]. //潘家华，魏后凯. 中国城市发展报告 No. 5. 北京：社会科学文献出版社，2012.

[92] 魏杰. 城市化战略的选择 [J]. 理论视野，2003 (5).

[93] 魏权龄. 评价相对有效性的数据包络分析模型——DEA和网络DEA [M]. 北京：中国人民大学出版社，2012.

[94] 吴大声. 小城镇：大问题、大战略 [J]. 城市研究，1999 (5).

[95] 吴殿廷. 区域经济学 [M]. 北京：科学出版社，2003.

[96] 吴国斌．小城镇的建设大有可为 [J]．经济管理，1981 (5)．

[97] 吴家浩，高少慧，许维栋．我国城市规模政策研究 [J]．中国集体经济，2011 (9)．

[98] 吴康，方创琳．新中国 60 年来小城镇的发展历程与新态势 [J]．经济地理，2009 (10)．

[99] 夏海勇．城市人口的合理承载量及其测定研究 [J]．人口研究，2002 (1)．

[100] 肖金成，袁朱．中国十大城市群 [M]．北京：经济科学出版社，2009．

[101] 肖文，王平．外部性、城市规模与城市增长——对长三角地区 16 个城市的分析 [J]．浙江学刊，2011 (4)．

[102] 谢文蕙．新中国 60 年的城市化进程 [C]．昆明：第七期中国现代化研究论坛，2009．

[103] 熊彩云．影响我国大中城市人口吸纳能力提升的理念及对策 [J]．武汉大学学报（哲学社会科学版），2008 (2)．

[104] 杨开忠．中国城市化驱动经济增长的机制与概念模型[J]．城市问题，2001 (3)．

[105] 杨澜，付少平，蒋舟文．法国城市化历程对当今中国城市化的启示 [J]．法国研究，2008 (4)．

[106] 杨学成，汪冬梅．我国不同规模城市的经济效率和经济成长力的实证研究 [J]．管理世界，2002 (9)．

[107] 叶裕民．中国城市化质量研究 [J]．中国软科学，2001 (7)．

[108] 尹德光．农业统计学 [M]．武汉：武汉大学出版社，1991．

[109] 袁九毅，张茂林，张志良．城市人口容量问题 [J]．城市环境与城市生态，1997 (1)．

[110] 曾令华，江群，黄泽先．非农就业增长与城市化进程相关性分析 [J]．经济体制改革，2007 (1)．

［111］曾艳阳，唐文玉．如何缓解日益增长的就业压力——湖南各行业就业吸纳能力的定量研究［J］．学习导报，2003（6）．

［112］张红宇．以中等城市为主吸纳农民工［N］．中国社会科学报，2010-01-12（9）．

［113］张利华，陈钢，徐晓新，等．城市人口承载力的理论与实证研究——以北京市海淀区为例［J］．管理评论，2008（5）．

［114］张耀军．人口空间合理分布与健康城镇化问题及对策［J］．宁夏社会科学，2013（3）．

［115］张子珩，濮励杰，康国定，等．基于可能—满意度法的城市人口承载力研究——以乌海市为例［J］．自然资源学报，2009（3）．

［116］赵千钧，张国钦，崔胜辉．对中小城市在城市化过程中的主体地位及城市效率研究的思考［J］．中国科学院院刊，2009（4）．

［117］赵新平，周一星．改革以来中国城镇化道路及城市化理论研究述评［J］．中国社会科学，2002（2）．

［118］郑静，陈革．论大城市、小城镇与可持续发展的城镇化道路——对当前城市化政策的思考［J］．规划师，2000（5）．

［119］郑宗寒．试论小城镇［J］．中国社会科学，1983（4）．

［120］钟水映．人口流动与小城镇的发展［J］．经济评论，1995（6）．

［121］周靖祥，何燕．城镇农村劳动力“吸纳”与区域经济增长实证检验——基于1990—2006年省际所有制变革视角探析［J］．世界经济文汇，2009（1）．

［122］周天勇，张弥．中国集中型城镇化道路的再思考［J］．人口学刊，1990（3）．

［123］周铁训．21世纪中国均衡城市化目标及模式选择［J］．经济学家，2001（4）．

［124］周一星．城市地理学［M］．北京：商务印书馆，1995．

［125］周一星．城市体系规模结构分析的两个误区［J］．城市规划，1995（2）．

[126] 周一星．论中国城市发展的规模政策［J］．管理世界，1992（6）．

[127] 周一星．中国城市工业产出水平与城市规模的关系［J］．经济研究，1988（5）．

[128] 周一星，田帅．以“五普”数据为基础修补分省城市化水平数据［J］．统计研究，2006（1）．

[129] 周元，孙新章．中国城镇化道路的反思与对策［J］．中国人口·资源与环境，2012（4）．

[130] 朱农，曾昭俊．中国城市人口增长的决定因素分析［J］．中国人口科学，2004（5）．

[131] 朱启臻．小城镇对农村人口缺乏吸引力的原因与对策［J］．小城镇建设，2000（10）．

[132] Abdel-Rahman, H. M. (1990). Agglomeration economies, types, and sizes of cities. *Journal of Urban Economics*, *27* (1), 25-45.

[133] Allan, W. (1949). *Studies in African land usage in Northern Rhodesia*: Published for the Rhodes-Livingstone Institute by G. Cumberlege, Oxford University Press.

[134] Au, C., & Henderson, J. V. (2004). Estimating net urban agglomeration economies with an application to China. *Processed*, *Brown University*.

[135] Banker, R. D., Charnes, A., & Cooper, W. W. (1984). Some models for estimating technical and scale inefficiencies in data envelopment analysis. *Management science*, *30* (9), 1078-1092.

136] Bartels, G. B., Norton, B. E., & Perrier, G. K. (1993). An examination of the carrying capacity concept. *Range ecology at disequilibrium*, 89-103.

[137] Charnes, A., Cooper, W. W., & Rhodes, E. (1978). Measuring the efficiency of decision making units. *European journal of operational research*, *2* (6), 429-444.

[138] Chen, A., & Coulson, N. E. (2002). Determinants of urban migration: evidence from Chinese cities. *Urban Studies*, *39* (12), 2189 ~ 2197.

[139] Chen, L., Zeng, X., & Yang, Y. (2011). Rural Labor Absorption Efficiency in Urban Areas under Different Urbanization Patterns and Industrial Structures: The Case of China. IZA Discussion Paper No. 6189.

[140] Cohen, J. E. (1995). How many people can the earth support? *The Sciences*, *35* (6), 18 ~ 23.

[141] Colinvaux, P. A. (1973). *Introduction to ecology*. New York: John Wiley.

[142] Dalton, H. (1928). The theory of population. *Economica* (22), 28 ~ 50.

[143] Dasmann, R. F. (1964). *Wildlife biology*. New York: John Wiley & Sons Inc.

[144] Dhondt, A. A. (1988). Carrying capacity: a confusing concept. *Actaoecologica. Oecologiageneralis*, *9* (4), 337 ~ 346.

[145] Edwards, R. Y., & Fowle, C. D. (1955). *The concept of carrying capacity*. Paper presented at the Transactions of the 20th North American Wildlife Conference, Washington: Wildlife Management Institute.

[146] Falkenmark, M. (1992). Water scarcity and population growth: A spiralling risk. *Ecodeision*, *21* (9), 498 ~ 502.

[147] Glaeser, E. L., Scheinkman, J., & Shleifer, A. (1995). Economic growth in a cross-section of cities. *Journal of Monetary Economics*, *36* (1), 117 ~ 143.

[148] Harris Dobkins, L., & Ioannides, Y. M. (2001). Spatial interactions among US cities: 1900-1990. *Regional Science and Urban Economics*, *31* (6), 701 ~ 731.

[149] Hayden, B. (1975). The carrying capacity dilemma: an alternate approach. *Memoirs of the Society for American Archaeology*, 11 ~ 21.

[150] Henderson, J. V. (1974). The sizes and types of cit-

ies. American Economic Review, *4* (9).

[151] Lucas, R. E. (1988) . On the mechanics of economic development. *Journal of monetary economics*, *22* (1), 3 ~ 42.

[152] Malthus, T. R. (1798) . An essay on the principle of population (Printed for J. Johnson, in St. Paul's Church-Yard, London).

[153] Park, R. E. , & Burgess, E. W. (1921) . *Introduction to the Science of Sociology*: University of Chicago Press Chicago.

[154] Park, S. H. (1989) . Linkages between industry and services and their implications for urban employment generation in developing countries. *Journal of Development Economics*, *30* (2), 359 ~ 379.

[155] Parzen, E. (1962) . On estimation of a probability density function and mode. *The annals of mathematical statistics*, 33 (3), 1065 ~ 1076.

[156] Pearl, R. , & Reed, L. J. (1920) . On the rate of growth of the population of the United States since 1790 and its mathematical representation. *Proceedings of the National Academy of Sciences of the United States of America*, *6* (6), 275.

[157] Price, D. (1999) . Carrying capacity reconsidered. *Population & Environment*, *21* (1), 5 ~ 26.

[158] Rees, W. , & Wackernagel, M. (1996) . Urban ecological footprints: Why cities cannot be sustainable- and why they are a key to sustainability. *Environmental impact assessment review*, *16* (4), 223 ~ 248.

[159] Reichman, S. , Katz, Y. , & Paz, Y. (1997) . The absorptive capacity of Palestine, 1882-1948. *Middle Eastern Studies*, *33* (2), 338 ~ 361.

[160. Rosenblatt, M. (1956) . Remarks on some nonparametric estimates of a density function. *The Annals of Mathematical Statistics*, *27* (3), 832 ~ 837.

[161] Seidl, I. , & Tisdell, C. A. (1999) . Carrying capacity reconsidered: from Malthus' population theory to cultural carrying capaci-

ty. *Ecological Economics*, *31* (3), 395 ~408.

[162] Singer, H. W. (1936) . The "courbe des populations." a parallel to pareto's law. *Economic Journal*, *46* (182), 254 ~263.

[163] Song, S. (2001) . City size and urban unemployment: Evidence from China. *World Economy and China*, *9* (1), 46 ~53.

[164] UNESCO, & FAO. (1985) . *Carrying capacity assessment with a pilot study of Kenya: A resource accounting methodology for sustainable development*: Paris and Rome.

[165] United Nations, Department of Economic and Social Affairs, Population Division (2012) . *World Urbanization Prospects: The* 2011 *Revision*, CD-ROM Edition.

[166] United Nations, Department of Economic and Social Affairs, Population Division (2014) . *World Urbanization Prospects: The* 2014 *Revision*, CD-ROM Edition.

[167] United Nations, Department of Economic and Social Affairs, Population Division (2015) . *World Population Prospects: The* 2015 *Revision*, DVD Edition.

[168] Verhulst, P. (1838) . Notice sur la loique la population suit dans son accroissement. Correspondance Mathématiqueet Physique Publiée par A. *Quételet*, *10* (10), 113 ~121.

[169] Vogt, W. (1949) . *Road to survival.* London: Victor Gollancz Ltd.

后　记

本书是在我的博士论文基础上加工整理完成的。从研究选题到框架设计，从搜集文献到整理相关数据，从写成初稿到修改定稿，不知经历了多少难熬之夜和沉思之苦，当然也从中体会到了不少探究学海之乐和收获知识之悦。

回顾二十多年的求学之路，倍感艰辛。我出生在湖南省桂东县一个偏僻而美丽的小山村。在求学的过程中，那崎岖不平的山路，没有磨破我的脚掌，而是磨炼了我独立前行的性格；那迟迟凑不齐的学杂费，没有浇灭我的希望，而是激发了我对知识文化的渴求。幸运的是，在求学之路遇到了不少良师益友。同样，本书的完成也离不开诸多师长和亲朋好友的关心帮助。

我要特别感谢我的博士生导师魏后凯研究员。在硕士学习期间，我就参与过魏老师主持的多项课题，魏老师给了我许多学术上的指导和生活上的关怀。我可谓是未进师门，先受师恩。魏老师崇高的品格、渊博的学识、严谨的学风深深地吸引着我。2010 年我顺利通过了中国社会科学院研究生院的博士生入学考试，有幸正式拜入魏老师门下。在读博期间，魏老师在生活方面对我很关心，在学术方面对我要求很严格。在博士论文选题时，魏老师建议我选择研究一些具有前瞻性和挑战性的问题。在论文写作过程中，从研究思路、文字润色到图表规范，魏老师都不厌其烦地提出了很多意见和建议。但由于能力有限，未能达到魏老师的要求和期许，深感愧疚。恩师如父，难忘师恩！

我要感谢研究生期间教导和帮助过我的诸位老师。在硕士学习期间，我的导师周民良研究员经常约我和王建卿同学去国家图书馆给我俩开小灶学习，把我引入了城市与区域经济学的大门。中国社会科学院的潘家华研究员、宋迎昌研究员、李景国研究员、单菁菁研究员、梁本凡研究员、刘治彦研究员、李国庆研究员、李红玉老师、盛广耀老师、李宇军老师、候京林老师、李恩平老师、袁晓勐老师、黄顺江老师等给予我不少学术指导。国家发展改革委国土开发与地区经济研究所的肖金成研究员、中国人民大学的孙久文教授、北京大学的贺灿飞教授、首都经济贸易大学的安树伟教授、中国社会科学院的陈耀研究员和李景国研究员对我的博士论文提出了很好的意见和建议。

我要感谢各位同门、同学、同事。无论是师门的各位兄弟姐妹、中国社会科学院研究生院的同窗好友，还是国家发展改革委国防动员研究发展中心的领导同事，都在生活和学术上给予了我很多关心和帮助。

我也要感谢我的家人，父母含辛茹苦养育我、教育我、鼓励我，这份恩情永铭在心。但我由于工作和学习的压力，很少回家看望体弱多病的父母，非常愧疚。哥哥和嫂嫂也非常关心我，为我分担了不少后顾之忧。没有他们的支持我很难顺利完成学业。

郭叶波

2016 年 10 月 24 日于北京